# 首都经济学家

## CAPITAL ECONOMIST

第7辑

首都经济学家论坛　编写组

白暴力　方凤玲　主编

中国财经出版传媒集团

经济科学出版社
Economic Science Press

**图书在版编目（CIP）数据**

首都经济学家. 第7辑/白暴力，方凤玲主编.
—北京：经济科学出版社，2019.1
ISBN 978-7-5218-0262-7

Ⅰ.①首… Ⅱ.①白…②方… Ⅲ.①经济学-文集
Ⅳ.①F0-53

中国版本图书馆CIP数据核字（2019）第027914号

责任编辑：程晓云
责任校对：靳玉环
版式设计：齐 杰
责任印制：王世伟

**首都经济学家**
第7辑
首都经济学家论坛 编写组
白暴力 方凤玲 主编
经济科学出版社出版、发行 新华书店经销
社址：北京市海淀区阜成路甲28号 邮编：100142
总编部电话：010-88191217 发行部电话：010-88191522
网址：www.esp.com.cn
电子邮件：esp@esp.com.cn
天猫网店：经济科学出版社旗舰店
网址：http://jjkxcbs.tmall.com
北京季蜂印刷有限公司印装
787×1092 16开 15.5印张 330000字
2019年1月第1版 2019年1月第1次印刷
ISBN 978-7-5218-0262-7 定价：48.00元
**（图书出现印装问题，本社负责调换。电话：010-88191510）**

# 《首都经济学家》编委会

# 前　　言

“首都经济学家论坛”成立于2004年，到2018年，论坛共召开了15次大型学术会议，为凝聚首都经济学界力量提供了一个重要的平台。

《首都经济学家》是首都经济学家论坛的不定期文集。本论坛从马克思主义经济理论及在当代发展的研究、马克思主义经济思想和西方经济学流派的研究，以及政治经济学原理课程建设研究等方面，进行理论探讨和学术交流。

中国特色社会主义进入新时代，习近平总书记以人民为中心，从理论和实践结合上系统回答了新时代坚持和发展什么样的中国特色社会主义、怎样坚持和发展中国特色社会主义的时代课题，创立了习近平新时代中国特色社会主义思想，其中的经济思想是对中国特色社会主义经济建设问题的系统阐释，是对社会主义市场经济发展规律和特点的新探索，丰富和发展了马克思主义政治经济学。

2018年是马克思诞辰200周年，马克思一生撰写了《共产党宣言》《资本论》等一系列经典著作，揭示了人类社会发展规律，创立了人民实现自身解放的思想体系。学习马克思，就要深入学习和研究马克思的原著，深刻领会和实践马克思主义思想，坚持和运用马克思主义立场、观点、方法分析问题；学习马克思，就要把马克思主义基本原理与中国改革开放的实际相结合，研究新时代中国特色社会主义经济思想和中国特色社会主义经济问题。

本辑为首都经济学家论坛不定期文集的第7辑，分“本辑特稿”“习近平新时代中国特色社会主义经济思想研究”“《资本论》研究”“改革与发展研究”和“会议综述”五个专栏。

编写组

2018年9月

# 目　录

## 本辑特稿



## 习近平新时代中国特色社会主义经济思想研究

## 《资本论》研究



## 改革与发展研究

## 会议综述

# 本辑特稿

# 《资本论》理论是颠扑不破的真理*

白暴力　白瑞雪**

**摘要：**《资本论》既是无产阶级进行社会主义革命争取自身解放的指路明灯，也是建设中国特色社会主义的理论指南。西方资产阶级学者试图通过否定马克思劳动价值理论来攻击和诋毁《资本论》。本文将系统地说明西方资产阶级经济学家对马克思劳动价值理论的各种否定都是不能成立的，由此证明《资本论》是打不倒的，是颠扑不破的真理，具有强大的生命力。

**关键词：**马克思　资本论　真理　强大生命力

《资本论》是马克思用毕生心血铸就的一部伟大科学巨著，强有力地推动了人类社会的进步，对人类社会的发展产生了深远的影响。《资本论》出版一百多年以来，不断地受到来自资产阶级学者的攻击和诋毁，试图否定《资本论》的理论。但是，正如邓小平同志所指出的："马克思主义是打不倒的。打不倒，并不是因为大本子多，而是因为马克思主义的真理颠扑不破。"①

劳动价值理论是马克思《资本论》的理论基石，因此，资产阶级经济学家对马克思经济理论的攻击和否定，主要集中在对劳动价值理论的攻击和否定之上。本文将系统

* 项目来源：国家社会科学基金重点项目 14AJL002。

** 白暴力：北京师范大学教授（二级）、博士生导师、《资本论》研究中心主任、当代经济理论研究中心主任。
白瑞雪：北京师范大学经济与资源管理研究院副教授、硕士生导师、理论经济学博士后。

① 《邓小平文选》（第 3 卷），人民出版社 1993 年版，第 382 页。

地说明西方资产阶级经济学家对马克思劳动价值理论的各种否定都是不能成立的，由此证明《资本论》是打不倒的，是颠扑不破的真理，具有强大的生命力。

## 一、西方经济学家对劳动价值理论否定的三个阶段和两大类型

西方经济学家对劳动价值学说否定的演进有三阶段。第一阶段称为原始阶段，是19世纪90年代以前，可分为从内部否定和从外部否定两个类型。从内部否定是认为《资本论》第一卷与第三卷对劳动价值理论的论述是矛盾的，因而是不能成立的。主要代表作品是庞巴维克的《利息理论的历史与批判》《马克思体系的终结》和洛里亚的《卡尔·马克思的遗著》。外部否定主要是：用边际效用论和三要素创造价值（三位一体公式）否定劳动价值学说。第二阶段称为发展阶段，是在19世纪90年代~20世纪60年代，主要是发展了对劳动价值理论的外部否定，将边际效用理论发展为均衡价格理论，将三位一体公式发展为边际生产力分配理论，以其否定劳动价值理论。主要代表作品是马歇尔的《经济学原理》和克拉克的《财富的分配》。第三阶段称为现代阶段，是20世纪60年代以后，主要是发展了对劳动价值理论的内部否定，即否定劳动价值理论的内部统一性。主要观点是："价值转形问题""价值概念多余论""有固定资本时价值量的计算"和"联合产品价值量的计算"。主要代表作品有：萨缪尔逊《理解马克思的剥削概念：马克思的价值与竞争价格间所谓转形问题的概述》、斯蒂德曼《依照斯拉法来看马克思》和霍吉森《资本主义、价值与剥削》。

因此，发展到目前，现代西方经济学对劳动价值理论的否定可分为两大方面，第一方面是从外部否定，主要理论是：均衡价格理论和边际生产力分配理论；第二方面是从内部否定，主要观点是：价值转形问题、价值概念多余论、有固定资本时价值量的计算和联合产品价值量的计算。[①] 下面，分别说明西方经济学家对《资本论》的内部否定和外部否定都是不能成立的。

## 二、西方经济学家对劳动价值理论内部否定是不能成立的

### （一）关于"价值转形问题"

一些西方经济学家认为：如果以商品的生产价格计量成本价格，"总平均利润=总

① 白暴力：《西方学者对劳动价值理论主要否定的分析》，载《中国特色社会主义研究》2002年第5期。

剩余价值、总生产价格 = 总价值”这两个等式不能同时成立，平均利润率不由 $\bar{r} = \frac{\sum S}{\sum(K_c + K_v)}$ 决定，两者不相等，所以马克思价值转化为生产价格的理论在量上是无法完善的，由此否定马克思价值转化为生产价格理论，进而否定劳动价值学说。实际上，对于马克思的“价值转形问题”理论，真正需要研究的不是按平均利润率的标准分配后形成的量（平均利润、生产价格）是否等于被分配的量（剩余价值、价值），而是在这一分配过程中各种量的现实的相互关系。价值转形问题的解主要在于正确地理解劳动价值理论，只要认识到生产价格和平均利润是价值和剩余价值的分配形式，并在此基础上使用高等代数和矩阵理论就可以论证马克思价值转形理论的完善性。因此，以“价值转形问题”对马克思劳动价值理论的否定是不能成立的。①

## （二）关于“价值概念多余论”

一些西方经济学家提出的“价值概念多余论”认为，可以用实物方程式计算出货币利润率和货币生产价格，因此，在利润率和生产价格的计算上，不需要马克思劳动价值概念，马克思劳动价值学说是多余的。

“价值概念多余论”的实物方程式在一定范围内也能计算出正确的货币利润率和货币生产价格。初看起来，他们的断言似乎是颇有些道理的。但是，详细分析起来却并非如此。

首先，实物价格决定理论不能说明价格的本质，这个理论能告诉我们的唯一答案是：它是“满足生产条件”的“交换比率”。这就是说商品价格在质上不过是物与物之间的交换比例或关系而已。这并不是什么新思想，而是马克思早已批评过的贝利的：不断重复千篇一律的老调：价值是商品的交换比例，因而不是什么别的。马克思的劳动价值学说恰恰能完善地说明价格的本质。马克思的劳动价值学说说明了价格的本质和实体是物化劳动，从而揭示了商品的价格不仅是表面上的物与物之间的交换比例和关系，而且本质上是人与人之间交换劳动和分配社会劳动的社会生产关系。

其次，在实物价格决定理论中，利润只不过是产出超过投入的一定货币量，或者一定实物量，利润率只不过是这一数量对投入量的比率而已，因而不能说明利润的实体和资本主义社会的基本生产关系及社会本质——剥削。然而，在马克思的剩余价值和利润理论中，正是在劳动价值论的基础之上，说明了利润的实体和本质是剩余价值，而剩余价值是由资本家无偿占有的工人的剩余劳动形成的，从而说明了资本主义利润本质上是资本家无偿占有的工人的劳动，说明了资本主义社会的基本生产关系和社会实质——资本家阶级对工人阶级的剥削。由此可见，对于经济的社会分析，马克思的劳动价值学说

① 白暴力：《论价格直接基础或价值转化形式》，西北工业大学出版社 1986 年版；《价值价格通论》，经济科学出版社 2006 年版。

不仅不是多余的，而且是必要的、唯一的科学理论基础。因此，“价值概念多余论”对劳动价值理论的否定是完全不能成立的。①

## （三）关于“存在固定资本是价值量的计算”

一些西方经济学家认为，在存在固定资本的条件下，马克思的劳动价值计算会出现自我矛盾，并会出现负价值，因此，马克思劳动价值学说是错误的。

这种观点论证的计算初看起来是很精巧的，实际上是完全错误的。

首先，其计算的根本性错误有如下两点：第一，错误地将一个时间系列问题作为一个空间并存关系来处理，将一个不同时间中的不同变量作为同一时间中的同一个变量来处理。第二，关于机器价值折旧和旧机器价值确定的方法是错误的。

其次，其计算中出现“负折旧”和“负价值”的原因在于：第一，错误地将当机器效率变化时三年中不同的谷物价值量假定为同一的；第二，错误地将机器折旧率这一外生变量作为内生变量，并且将机器效率、机器价值折旧量与产品价值量的因果关系搞颠倒了；第三，在上述两个错误基础上，又将机器效率变化假定到非常大且不合实际的地步。因此，西方经济学家计算中的“负折旧”和“负价值”的出现，完全在于他自己的错误。

可以证明：在有固定资本的条件下，按照马克思价值概念进行计算，无论在什么情况下，包括在机器价值非线性折旧假定下，都可以得出正确的解，不存在相互矛盾的解。马克思的价值计算是自身完善的、无矛盾的，是正确的。②

## （四）关于“联合产品价值量的计算”

西方经济学家的这种观点认为，在“联合产品”条件下，马克思劳动价值计算会出现负价值和负剩余价值，因此，马克思劳动价值学说是错误的。

这种观点的根本错误在于其对联合生产和联合产品的假设是错误的和虚假的。

首先，其假定：整个社会有n种产品，有n个联合生产过程，这n个联合生产过程中的每一个都同时生产n种产品。这实际上是假定社会生产中的每一个生产过程都生产社会经济中的所有产品。对于自然经济，这种假设是适应的，在自然经济中，男耕女织，自给自足。但是，这不是商品生产，没有规范的商品交换，更不存在价格体系。对于商品经济，这一假定是不能成立的，因为，商品经济的基础是社会分工，也就是每个社会生产过程只生产某种特定的商品，正是有了这种社会分工，才有交换，才有价格体系。

其次，退一步，假定如果存在这种假定的情况：n个生产过程的每一个都同时生产

---

① 白暴力：《评斯蒂德曼对劳动价值学说的所谓否定》，载《经济学动态》2001年第8期。

② 白暴力：《关于存在固定资本时价值量的计算》，载《经济科学》1994年第4期。

n 种商品。那么，应该出现的结果是在 n 个生产过程中选择效率高的生产过程，而不是 n 个生产过程同时存在并进行全面交换。

由于这种观点对联合生产的假设是错误的，所以，他用联立方程计算价值量的方法和结果自然是错误的。可以证明：在真实价值关系中，联合产品的价值决定和计算是很简单的，绝不会出现负价值和负剩余价值。因此，在西方经济学家以联合产品的价值计算来否定劳动价值理论的观点是不能成立的。①

## 三、西方经济学家对劳动价值理论外部否定是不能成立的

### （一）关于边际生产力理论

边际生产力理论是三要素创造价值理论的现代形式。三要素价值理论认为价值是由劳动、资本和土地三种要素共同创造的，由此否定马克思劳动价值理论。

三要素创造价值理论的原始形式，是 200 年前萨伊提出的“三位一体”公式，这一理论由三个命题组成的，第一个命题是：劳动、资本和土地三要素共同创造价值。第二个命题是：三要素所有者得到的报酬（工资、利润或利息、地租）等于各自在生产中所创造的价值。第三个命题是：三要素创造的价值之和构成所生产商品的价值。然而，这三个命题存在着内在逻辑困难，即第一个命题的内在逻辑困难是：三要素创造价值的度量如何确定？其量的界限如何确定？第二个命题的内在逻辑困难是：什么机制确保“三要素所有者得到的报酬（工资、利润或利息、地租）等于各自在生产中所创造的价值”在量上能够成立。第三个命题的内在逻辑困难是：怎样证明“按三要素各自所创造的价值分配，商品的价值分配完毕，没有剩余”是成立的。由于这三个命题所具有的理论困难，“三位一体”公式只能是一个假说，根本不能形成科学意义上的“理论”。

三要素创造价值理论的现代形式，是 100 年前克拉克提出并经后人进一步发展的“边际生产力分配理论”。该理论有主要三个内容：要素创造的价值是其边际产品值；根据最大利润条件：报酬等于边际产品值即贡献；根据尤拉定律，总计相等，没有剩余。然而，边际生产力分配理论仍具有相应的三个理论困难：第一，资本的测度与新古典生产函数的存在性问题；第二，成本函数的成立性问题；第三，“没有剩余”假定前提的一般性与最大利润二阶条件存在性问题。这些理论困难的存在，说明了三要素创造价值理论是不能成立的，因此，利用边际生产力理论来否定劳动价值理论的试图是不能成立的。②

① 白暴力：《关于“联合产品”价值量的计算》，载《人文杂志》1999 年第 2 期。
② 白暴力：《关于边际生产力分配理论的分析》，载《人文杂志》2000 年第 5 期。

## （二）关于均衡价格理论

均衡价格理论认为，价格进而价值是由供给和需求的均衡决定的，不是由生产商品的劳动耗费决定的，由此否定马克思劳动价值理论。实际上，西方经济学家也承认均衡价格理论只是一个价格理论，而且具有先天的新古典缺陷，是“一个泥足巨人”，自身难以成立，根本不能否定劳动价值理论。①

### 1. 供给曲线的新古典缺陷：资本的度量与新古典生产函数存在性

均衡价格理论从新古典生产函数推导出供给曲线，从效用函数推导出需求曲线，并在此基础上建立了一个庞大的市场价格理论体系。但是，对于新古典生产函数，西方经济学中的新剑桥学派提出了如下责难：在均衡价格理论中，生产函数被定义为投入与产出的技术关系，既然新古典生产函数是投入与产出的技术关系，因此，投入与产出都应用物理单位来计量；但是，资本却无法用一个物理单位来计量；而如果资本无法用一个单位来计量，均衡价格理论中的新古典生产函数就不能成立。② 如果新古典生产函数不能成立，以新古典生产函数为出发点推出的供给曲线也就失去了基础。这就是均衡价格理论的第一个新古典缺陷。

这种责难最早是由新剑桥学派的领袖、英国著名经济学家琼·罗宾逊夫人在1953年发表的论文《生产函数和资本理论》中提出的。③ 对于这一责难，均衡价格理论是无法回答的，因而基本上采取了回避的态度。

### 2. 需求曲线的新古典缺陷：效用的度量问题

均衡价格理论中的需求曲线是从效用函数推导而来的，但是，均衡价格理论的效用函数遇到的一个最大的理论困难是：效用和边际效用的度量问题。这是一个至今没有解决的问题。因为对效用的度量必将涉及对社会结构的说明，所以，均衡价格理论面对着这个困难，也采取了回避态度，放弃了基数效用论，而采取了所谓“序数效用论”，用“序数效用论”来说明需求曲线的建立。④ 由“基数论”转向“序数论”，对均衡价格理论带来了两个问题。第一，实际上，这是放弃了对社会财富的度量问题，也就是放弃了“价值论”，因此，这时的均衡价格理论仅仅只是一个价格论，而不再包含有价值论的成分。第二，“序数效用论”很难达到理论的自整性，只有在强假定下，才能完善。这就是均衡价格理论近100年来的弯路，也是西方经济学近100年来的弯路。

---

① 白暴力：《新古典生产函数的理论困难及其解决》，载《人文杂志》1996年第6期。
② 参阅：A. Asimakopulos. *Micro – Economics*，Oxford University Press，1978. P. 168.
③ 琼·罗宾逊：《经济学论文集》，商务印书馆1984年版，第85页。
④ 布留明：《政治经济学中的主观学派》，下卷，第七章，人民出版社1983年版。

由于效用的度量问题没有解决，由效用函数推导而来的需求曲线就缺乏坚实的基础，这就是均衡价格理论的第二个新古典缺陷。

由于存在的这两个新古典缺陷，均衡价格理论就是“一个泥足巨人”，根本无法否定马克思劳动价值理论。

## 四、结　　论

综上所述，尽管西方经济学对马克思劳动价值理论提出了种种攻击和否定，但是，这些否定，无论是内部否定，还是外部否定，都是不能成立的，这反而进一步证明了《资本论》的理论是颠扑不灭的真理。

事实上，连现代西方严肃的经济学家也不得不认同《资本论》对经济活动的深刻分析，不仅如此，西方经济学的学院派在其经济理论中还吸收了《资本论》的基本理论。例如，从马克思资本循环理论中的固定资本和流动资本理论出发，提出宏观经济学中的流量和存量理论；在马克思的社会资本再生产理论的基础上，提出了里昂惕夫“投入—产出理论”；马克思是“现代经济增长理论的最重要前辈之一”，为几乎所有严肃的经济学家所公认。近年来，越来越多的国外学者发现马克思的再生产理论，与比其相晚70多年的哈罗德－多马经济增长模型相比，解决了更为复杂的问题。英国剑桥学派的重要代表罗宾逊夫人认为，凯恩斯研究的储蓄与投资关系，马克思在扩大再生产模型中资本品生产和消费品需求之间的平衡关系中已经做了独特精辟的讨论。美国著名经济学家、诺贝尔经济学奖获得者劳伦斯·克莱因认为，“从马克思理论中，有许多可以展开的各种模型”。参照了马克思的有关假定，经过各种推导，克莱因设立了“合理的、简单的、有用的马克思的有效需求理论的一种模型”，他将马克思的这种模型与凯恩斯的模型进行了比较，认为凯恩斯理论只是马克思理论的特例，马克思模型可以比凯恩斯模型提供更多的信息。① 严肃的西方经济学家对马克思《资本论》理论的重新认识，也从一个侧面反映了《资本论》的强大生命力。

马克思《资本论》的理论是关于人类社会发展的科学真理，《资本论》的立场、方法和基本原理对研究当代资本主义发展和指导我国社会主义市场经济建设具有根本性的指导意义。我们要坚持《资本论》的立场，真正准确、全面、深入地掌握和灵活运用《资本论》的方法和基本理论，深入研究当代社会经济发展的现实，与时俱进地发展马克思主义经济理论。“即将来临的历史时代，定会使马克思主义这个无产阶级学说获得更大的胜利”。②

① 克莱因：《有效需求与就业理论》，载《政治经济学杂志》1947年4月号。
② 《列宁选集》（第2卷），人民出版社1960年版，第440页。

## 参考文献

[1] 马克思:《资本论》, 人民出版社 1975 年版。

[2]《列宁选集》(第 2 卷), 人民出版社 1960 年版。

[3]《邓小平文选》(第 3 卷), 人民出版社 1993 年版。

[4] 琼·罗宾逊:《经济学论文集》, 商务印书馆 1984 年版。

[5] 克莱因:《有效需求与就业理论》,《政治经济学杂志》1947 年 4 月号。

[6] 布留明:《政治经济学中的主观学派》, 人民出版社 1983 年版。

[7] A. Asimakopulos. *Micro – Economics*, Oxford University Press, 1978.

[8] 白暴力:《论价格直接基础或价值转化形式》, 西北工业大学出版社 1986 年版。

[9] 白暴力:《价值价格通论》, 经济科学出版社 2006 年版。

[10] 白暴力:《西方学者对劳动价值理论主要否定的分析》, 载《中国特色社会主义研究》2002 年第 5 期。

# 论习近平新时代中国特色社会主义经济思想的理论创新*

张雷声**

**摘要**：习近平新时代中国特色社会主义经济思想是马克思主义经济学中国化的最新成果。它以对新时代中国经济发展理论和实践阐述的“系统化的经济学说”，实现了重大的理论创新，主要表现在：以新时代社会主要矛盾的变化研判经济发展现实、以“以人民为中心”的发展理念引领经济造福人民、以历史性成就和深层次变革推动经济高质量发展、以问题意识和实践导向制定和部署经济发展战略、以更高层次的开放型经济推进中国深度融入世界。

**关键词**：习近平　新时代　中国特色社会主义经济思想　经济发展

习近平新时代中国特色社会主义经济思想，是党的十八大以来以习近平同志为核心的党中央将马克思主义政治经济学与新时代中国经济发展实践结合的理论结晶。这一新思想继承和发展了马克思主义政治经济学和中国共产党历代领导集体的经济思想，是马克思主义经济学中国化的最新成果。在当今世界经济政治形势发生复杂变化、我国经济发展进入新常态下，习近平新时代中国特色社会主义经济思想以新发展理念为主要内容，以对新时代中国经济发展理论和实践阐述的“系统化的经济学说”，实现了重大的理论创新。探讨习近平新时代中国特色社会主义经济思想的理论创新，对把握中国特色社会主义经济建设规律、正确解答新时代的各种经济矛盾和问题、推进我国经济健康持续发展有重要的理论和实践意义。

## 一、以新时代社会主要矛盾的变化研判经济发展现实

党的十八大以来，面对复杂多变并处于深度调整的当今世界，面对显著发展并仍处于重要战略机遇期的当代中国，以习近平同志为核心的党中央从全局出发，运筹帷幄，谋篇布局，推动中国特色社会主义进入了新时代。新时代标志着我们党和国家的事业发

---

* 本文系北京高校中国特色社会主义理论研究协同创新中心“中国人民大学21世纪中国马克思主义研究协同创新中心”阶段性成果。

** 张雷声，中国人民大学马克思主义学院教授、博士生导师。

展进入了一个新的阶段，反映了我国的发展具有了新的历史方位。“这个新时代，是承前启后、继往开来、在新的历史条件下继续夺取中国特色社会主义伟大胜利的时代，是决胜全面建成小康社会、进而全面建设社会主义现代化强国的时代，是全国各族人民团结奋斗、不断创造美好生活、逐步实现全体人民共同富裕的时代，是全体中华儿女勠力同心、奋力实现中华民族伟大复兴中国梦的时代，是我国日益走近世界舞台中央、不断为人类作出更大贡献的时代。”① 中国特色社会主义进入了新时代，意味着发展的目标更清晰、发展的动力更充足、发展的任务更艰巨。新时代的社会主要矛盾已由“人民日益增长的物质文化需要同落后的社会生产之间的矛盾”转化为“人民日益增长的美好生活需要和不平衡不充分的发展”之间的矛盾。社会主要矛盾的转化，说明了我国发展的目的和手段已经表现为由追求速度提升为讲求效益、由注重水平提升为追求质量、由强调增长提升为实现发展。这一关于我国发展历史方位的新定位和社会主要矛盾变化的新判断，成为习近平新时代中国特色社会主义经济思想解析经济发展现实、研判经济发展态势、确定宏观经济政策走向的重要依据。

首先，紧抓新时代社会主要矛盾的主要方面，通过优化经济结构、提高经济发展质量来化解矛盾。在社会主要矛盾中，人民日益增长的美好生活需要一面，说明了改革开放40年来经济建设成果对人民生存和发展的物质文化需求的满足，需要进一步上升为满足人民对美好生活的追求，即不仅满足人民对物质文化的需求，更要满足人民对民主、公平、安全、环境、监督、维权等方面的需求，人民更为期盼的是更好的教育、更稳定的工作、更满意的收入、更可靠的社会保障、更高水平的医疗卫生服务、更舒适的居住条件、更优美的环境、更丰富的精神文化生活，等等。不平衡不充分的发展是社会主要矛盾的另一方面，则说明了我国的生产力水平尽管已经得到了极大的提高，但当前生产力发展的不平衡不充分已经成为制约满足人民日益增长的美好生活需要的最大障碍。抓住社会主要矛盾的主要方面，着力解决好发展的不平衡不充分问题的关键，就是大力提升经济发展质量和效益。习近平强调，当前大力提升经济发展质量和效益主要通过优化结构来实现。一是要优化所有制结构，毫不动摇坚持我国的基本经济制度，推动各种所有制经济健康发展。“把公有制经济巩固好、发展好，同鼓励、支持、引导非公有制经济发展不是对立的，而是有机统一的。”“任何想把公有制经济否定掉或者想把非公有制经济否定掉的观点，都是不符合最广大人民根本利益的，都是不符合我国改革发展要求的，因此也都是错误的。”② 二是要优化产业结构，培育壮大新兴产业，优化升级传统产业，加快发展现代服务业，大力推进智能制造，培育世界级先进制造业集群。因此，“要引导增量，培育新的增长动力；要主动减量，下大决心化解产能过剩，实现优胜劣汰；要发挥创新引领发展第一动力的作用，实施一批重大科技项目，加快突破核心关键技术，全面提升经济发展科技含量，提高劳动生产率和资本回报率；要抓好

① 《决胜全面建成小康社会　夺取新时代中国特色社会主义伟大胜利——在中国共产党第十九次全国代表大会上的报告》，人民出版社2017年版，第10~11页。

② 《习近平谈治国理政》（第2卷），外文出版社2017年版，第260页。

职业培训，提高人力资本质量，优化人力资本结构。”① 三是优化区域发展结构，推进新型城镇化，逐步缩小区域发展差距。“既要促进地区间经济和人口均衡，缩小地区间人均国内生产总值差距，也要促进地区间人口经济和资源环境承载能力相适应，缩小人口经济和资源环境间的差距。要根据主体功能区的定位，着力塑造要素有序自由流动、主体功能约束有效、基本公共服务均等、资源环境可承载的趋于协调发展新格局。”②

其次，以全新的视角和思路，提出了我国经济由高速增长阶段转向高质量发展阶段的基本特征。在对我国消费需求具有明显的模仿排浪式特征、投资需求存在巨大空间、出口竞争优势依然存在、生产要素具有相对优势、经济风险逐步显性化等问题分析的基础上，习近平准确地判断“我国经济正在向形态更高级、分工更复杂、结构更合理的阶段演化”,③ 这种演化说明了经济发展方式正从规模速度型粗放增长向质量效率型集约增长转变，经济结构正从增量扩能为主向调整存量、做优增量并举转变，经济发展动力正从传统增长点向新的增长点转变。经济的高质量发展要求进一步解决现实中存在的供给侧、结构性、体制性矛盾和问题。因此，习近平强调，必须抓重点、补短板、强弱项，特别是要打好防范化解重大风险、精准脱贫、污染防治的攻坚战。在我国正处于转变经济发展方式、优化经济结构、转换增长动力的攻关期，建设现代化经济体系是跨越关口的迫切要求和我国发展的战略目标。所谓现代化经济体系，习近平总书记明确提出，它是由社会经济活动各个环节、各个层面、各个领域的相互关系和内在联系构成的有机整体。这个有机整体包括了产业体系、市场体系、收入分配体系、城乡区域发展体系、绿色发展体系、全面开放体系，以及社会主义市场经济体制。建设现代化经济体系，“必须坚持质量第一、效益优先，以供给侧结构性改革为主线，推动经济发展质量变革、效率变革、动力变革，提高全要素生产率，着力加快建设实体经济、科技创新、现代金融、人力资源协同发展的产业体系，着力构建市场机制有效、微观主体有活力、宏观调控有度的经济体制，不断增强我国经济创新力和竞争力。”④ 由此可见，现代化经济体系的核心就在于，必须把发展经济的着力点放在实体经济上，把提高供给体系质量和效率作为主攻方向，增强我国经济质量优势。只有形成现代化经济体系，才能更好顺应现代化发展潮流并赢得国际竞争主动，才能为其他领域现代化提供有力支撑。

## 二、以“以人民为中心”的发展理念引领经济造福人民

“以人民为中心”是习近平新时代中国特色社会主义经济思想的内在规定，反映了经济理论和实践研究的方向和重点。“以人民为中心”不是停留在口头上、止步于头脑

---

①② 《习近平谈治国理政》（第2卷），外文出版社2017年版，第243页。

③ 《习近平谈治国理政》（第2卷），外文出版社2017年版，第233页。

④ 《决胜全面建成小康社会　夺取新时代中国特色社会主义伟大胜利——在中国共产党第十九次全国代表大会上的报告》，人民出版社2017年版，第30页。

中的概念，而是体现于习近平新时代中国特色社会主义经济思想研究的理论成果之中。它坚持“人民是历史的创造者”这一历史唯物主义的基本观点，把人民群众是经济发展、经济改革的主体落到实处；它坚持把增进人民福祉、促进人的全面发展、朝着共同富裕方向稳步前进作为经济发展的出发点和落脚点；它坚持以人民为中心部署经济工作、制定经济政策、推动经济发展。

“以人民为中心”的发展理念是对习近平新时代中国特色社会主义经济思想的新发展理念的提升，反映了习近平新时代中国特色社会主义经济思想的立场、出发点和归宿。在中国特色社会主义经济发展中，“创新、协调、绿色、开放、共享”五大发展都贯穿着“以人民为中心”的发展理念。创新发展注重的是解决发展动力问题，协调发展注重的是解决发展不平衡问题，绿色发展注重的是解决人与自然和谐的问题，开放发展注重的是解决发展内外联动的问题，共享发展注重的是解决社会公平正义问题，无论哪一个发展、注重解决的是哪一类问题，归根结底，都是为人民谋利益。无论哪一个发展，在解决问题时所抉择的哪一种政策措施，也都是以人民利益为准则。在创新发展中，要激发调动全社会的创新激情，持续发力，加快形成以创新为主要引领和支撑的经济体系和发展模式。要积极营造有利于创新的政策环境和制度环境。在协调发展中，要坚持区域协同、城乡一体、物质文明和精神文明并重、经济建设国防建设融合。在绿色发展中，要像保护眼睛一样保护生态环境，像对待生命一样对待生态环境。对破坏生态环境的行为，不能手软，不能下不为例。在开放发展中，要内外需协调、进出口平衡、引进来和走出去并重、引资和引技引智并举，发展更高层次的开放型经济，积极参与全球经济治理和公共产品供给，提高我国在全球经济治理中的制度性话语权，构建广泛的利益共同体。在共享发展中，要造福人民的发展，追求全体人民共同富裕。“改革发展搞得成功不成功，最终的判断标准是人民是不是共同享受到了改革发展成果。”① 可见，习近平新时代中国特色社会主义经济思想中“以人民为中心”的发展理念，“体现了我们党全心全意为人民服务的根本宗旨，体现了人民是推动发展的根本力量的唯物史观。”②

带领人民创造美好生活是中国共产党始终不渝的奋斗目标。习近平多次强调：“人民性的重点就是人民利益，”③“要把人民放在心中最高位置，”④“在任何时候任何情况下，与人民同呼吸共命运的立场不能变，全心全意为人民服务的宗旨不能忘，群众是真正英雄的历史唯物主义观点不能丢。”⑤ 以人民的呼声为第一信号，以人民的需求为第一要务，以增进人民福祉为重要内容，以满足人民期待和实现人民愿望为己任，让改革发展成果更多更公平惠及全体人民深入人心。“以人民为中心”的发展理念引领经济造

① 《征求对中共中央关于制定国民经济和社会发展第十三个五年规划的建议的意见》，载《人民日报》2015年10月31日。

② 《习近平谈治国理政》（第2卷），外文出版社2017年版，第213页。

③ 习近平：《胸怀大局把握大势着眼大事努力把宣传思想工作做得更好》，载《人民日报》2013年8月21日。

④ 习近平：《在庆祝中国共产党成立95周年大会上的讲话》，载《人民日报》2016年7月2日。

⑤ 《十八大以来重要文献选编》（上），中央文献出版社2014年版，第309页。

福人民，深深嵌入习近平新时代中国特色社会主义经济思想中。无论是对经济发展实践经验的总结概括，对政策及措施的制定，还是对经济发展理论的研究，都贯穿了鲜明的民生导向，彰显了人民利益至上的价值取向。

增进人民的福祉，不断满足人民日益增长的美好生活需要，就是要真诚倾听人民呼声、真实反映人民愿望、真情关心人民疾苦、真切回应人民期待，保证人民平等参与、平等发展权利，维护社会公平正义，使发展更具公平性、普惠性，使人民有获得感、幸福感、安全感更加充实、更有保障、更可持续。中国特色社会主义经济发展要体现人民性，就是基于人民，为了人民，向着人民，对人民负责，让人民获益。一方面，要以最广大人民群众的立场和态度，关注人民的呼声、人民的需求、人民的期待，解决涉及改革发展的重大理论和实践问题，将人民的思想感情和世界观、人民的精神渗透在经济实践之中；另一方面，要以实现人民的利益为目标，坚持经济发展的成果由人民共享，切实保障人民群众的利益。

“以人民为中心”的发展理念引领经济造福人民，还体现在人民是经济发展实践的最终评判者。习近平新时代中国特色社会主义经济思想中关于社会主义基本经济制度的完善、社会主义经济发展思路、社会主义改革的举措，以及如何解决“共建共享发展”中短板问题等理论，就是要让人民得到实惠，人民生活得到改善，人民权益得到保障，增强人民群众的获得感、幸福感、安全感。因此，“人民拥护不拥护”“人民赞成不赞成”“人民高兴不高兴”“人民答应不答应”是制定各项方针政策的出发点和归宿，人民满意与否是衡量经济发展成效的根本尺度。习近平新时代中国特色社会主义经济思想，始终坚持了以“以人民为中心”的发展理念引领经济造福人民这一根本点。

## 三、以历史性成就和深层次变革推动经济高质量发展

当代中国正经历着历史上最为广泛而深刻的社会变革。党的十八大以来，以习近平同志为核心的党中央以巨大的政治勇气和强烈的责任担当，提出了一系列新理念新思想新战略，出台了一系列重大方针政策，推出了一系列重大举措，推进了一系列重大工作，解决了许多长期想解决而没有解决的难题，办成了许多过去想办而没有办成的大事，推动党和国家的事业发生了历史性变革。在这些历史性变革中，经济建设取得了重大成就，在新发展理念的引领下，我国经济保持中高速增长，国内生产总值稳居世界第二，经济结构不断优化，数字经济等新兴产业蓬勃发展，基础设施建设快速推进，农业现代化稳步发展，城镇化水平不断提高，区域发展协调性增强，“一带一路”建设、京津冀协同发展、长江经济带发展成效显著，创新驱动发展战略大力实施，开放型经济新体制逐步健全，等等。与此同时也面临着深层次变革任务，例如，发展不平衡不充分的一些突出问题尚未解决，发展质量和效益还不高，创新能力不够强，实体经济水平有待提高，生态环境保护任重道远，民生领域存在短板，脱贫攻坚任务艰巨，城乡区域发展

和收入分配差距依然较大，群众在就业、教育、医疗、居住、养老等方面面临不少难题。紧抓历史性成就和深层次变革的契机，习近平新时代中国特色社会主义经济思想提出用新发展理念引领经济发展，以解决发展不平衡不充分问题为重点，推动经济发展质量变革、效率变革、动力变革，实现了重大的理论创新。

围绕经济高质量发展，习近平新时代中国特色社会主义经济思想的重要创新点主要有：第一，经济发展“稳中求进”。“稳”和“进”是辩证统一的关系，“稳”是“进”的前提，在“稳”的前提下推进结构性调整和各项改革，有助于保持经济的持续稳定健康发展。面对经济发展的“新常态”，习近平强调，在我国经济发展处于增长速度换挡期、结构调整阵痛期、前期刺激政策消化期的“三期叠加”阶段，经济发展速度必然会下降，但不会无限下滑，这是“稳中求进”的一种状态，不能简单以生产总值论英雄，不是经济发展速度高一点，形势就好得很，也不是经济发展速度下来一点，形势就糟得很，“合理的经济增长速度是要的，但抓经济工作、检验经济工作成效，要从过去主要看增长速度有多快转变为主要看质量和效益有多好。”① 经济增长换挡降速，是为了更好地稳定经济增长，加快经济发展方式转变和优化经济结构，求得经济有质量、有效益、可持续的发展。把握经济发展的“稳中求进”，坚持以经济建设为中心，坚持发展是硬道理的战略思想，变中求新、新中求进，进中突破，才能推动我国经济发展不断迈上新的台阶。

第二，供给侧结构性改革深入。供给侧结构性改革是习近平新时代中国特色社会主义经济思想中的一个重要问题。供给侧结构性改革，重点是解放和发展社会生产力，用改革的办法推进结构调整，减少无效和低端供给，扩大有效和中高端供给，增强供给结构对需求变化的适应性和灵活性，提高全要素生产率。因此，供给侧结构性改革，“既强调供给又关注需求，既突出发展社会生产力又注重完善生产关系，既发挥市场在资源配置中的决定性作用又更好发挥政府作用，既着眼当前又立足长远。”② 推进供给侧结构性改革，就是促进产能过剩有效化解，促进产业优化重组，降低企业成本，发展战略性新兴产业和现代服务业，增加公共产品和服务供给，提高供给架构对需求变化的适应性和灵活性。简而言之，就是去产能、去库存、去杠杆、降成本、补短板。当前，供给侧结构性改革的深入，就是深化要素市场化配置改革，破除无效供给，大力培育新动能，降低实体经济成本及制度性交易成本，推进中国制造向中国创造转变，中国速度向中国质量转变，制造大国向制造强国转变。

第三，市场化改革深化。明确提出经济体制改革要“使市场在资源配置中起决定性作用和更好发挥政府作用”，是习近平新时代中国特色社会主义经济思想的重大理论突破，反映了以习近平同志为核心的党中央对市场规律的认识在不断加深和提高。针对我国市场经济发展中存在的诸如市场秩序不规范、生产要素市场发展滞后、市场规则不统一、市场竞争不充分等问题，习近平进一步提出了在市场对资源配置起决定

① 《习近平谈治国理政》（第2卷），外文出版社2017年版，第242页。
② 《习近平谈治国理政》（第2卷），外文出版社2017年版，第252页。

性作用方面，要加快市场基础性制度建设，包括完善有利于促进公平竞争的规则体系，落实公平竞争审查制度，清理妨碍公平准入的规定和做法，扫除经济发展的体制机制障碍；在更好地发挥政府作用方面，要坚持适应我国经济发展主要矛盾变化完善宏观调控，相机抉择，开准药方，把推进供给侧结构性改革作为经济工作的主线，努力实现供求关系新的动态均衡。这是新时代社会主要矛盾的变化对完善宏观调控提出的新要求。习近平指出：宏观调控“要善于把握消费和投资背后的市场预期和社会心理，考虑市场主体行为特点，增强政策透明度和可预期性，加强同市场主体行为的沟通融合”。[①] 提出建设市场机制有效、微观主体有活力、宏观调控有度的经济体制，破除各方面体制机制弊端，不断增强我国经济创新力和竞争力，是完善现代化经济体系的制度保障。

第四，精准脱贫攻坚。贯彻以人民为中心的发展思想，我国的脱贫攻坚战取得了决定性进展，六千多万贫困人口稳定脱贫，贫困发生率从10.2%下降到4%以下。但如何以更大决心、更精准思路、更有力措施，在全面建成小康社会决胜阶段完成这一任务，习近平新时代中国特色社会主义经济思想提出了创新性的见解。基于脱贫攻坚已经取得的成绩，习近平突出地把提高脱贫质量放在首位，一是强调要确保在我国现行标准下实现脱贫，既不降低标准，也不吊高胃口；二是强调瞄准精准脱贫的难点即特定贫困群众和深度贫困地区，对特定贫困群众精准帮扶，向深度贫困地区聚焦发力；三是强调注重激发贫困人口内生动力，注重调动贫困群众的积极性、主动性、创造性，注重培育贫困群众发展生产和务工经商的基本技能，注重激发贫困地区和贫困群众脱贫致富的内在活力，注重提高贫困地区和贫困群众自我发展能力。

第五，政策举措和行动扎实管用。在推进我国经济发展的理论和实践问题上，如何制定政策并精准施策，是习近平新时代中国特色社会主义经济思想运用马克思主义唯物辩证法分析和解决中国经济发展现实问题的重要创新。习近平指出，在政策制定中，要弄清楚整体政策安排与某一具体政策的关系、系统政策链条与某一政策环节的关系、政策顶层设计与政策分层对接的关系、政策统一性与政策差异性的关系、长期性政策与阶段性政策的关系，在政策落实中，要防止徒陈空文、等待观望、急功近利。注重政策举措和行动的可行性、效益最大化，有助于党领导的各项经济工作取得扎实进展。以改革的系统性、整体性、协同性为例，习近平指出：“改革越深入，越要注意协同，既抓改革方案协同，也抓改革落实协同，更抓改革效果协同，促进各项改革举措在政策取向上相互配合、在实施过程中相互促进、在改革成效上相得益彰，朝着全面深化改革总目标聚焦发力。”[②] 这充分展现了习近平新时代中国特色社会主义经济思想的方法论意义。

① 《习近平谈治国理政》（第2卷），外文出版社2017年版，第242页。
② 《习近平谈治国理政》（第2卷），外文出版社2017年版，第109页。

## 四、以问题意识和实践导向制定和部署经济发展战略

习近平新时代中国特色社会主义经济思想是适应中国的基本国情和改革开放以来的经济发展实践的要求，在直面并回答新时代发展变化着的问题和实践中形成和发展起来的。坚持问题意识和实践导向，分析问题、解决问题，是其鲜明特点。问题是时代的口号，问题是创新的起点，也是创新的动力源。只有聆听时代的声音，回应时代的呼唤，认真研究解决重大而紧迫的问题，才能真正把握住历史脉络，找到发展规律，推动理论创新。实践是认识的基础，是理论的来源，理论展现真理力量的魅力就在于立足实践，切实解答实践中产生的重大问题。正如马克思恩格斯所说："一切划时代的体系的真正内容都是由于产生这些体系的那个时期的需要而形成起来的。"① 离开了问题和实践，就无从提炼和总结出规律性成果，也无从上升为系统化的学说，更无从展现其真理的力量。问题意识和实践导向，使习近平新时代中国特色社会主义经济思想展现出了21世纪中国的马克思主义所具有的强大的和有说服力的真理力量，成为全党全国人民为实现中华民族伟大复兴而奋斗的行动指南。

面对我国经济发展进入新常态、国际发展环境深刻变化的新形势，面对改革进入攻坚期和深水区、各种深层次矛盾和问题不断呈现、各类风险和挑战不断增多的新情况，以习近平同志为核心的党中央全面分析问题、正面解决问题，以问题意识和实践导向制定和部署各项经济发展战略。

第一，针对我国经济发展的不平衡不充分，以及科技创新能力不强，特别是经济发展大而不强、大而不优，要素驱动力明显不足、新动能未能全面接续的问题，制定并坚定实施创新驱动发展战略，突出了科技创新对供给侧结构性改革和培育发展新动能的支撑引领作用，把加快建设创新型国家作为现代化建设全局的战略举措。习近平举例分析了我国存在的供给侧结构性问题，如先进高端材料的自主供给。他认为，我国目前在先进高端材料研发和生产方面与世界先进水平存在相当大的差距，关键高端材料远未实现自主供给，从而我国很多重要专利药物市场绝大多数被国外公司占据，高端医疗设备依赖进口，造成人民"看病贵"问题的存在。要解决这类问题，必须强化科技创新战略导向，实施创新驱动战略，必须在推动发展的内生动力和活力上来一个根本性转变，塑造更多依靠创新驱动、更多发挥先发优势的引领性发展。习近平一方面强调，"要深入研究和解决经济和产业发展亟须的科技问题，围绕促进转方式调结构、建设现代产业体系、培育战略性新兴产业、发展现代服务业等方面需求，推动科技成果转移转化，推动产业和产品向价值链中高端跃升"；② 另一方面也指出，"要立足于科技创新，释放创新驱动的原动力，让创新成为发展基点，拓展发展新空间，创造发展新机遇，打造发展新

① 《马克思恩格斯全集》（第3卷），人民出版社1960年版，第544页。
② 《习近平谈治国理政》（第2卷），外文出版社2017年版，第271～272页。

引擎，促进新型工业化、信息化、城镇化、农业现代化同步发展，提升发展整体效能，”① 实现新的发展水平。

第二，针对我国城乡发展不平衡、农村发展不充分、农业发展质量效益竞争力不高、农民增收后劲不足、农村自我发展能力弱、城乡差距较大等问题，提出并实施乡村振兴战略，深化农村土地制度和集体产权制度改革，促进农民持续较快增收和农业可持续发展，提高农业发展质量效益和竞争力，推进农业农村现代化。习近平新时代中国特色社会主义经济思想着眼于确保如期全面建成小康社会和基本实现现代化，以及实现国家长治久安，强调按照产业兴旺、生态宜居、乡风文明、治理有效、生活富裕的总要求，制定并实施乡村振兴战略。乡村振兴战略的实施，在农村改革发展方面，注重深化农村土地制度改革，处理好农民与土地的关系，保持土地承包关系稳定并长久不变，第二轮土地承包到期后再延长三十年；注重深化农村集体产权制度改革，保障农民财产权益，壮大集体经济；注重完善农业支持保护制度，确保国家粮食安全，保护生产者合理收益。在现代农业建设方面，强调构建现代农业产业体系、生产体系、经营体系，提高农业的产业化水平，加快农业的转型升级；强调发展多种形式适度规模经营，培育新型农业经营主体，健全农业社会化服务体系，实现小农户和现代农业发展有机衔接；强调调整优化农业结构，包括农业产品结构、产业结构和布局结构，促进农村一二三产业融合发展，延长产业链、提升价值链。在农村基础工作方面，不仅要探索乡村治理新模式，健全自治、法治、德治相结合的乡村治理体系，而且要高度重视培养、配备、使用农村干部，培养造就一支懂农业、爱农村、爱农民的“三农”工作队伍。

第三，针对我国经济发展的区域差异大、发展不平衡状况，以及城镇化质量不高等问题，推进实施包括京津冀协同发展战略、长江经济带发展战略、新型城镇化战略等在内的区域协调发展战略，建设彰显优势、协调联动的城乡区域发展体系，实现区域良性互动、城乡融合发展、陆海统筹整体优化，培育和发挥区域比较优势，加强区域优势互补，塑造区域协调发展新格局。京津冀协同发展战略是区域协调发展战略的重要内容，是疏解北京非首都功能、优化空间格局和功能定位、建设国际一流绿色智慧城市、解决“大城市病”的一条重要路径，凸显了习近平“世界眼光、国际标准、中国特色、高点定位”的建设理念。长江经济带发展战略的重点在于通过大保护修复长江生态环境，建设沿江绿色生态廊道，优化沿江产业和城镇布局，实现长江上中下游互动合作和协调发展，如习近平所说：“把长江经济带建成生态更优美、交通更顺畅、经济更协调、市场更统一、机制更科学的黄金经济带。”② 新型城镇化战略注重以人为核心，“推动城镇化要回归到推动更多人口融入城镇这个本源上来，促进有能力在城镇稳定就业和生活的农业转移人口举家进城落户，这既可以增加和稳定劳动供给、减轻人工成本上涨压力，又可以扩大房地产等消费。这也是缩小城乡差距、改变城乡二元结构、推进农业现代化的

① 《习近平谈治国理政》（第2卷），外文出版社2017年版，第271~272页。
② 《习近平谈治国理政》（第2卷），外文出版社2017年版，第237页。

根本之策。”① 京津冀协同发展战略、长江经济带发展战略、新型城镇化战略，这三大战略的共同特点就是跨越行政区划，促进区域协调发展。

习近平新时代中国特色社会主义经济思想用联系的发展的眼光看问题，增强战略性思维，以问题意识和实践导向制定和部署经济发展战略，探寻解决我国经济发展所面临的重大理论和实践问题之道，对中国特色社会主义政治经济学做出了重要的理论创新。

## 五、以更高层次的开放型经济推进中国深度融入世界

把握中国和世界发展大势、发展更高层次的开放型经济、推动形成全面开放新格局、打造人类命运共同体，是习近平新时代中国特色社会主义经济思想的重大战略构想和实践思维，反映了中国共产党关于社会主义对外开放在新时代的新创见。

适应经济全球化发展新趋势和国内改革发展新要求，以习近平同志为核心的党中央总揽全局，抓住机遇，高瞻远瞩提出构建开放型经济新体制的顶层设计和战略部署，丰富和发展了中国特色社会主义政治经济学。一是坚持对外开放基本国策，全面推进双向开放，促进国内国际要素有序流动、资源高效配置、市场深度融合，发展更高层次的开放型经济，完善对外开放战略布局。习近平指出：“站在新的历史起点上，实现‘两个一百年’奋斗目标、实现中华民族伟大复兴的中国梦，必须适应经济全球化新趋势、准确判断国际形势新变化、深刻把握国内改革发展新要求，以更加积极有为的行动，推进更高水平的对外开放，加快实施自由贸易区战略，加快构建开放型经济新体制，以对外开放的主动赢得经济发展的主动、赢得国际竞争的主动。”② 秉持“开放带来进步、封闭必然落后”的理念，在以习近平同志为核心的党中央领导下，更高层次的开放型经济新体制正在建立健全。二是实施“五个结合”，即引进来与走出去、沿海开放与内陆沿边开放、制造领域开放与服务领域开放、多边开放与区域开放、向发达国家开放与向发展中国家开放的结合。五个方面的并重，从统筹国内国际两个市场、两种资源的角度，从战略思维、全球视野的角度，审视了我国和世界的发展及我国在世界中的发展，从而推动着开放型经济新体制的建立健全。三是完善法治化、国际化、便利化的营商环境，健全有利于合作共赢、同国际投资贸易规则相适应的体制机制，健全对外开放新体制。开放型经济新体制的总目标是互利共赢、多元平衡、安全高效，内容主要包括建立市场配置资源新机制和形成经济运行管理新模式、全方位开放新格局、国际合作竞争新优势。构建开放型经济新体制，培育国际合作和竞争新优势，拓展外贸发展新空间，切实维护国家利益，保障国家安全，必须加强对外开放的法治建设，坚持依法开放，大力培育开放主体，充分发挥行业协会商会作用，着力构建稳定、公平、透明、可预期的营商环境。四是坚持共商共建共享原则，开展与有关国家和地区多领域互利共赢的务实合

① 《习近平谈治国理政》（第2卷），外文出版社2017年版，第243页。
② 《习近平谈治国理政》（第2卷），外文出版社2017年版，第99页。

作，打造陆海内外联动、东西双向开放的全面开放新格局，推进“一带一路”建设。五是推动国际经济治理体系改革完善，积极引导全球经济议程，维护和加强多边贸易体制，促进国际经济秩序朝着平等公正、合作共赢的方向发展，共同应对全球性挑战，积极参与全球经济治理。开放型经济新体制的实质是，以“一带一路”建设为重点，丰富对外开放内涵，提高对外开放水平，打造国际合作新平台，协同推进战略互信、投资经贸合作，努力形成深度融合的互利合作格局，开创对外开放新局面。

习近平关于开放型经济新体制的战略构想和实践思维，充分表明了更高层次开放型经济的发展对促进中国深度融入世界的意义，彰显了促进世界经济发展的中国价值和中国智慧，具有创新性。

一方面，中国置身于经济全球化之中，要能在世界范围内抢占经济发展的先机，赢得经济发展的主动，首先必须练好内功，办好自己的事。习近平指出：“要建立公平开放透明的市场规则，提高我国服务业国际竞争力。要坚持引进来与走出去相结合，完善对外投资体制和政策，激发企业对外投资潜力，勇于并善于在全球范围内配置资源、开拓市场。要加快从贸易大国走向贸易强国，巩固外贸传统优势，培育竞争新优势，拓展外贸发展空间，积极扩大进口。要树立战略思维和全球视野，站在国内国际两个大局相互联系的高度，审视我国和世界的发展，把我国对外开放事业不断推向前进。”[①] 通过发展更高层次的开放型经济，可以促进中国自身加快制度建设、法规建设，改善营商环境和创新环境，降低市场运行成本，提高运行效率，提升国际竞争力，打造国际合作竞争新优势，从而以积极主动的姿态走向世界。

另一方面，中国置身于经济全球化之中，是经济全球化的积极参与者和坚定支持者，也是重要建设者和主要受益者，面对经济全球化迅速发展中存在的超越一国解决能力的共同问题，必须提出共同解决的方案，公平地分摊解决的成本。因此，加快实施自由贸易区战略、加强“一带一路”建设、构建人类命运共同体，“是我国积极参与国际经贸规则制定、争取全球经济治理制度性权力的重要平台，我们不能当旁观者、跟随着，而是要做参与者、引领者，善于通过自由贸易区建设增强我国国际竞争力，在国际规则制定中发出更多中国声音、注入更多中国元素，维护和拓展我国发展利益。”[②] 通过发展更高层次的开放型经济，可以促进中国积极参与全球经济治理，推动经济全球化朝着更加开放、包容、普惠、平衡、共赢的方向发展，推动相互尊重、公平正义、合作共赢的新型国际经济关系建设，推动人类命运共同体建设，为人类发展贡献中国智慧和力量。

---

① 《习近平谈治国理政》（第 2 卷），外文出版社 2017 年版，第 101 页。
② 《习近平谈治国理政》（第 2 卷），外文出版社 2017 年版，第 100 页。

# 关于三大攻坚战的思考*

王振中**

党的十九大报告指出，从现在起到2020年是全面建成小康社会决胜期，由此提出了特别是要坚决打好三大攻坚战，即防范化解重大风险、精准脱贫、污染防治。在今后的三年里能否打好这三大攻坚战，是关系到全面建成小康社会能否得到人民认可，能否经得起历史检验的重大任务。

第一大战役：关于防范化解重大风险。在关于防范化解重大风险方面，十九大报告明确提到了“健全金融监管体系，守住不发生系统性金融风险的底线。”其实，早在2016年11月1日银监会就开始施行了《银行业金融机构全面风险管理指引》，指引内容包括防范化解信用风险、市场风险、流动性风险、操作风险、国别风险、利率风险、声誉风险、战略风险、信息科技风险以及其他风险。接着在2017年7月14日全国金融工作会议上，习近平总书记又指出，防止发生系统性金融风险是金融工作的永恒主题。要求把主动防范化解系统性金融风险放在更加重要的位置，科学防范，早识别、早预警、早发现、早处置，着力防范化解重点领域风险，着力完善金融安全防线和风险应急处置机制。为此，国家成立了国务院金融稳定发展委员会，强化人民银行宏观审慎管理和系统性风险防范职责。重要原因之一在于，世界经济复苏乏力，我国在“三去一降一补”的过程中，暴露出了发展不平衡不充分的一些突出问题，明显体现在四个方面。一是商业银行的不良贷款率上升。如果把逾期90天以上的关注类贷款算进来，那么商业银行的不良贷款率可能要翻番。二是违约债券事件不断发生。虽然目前累积的违约金额占信用债比重不高，但违约的绝对数量不可小视，2014～2016年违约债券金额分别为13亿元、126亿元和402亿元。截至2017年7月为178亿元。三是金融市场秩序遭到破坏。不仅出现了金融大鳄操纵股价案和内幕交易案，而且多起上市公司涉嫌虚假陈述而引起股民索赔案件。四是地方政府的隐性债务风险在增加。尽管财政部于2014年对各省政府存量债务进行了清查核实，但是2015年以来地方政府或有债务统计的缺失，以及2016年以来地方政府通过PPP项目所形成的隐性负债的急剧上升，都增加了地方政府债务风险。所以2017年7月24日政治局会议强调要积极稳妥化解累积的地方政府债务风险，有效规范地方政府举债融资，坚决遏制隐性债务增量。只有这样，我国经济社会才能稳定发展。

---

* 原稿2017年12月21日刊登于中国社会科学网，2018年7月11日修改于北京。

** 王振中，中国社会科学院经济研究所研究员。

第二大战役：关于精准脱贫。十九大报告指出："坚决打赢脱贫攻坚战。让贫困人口和贫困地区同全国一道进入全面小康社会是我们党的庄严承诺。"并提出了"精准扶贫、精准脱贫"，"扶贫同扶志、扶智相结合"，"做到脱真贫、真脱贫。"但现状使人有些困惑，原因是贫困人口数据缺乏准确性。例如，在人民出版社《党的十九大报告辅导读本》中，参与编写人员中有30人是十九大中央委员，其中14人是十九大政治局委员。但就在这个辅导读本中，关于贫困人口的数据却出现了各种说法。例如第23页讲"2013～2016年，农村贫困人口由8 249万人减少到4 335万人，贫困发生率从8.5%下降到4.5%"。第128页讲"有3 000万人尚未脱贫。"第351页讲"（党的十八大以来）6 000多万农村贫困人口稳定脱贫，年均减少1 391万人，贫困发生率由10.2%下降到4%以下。"显然上面的数据无法清晰地告诉我们，目前尚未脱贫的人口究竟是多少，是4 335万人还是3 000万人？目前贫困发生率究竟是多少，是4.5%还是4%以下？按照我国常住人口城镇化57.4%计算，在13亿人口的大国中，起码还有一半的人生活在农村，相差0.5%的贫困发生率就会至少涉及大约300万人。此外，还有一个稳定脱贫与因病返贫问题。在我们宣布6 000多万农村贫困人口稳定脱贫的同时，2017年10月2日《财经》杂志披露，国家卫计委经过逐户、逐人、逐病调查核实，确认至2016年底，因病致贫、因病返贫的家庭533万户，涉及734万人。除此之外，精准脱贫不能只计算人均纯收入，这种数字脱贫还算不上是建成全面小康社会。不应该忘记"十三五"期间脱贫攻坚的目标是"两不愁、三保障"，即到2020年稳定实现农村贫困人口"两不愁"，即不愁吃、不愁穿，"三保障"即保障农村贫困人口义务教育、基本医疗、住房安全；同时实现贫困地区农民人均可支配收入增长幅度高于全国平均水平、基本公共服务主要领域指标接近全国平均水平。由此可以看出，目前的脱贫现状离十九大报告所要求的"脱真贫、真脱贫"还有明显差距。

第三大战役：关于污染防治。十九大报告为此专门设置了一章："加快生态文明体制改革，建设美丽中国"，我们可以看出，中国正在从"站起来""富起来""强起来"之后，开始勾画向"美起来"迈进的蓝图。但是应该清醒地看到，在防治"空气污染""水污染""土壤污染"方面任重道远。例如，在防治空气污染方面，近两年城市环境空气质量与愿景相比还有明显差距。2016年，全国338个地级及以上城市中，有84个城市环境空气质量达标，占全部城市数的24.9%；254个城市环境空气质量超标，占75.1%。这与辅导读本第379页所描述的"2017年，全国338个地级及以上城市，空气质量达标的仅占1/4"的格局基本一致。再例如在防治水污染方面，根据环境保护部发布《2016中国环境状况公报》，全国地表水1 940个评价、考核、排名断面中，Ⅴ类和劣Ⅴ类水质断面占15.5%。在6 124个地下水水质监测点中，水质为较差级和极差级的监测点占60.1%。如果说，防治空气污染和水污染是关系到现实中的人民生命之所需，那么，防治土壤污染则关系到我们子孙后代的生存和发展。对于土壤污染，人们已经开始注意到了农业乱施农药和化工企业乱排放污染物对土壤生命的破坏，但是对固体废物处理不当所造成土壤污染的危害程度则认识甚少。例如，以下这些固体废物如果用土壤掩埋来处理，那么他们从埋在地里到腐烂所用的时间是令人吃惊的：纸需 2～5 年，牛奶盒需 5 年，过滤嘴需 10～12 年，一次性杯子、竹筷需 20 年以上，皮制品和尼龙布需 25～40 年，一次性尿布、牙刷需 100 年以上，铝罐、塑料瓶、泡沫塑料则需 500 年以上。如果人们对清洁的空气还可以寄希望于自然界刮风的话，那么对固体废物处理则是不现实的。我们应该在普及垃圾分类的基础上，强化对固体废物处理的技术创新投入，在固体废物处理的综合利用方面创出新局面。

总之，防范化解重大风险、精准脱贫、污染防治这三大战役，是适应我国社会主要矛盾转化的不二选择，只有确保打赢三大攻坚战，才能使全面建成小康社会得到人民认可，经得起历史检验。

# 习近平新时代中国特色社会主义经济思想研究

## 马克思经济学与中国特色社会主义政治经济学的关系

邱海平*

以马克思主义政治经济学为指导，构建中国特色社会主义政治经济学理论体系，这是我国政治经济学界的基本共识，也是完全正确的原则和方向。不言而喻，这里所说的马克思主义政治经济学指经典的马克思主义政治经济学，是马克思经济学的一个简称，而不包括马克思之后的具有马克思主义性质和特点的各种政治经济学理论。以《资本论》为代表的关于资本主义的政治经济学，是马克思经济学的主要部分，但是，以《哥达纲领批判》为代表的关于未来共产主义（社会主义）的理论观点，也是马克思经济学的重要内容。既然已经确立了以马克思主义政治经济学为指导的理论原则，那么，究竟如何理解马克思经济学的两个不同部分与中国特色社会主义政治经济学的具体关系，就是一个需要进一步深入研究的重要理论问题。

### 一、马克思经济学的两个不同部分及其关系

马克思对于人类历史上其他各种社会形态进行过广泛的政治经济学研究，① 提出了

---

* 邱海平，中国人民大学经济学院教授、博士生导师，中国人民大学《资本论》教学与研究中心主任、中国人民大学习近平新时代特色社会主义思想研究院副院长。主要研究方向：《资本论》与当代经济。

① 恩格斯在《家庭私有制和国家的起源》中对原始社会及其向奴隶社会的过渡进行了政治经济学研究，在《反杜林论》中更是提出了建立广义政治经济学的理论任务。

许多真知灼见，具有重要的启示意义，但是，相对而言，这些研究成果并不构成完整的理论体系，因此，这里所说的马克思经济学，主要指马克思关于资本主义的政治经济学和关于未来共产主义（社会主义）的理论观点。① 正确理解马克思经济学这两个不同部分与社会主义政治经济学的具体关系，首先必须正确认识马克思经济学两个部分之间的关系。

从马克思主义理论的整体性角度来看，马克思关于资本主义和未来共产主义（社会主义）的政治经济学是一个有机的整体。具体来说，马克思在《资本论》中，通过系统考察资本运动，深刻地揭示了资本主义社会的经济运动规律，阐明了资本主义生产方式的本质和历史性，指明了资本主义生产方式或经济制度的发展趋势，论证了社会主义最终必然代替资本主义的历史规律性。正是基于关于资本主义的政治经济学理论，马克思在《资本论》《哥达纲领批判》、恩格斯在《反杜林论》等文献中，对未来共产主义（社会主义）社会的基本经济特征进行了理论描述和预测。这些理论描述和预测，是以无产阶级革命首先在英法等发达国家同时取得胜利为前提的，因而也是以科学技术和生产力的高度发达为前提的。为了说明未来共产主义（社会主义）与资本主义的本质区别，马克思恩格斯指明了未来共产主义（社会主义）的主要经济特征，即实行生产资料的社会公有制（与私有制相对立），由此决定了社会生产是有计划的（与商品生产和生产的无政府状态相对立），个人消费资料实行按劳分配（共产主义社会第一个阶段，即社会主义阶段）和按需分配（共产主义社会第二个阶段，即真正的共产主义阶段），从而消灭了剥削关系，实现了人的全面自由发展（与剥削关系、人的异化或畸形化的片面发展相对立），等等。由此可见，马克思关于资本主义和未来共产主义（社会主义）的政治经济学所揭示的具体内容是完全不同的，但是，就理论之间的逻辑关系来看，它们又是一致的，表现为完整的马克思主义理论的不可分割的有机组成部分。

从马克思经济学的两个不同部分对于世界无产阶级运动和社会主义实践的意义来说，它们同样都是十分重要的。具体来说，马克思关于资本主义的政治经济学，为无产阶级革命运动奠定了科学的理论基础，而马克思关于未来共产主义（社会主义）的政治经济学，不仅为无产阶级革命指明了前进的方向，而且为现实社会主义经济建设实践提供了基本遵循、指明了发展方向，即使是现实社会主义经济建设实践起源于经济文化落后的历史条件，也并没有改变这个基本关系。事实上，如果忽视甚至否定马克思关于资本主义的政治经济学的现实意义，就会导致对社会主义革命的合法性和合理性的怀疑甚至否定；如果忽视甚至否定马克思关于未来共产主义（社会主义）的政治经济学的现实意义，就会导致社会的发展迷失方向。在这两个方面，苏联和东欧国家提供了足够惨痛的教训，值得我们认真汲取。

同时我们要进一步认识到，由于现实社会主义起源于经济文化相对落后的历史条

① 在马克思和恩格斯的文献中，作为他们自己对于未来社会的理论概括，“共产主义”和“社会主义”具有相同的含义，只是后来列宁根据马克思在《哥达纲领批判》中关于共产主义两个阶段的理论，将共产主义第一个阶段称之为社会主义社会，把共产主义第二个阶段称之为共产主义社会。

件，从而使马克思经济学的两个部分与社会主义经济实践及其理论的关系具有复杂性。

## 二、马克思经济学两个部分的关系在社会主义经济实践中的发展

自十月社会主义革命胜利以来，世界社会主义经济实践的发展，经历了两个主要阶段和两种典型形式，一是传统社会主义计划经济，二是中国特色社会主义经济。在这两个不同阶段和两种不同形式中，马克思经济学与社会主义经济实践和理论的关系是不同的，具有不同的特点。

长期以来，特别是在社会主义计划经济时代，马克思主义者都把社会主义与资本主义理解为完全对立的两种社会形态，从而把马克思关于资本主义和未来共产主义（社会主义）的政治经济学也看作是内容上完全对立的两种政治经济学理论，并赋予马克思经济学的这两个部分不同的职能，即关于资本主义的政治经济学主要是用于批判资本主义（包括历史上的和现实中的资本主义），从而为社会主义制度的建立提供理论依据，但这部分理论与现实社会主义经济实践没有直接关系，只有马克思恩格斯关于未来共产主义（社会主义）的理论观点，才可以直接用于指导现实社会主义经济建设实践。这一点在实践上集中地表现在“斯大林模式”中，在理论上则集中地反映在以苏联教科书为代表的传统社会主义政治经济学理论体系中。从实践上来看，“斯大林模式”把马克思恩格斯理论上的社会主义规定性，直接照搬到现实中来，实行一大二公的单一公有制和高度集中的计划经济体制，排斥商品生产。从理论上来看，以苏联教科书为代表的传统社会主义政治经济学，主要反映的是马克思恩格斯关于未来共产主义（社会主义）的基本观点，而对于以《资本论》为代表的马克思关于资本主义政治经济学的理论则很少涉及。这一方面源于传统社会主义经济实践中本来就不存在资本、市场经济等客观现象，另一方面源于人们在理论上认为马克思关于未来社会的设想或猜测就是社会主义政治经济学。正如毛泽东曾经深刻指出过的那样，苏联教科书存在明显的教条主义倾向。苏联教科书关于社会主义政治经济学的理论，其出发点和目的不是对社会主义经济实践的深入分析和探索，而是把马克思恩格斯关于未来社会的设想或猜测直接上升到“社会主义经济规律”的高度，以论证和说明社会主义制度的优越性。以这种理论为指导的“斯大林模式”的实践发展结果证明，这样的社会主义政治经济学是存在严重片面性的，没有充分发挥科学的政治经济学对于实践发展的应有指导作用。

就中国的情况来看，1956～1978 年，中国社会主义经济实践深受“斯大林模式”的影响，实行的也是社会主义计划经济体制，那时的中国社会主义政治经济学，也大体上是苏联教科书的翻版。1978 年以来，随着我国改革开放的发展，在实践上，我国逐步形成了多种所有制共同发展、市场经济体制和对外开放的新格局；在理论上，我国社会主义经济理论逐步突破传统社会主义政治经济学的理论框架和观点，形成了社会主义

初级阶段理论、社会主义基本经济制度和分配理论、社会主义市场经济理论、社会主义经济改革和发展理论、社会主义对外开放理论等中国特色社会主义政治经济学基本理论。这就是说，中国特色社会主义经济实践和理论，突破了“斯大林模式”和苏联教科书的“范式”。在中国特色社会主义经济实践中，既存在社会主义性质的生产关系，也存在非社会主义性质的经济因素。简而言之，中国特色社会主义经济实践或“中国模式”最重要的特点就是，社会主义生产关系与非社会主义经济因素并存发展。换句话说，“中国模式”在事实上已经打通了以往被人们认为是水火不能相容的社会主义和资本主义的关系，相应地在理论上，也就打通了以往被人们认为是完全对立的关于社会主义的政治经济学与关于资本主义的政治经济学的关系。这就要求中国特色社会主义政治经济学既要运用马克思恩格斯关于未来共产主义（社会主义）的基本理论观点，又要运用马克思关于资本主义的政治经济学理论。然而，在现有的中国特色社会主义政治经济学专著或教材中，这一点并没有明确地体现出来。例如，中国既存在国有制、集体所有制和国家的计划管理，又存在着资本（包括国有资本、非公有资本、外资等）和市场经济，但是，在理论上我们仍然回避使用马克思在《资本论》中分析资本运动和市场经济所提出来的一系列经济范畴，例如价值、劳动力商品、剩余价值、资本积累、社会总资本的再生产、生产价格，等等。

2015年11月，习近平总书记在主持中央政治局集体学习时强调，“要立足我国国情和我国发展实践，揭示新特点新规律，提炼和总结我国经济发展实践的规律性成果，把实践经验上升为系统化的经济学说，不断开拓当代中国马克思主义政治经济学新境界。”这就为中国经济学特别是政治经济学的发展指明了方向。所谓“系统化的经济学说”，就是指在各个具体理论之间，存在一个能够贯彻始终的“基本原理”或“元理论”和首尾一贯的分析方法。在《资本论》中，劳动价值理论是全部理论的“基石”，劳动二重性（历史唯物主义的政治经济学理论表达）是贯彻到后面所有理论中的基本分析方法；在西方新古典经济学中，均衡价格理论是其基本原理，成本收益分析法是贯彻到后面所有具体理论中的一般方法。目前出版的中国特色社会主义政治经济学专著或教材仍然缺乏“基本原理”和贯彻始终的分析方法，还不是“系统化的经济学说”，之所以如此，一个重要原因在于，完全回避了对于马克思经济学的两个不同部分的正确处理。本来，中国特色社会主义经济实践事实上同时反映着马克思经济学两个不同部分的内容，但是在理论上还并没有得到自觉的科学的反映。因此，究竟如何认识马克思经济学两个不同部分与中国特色社会主义政治经济学在理论上的具体关系，仍然是一个需要探讨的问题。换句话说，由于中国特色社会主义经济实践在事实上已经使马克思经济学的两个不同部分产生了联系或者混合，那么，这其中的逻辑是什么？在理论上究竟如何处理马克思经济学中本来不同甚至对立的两个部分之间的关系呢？这恐怕是构建中国特色社会主义政治经济学理论体系必须解决的基本理论问题。

## 三、必须深入研究《资本论》与中国特色社会主义政治经济学的关系

尽管我们把马克思关于未来共产主义（社会主义）的理论观点理解为马克思经济学的组成部分之一，但是我们必须承认，马克思的这些观点不是来源于社会主义实践的理论总结，而更多的是一种理论推测和猜想。并且，与《资本论》的理论逻辑的完整性相比，这些观点也不构成严谨的理论体系。更为重要的是，马克思的这些观点实际上是以社会生产力的高度发达为前提的，虽然这些观点指明了社会主义的根本原则和方向，是现实社会主义实践的基本遵循，但是，社会主义实践的经验教训已经充分证明，落后国家走社会主义道路，并不能完全将马克思的这些观点照搬到现实中来。在中国特色社会主义经济实践的现实背景下，构建中国特色社会主义政治经济学理论体系，理所应当地必须更加深入研究《资本论》的理论和方法在其中的重要地位和作用。

在《资本论》对于分析社会主义经济的适用性这个问题上，人们的认识又是不一致的。其中一些人认为，由于《资本论》是研究资本主义经济及其运动规律的，而社会主义经济是完全不同于资本主义经济的，甚至是完全对立的，中国特色社会主义经济也不同于资本主义经济，因此，《资本论》的理论完全不适用于分析社会主义经济及其运动规律，也不适用于分析中国特色社会主义经济及其运动规律。我们认为这种观点是不能成立的。对此，我们可以从多个角度来加以说明。

第一，从马克思主义哲学的角度来看。马克思主义唯物辩证法认为，任何事物都是一般性、特殊性和个别性的有机统一体，换句话说，是一个具有多重属性的统一体。一般性反映着事物的普遍统一性和本体性，个别性反映着事物的个体差异性，而特殊性则是一般性与个别性的辩证统一，相对于一般性而言它具有个别性，相对于个别性而言它又具有一般性。就社会经济来说，它同样是一般性、特殊性和个别性的有机统一体。因此，研究和认识社会经济，不仅要认识它的个别性和特殊性，同时也要研究和认识它的一般性。诚然，马克思和恩格斯批判了资产阶级经济学家往往用社会经济的一般性代替或冒充社会经济的特殊性的错误和虚伪性，深刻地揭示了政治经济学的历史性，但是，这并不意味着他们否定了社会经济的一般性和特殊性及其在政治经济学中的重要地位。例如，马克思明确指出：“生产的一切时代有某些共同标志，共同规定。生产一般是一个抽象，但是只要它真正把共同点提出来，定下来，免得我们重复，它就是一个合理的抽象。不过，这个一般，或者说，经过比较而抽出来的共同点，本身就是有许多组成部分的、分为不同规定的东西。其中有些属于一切时代，另一些是几个时代共有的。”因此，把资本主义经济与中国特色社会主义经济看作是毫无联系和共同之点，并据此认为《资本论》完全不适用于分析中国特色社会主义经济运动及其规律，在方法论上是片面的、形而上学的，不符合实际的。

第二，从《资本论》的理论内容来看。《资本论》以剩余价值理论为核心，侧重揭

示了资本主义生产关系的本质及其与社会生产力和资产阶级上层建筑的关系，从而主要揭示了资本主义社会经济运动规律。同时，由于资本主义社会经济运动不仅表现为社会化大生产的发展过程，而且表现为商品生产和商品交换即市场经济的发展过程，因此，《资本论》不仅揭示了资本主义特有的社会经济运动规律，而且同时还揭示了社会化大生产和市场经济的一般运动规律，其中包括社会总劳动按比例分配的规律、分工协作规律、价值规律等。《资本论》不仅是关于资本的经典之作，而且也是关于社会化大生产和市场经济的经典之作。因此，《资本论》的理论对于分析一切社会化大生产和市场经济的运动规律都具有重要的指导意义和参考价值。因此，认为《资本论》仅仅只是揭示了资本主义社会的特殊运动规律从而完全不适合于用来分析其他社会经济运动，是完全不能成立的。

第三，从中国特色社会主义经济的实际特点来看。中国特色社会主义经济的主要特点体现在四个层次和四个方面：第一，它同样以社会化大生产为基础；第二，它同样是以商品生产和商品交换为基础的市场经济；第三，它实行的是以公有制为主体多种经济形式共同发展的基本经济制度以及以按劳分配为主多种分配方式并存的分配制度；第四，它以共产党领导的政治制度为基础和前提。显然，研究和认识中国特色社会主义经济及其运动规律，首先必须研究和认识中国特色社会主义基本经济制度和政治制度，但是，还必须研究和认识现代社会化大生产和市场经济的一般规律，就后一个方面来说，如上所述，《资本论》关于社会化大生产和市场经济的有关理论无疑是我们必须运用和借鉴的重要理论来源。不仅如此，由于中国特色社会主义经济不仅包含大量的非公有制经济，而且即使是公有制经济特别是国有经济，也大都采取了资本的组织方式和运作方式，因此，通过创造性转换和创新性发展，把《资本论》关于资本运动一般规律的理论用于分析中国特色社会主义经济运动，是中国特色社会主义政治经济学的重大理论任务和发展方向。

第四，从《资本论》的方法论及其适用性来看。众所周知，历史唯物主义是马克思主义的历史观、社会观和方法论，它在《资本论》中得到了全面的贯彻运用和有力的证明。列宁指出过："自从《资本论》问世以来，唯物主义历史观已经不是假设，而是科学地证明了的原理。"研究和认识中国特色社会主义经济及其运动规律，必须以历史唯物主义方法论为指导。同时，由于《资本论》通过劳动价值理论特别是其中的劳动二重性理论，将历史唯物主义的基本原理转化成为政治经济学理论和方法，并在其他各个具体理论中得到了全面的贯彻和运用，因此，研究和认识中国特色社会主义经济及其运动规律，更加需要继承和运用《资本论》的政治经济学理论和方法。

综上所述可见，那种认为《资本论》是研究资本主义经济的从而完全不适用于分析中国特色社会主义经济的观点是不能成立的，是根本错误的。当然，这并不意味着我们可以照搬照抄《资本论》，也不意味着我们只需要继承、运用和发展《资本论》的理论。究竟如何科学地、创造性地运用《资本论》的理论和方法分析中国特色社会主义经济及其运动规律，从而体现出中国特色社会主义政治经济学对于马克思主义政治经济学的继承和发展的关系，才是真正需要进一步深入研究的问题之所在。事实上，改革开放以来，我国政治经济学界一直在进行这方面的努力，并产生了大量的学术成果，不仅推进了中国特色社会主义政治经济学的理论发展，而且为中国特色社会主义经济实践提供了有力的理论支持。当然，在许多基本理论问题上，例如关于逻辑起点、基本原理、叙述方法、逻辑主线、理论框架等方面，还有待进一步深入研究。

# 习近平新时代中国特色社会主义经济思想体系探索*

方凤玲　白暴力**

**摘要：**以习近平总书记为核心的党中央提出了一系列有关中国特色社会主义经济发展的新理念新思想新战略，形成了相互联系、相互依存、有机统一的科学完整的习近平新时代中国特色社会主义经济思想，将我们党对社会主义经济建设规律的科学把握提升到了一个新境界，丰富和发展了马克思主义政治经济学，是中国特色社会主义政治经济学的最新成果。习近平新时代中国特色社会主义经济思想博大精深、系统完整，本文在课题组前期研究成果基础上，初步探讨习近平新时代中国特色社会主义经济思想体系。

**关键词：**习近平　新时代　经济思想体系　人民中心　新发展理念

党的十八大以来，习近平总书记以巨大的政治勇气和强烈的责任担当，发挥党总揽全局、协调各方的领导核心作用，坚持以人民为中心，科学地把握了国内外发展大势，在实践中形成了以新发展理念为主要内容的习近平新时代中国特色社会主义经济思想，构建了新时代中国特色社会主义经济思想体系，实现了马克思主义政治经济学与中国特色社会主义伟大实践的结合，是中国特色社会主义政治经济学的最新理论成果。

## 一、习近平新时代中国特色社会主义经济思想体系形成的客观基础：生产力理论与社会主要矛盾理论

十九大报告明确指出，我国发展新的历史方位是中国特色社会主义进入了新时代。“新时代”是习近平新时代中国特色社会主义经济思想体系建立的客观基础，进入“新时代”的基本依据是我国社会主要矛盾的变化，而主要矛盾变化的客观基础则是社会生产力发展进入了新阶段。

---

* 基金项目：本文为国家社科基金十八大以来党中央治国理政新理念新思想新战略研究专项工程项目“十八大以来党中央治国理政的经济思想研究”（编号：16ZZD028）的阶段性成果。原载于《上海经济研究》2018 年第 6、7 期。

** 方凤玲，中国石油大学（北京）马克思主义学院教授。白暴力，北京师范大学当代经济理论研究中心教授。

## （一）生产力发展进入新阶段

随着我国社会生产力水平总体显著提高，实现了富起来的伟大飞跃；随着我国 GDP 稳居世界第二，实现了从数量到质量的显著跃升；随着供给侧结构性改革深入推进，经济结构不断优化，区域发展协调性增强。在生产力要素上，劳动者的数量和质量显著提高，全国就业人口数量近年呈持续增长趋势，劳动者科学文化素质和技能化职业化水平显著提高；劳动资料数量和质量显著提高，机械化工具数量和水平提高明显，电动工具持续增长，智能化生产工具发展迅速；劳动对象数量和质量也显著提高，在自然资源发现和供应数量方面取得重大发展，加工后的原材料数量、质量和种类发展取得显著成果。经过改革开放 40 年的发展，我国社会生产力水平明显提高，这种提高使新时代生产力水平与之前的中国特色社会主义落后的生产力相比发生了质的飞跃，跃进到一个新的发展台阶，我国进入到“强”起来的发展阶段。

新时代中国特色社会主义生产力仍然是社会主义初级阶段生产力，其特点是发展的不平衡不充分。不平衡体现在生产力的产业发展不均衡、东中西区域发展不均衡和城乡发展不均衡等方面；不充分体现在资源配置不合理导致的效益不高、技术创新能力不强、生态环境改善不足等方面。不平衡不充分的发展制约了生产力的全面提高。“由平衡到不平衡再到新的平衡是事物发展的基本规律”。① 在我国生产力水平落后时，产业、区域和收入等方面的差距较小，生产力发展处于相对平衡状态。而经过改革开放，生产力获得了显著跃升，发生了质的变化，进入到新时代中国特色社会主义生产力发展阶段，这个新阶段生产力不平衡不充分是相对于新时代生产力进一步整体协调发展要求的不平衡不充分，是相对于新时代中国特色社会主义生产力发展目标的不平衡不充分，是相对于世界其他发达国家生产力水平而言。新时代中国特色社会主义初级阶段生产力发展总体显著提高但又不平衡不充分发展，这是中国特色社会主义进入新时代后生产力发展出现的新特点。

全面准确地把握新时代中国特色社会主义生产力内涵和特点，是我们理解新时代中国特色社会主义的历史阶段及其主要矛盾和各项方针、政策的基础，也是习近平新时代中国特色社会主义经济思想体系形成的客观依据。

## （二）以新发展理念为核心的社会生产力理论

生产力理论是马克思经济理论体系的基石，是马克思主义政治经济学最基本的范畴。以习近平为核心的党中央提出了创新、协调、绿色、开放和共享发展新理念，构建了新时代中国特色社会主义生产力理论。

① 《习近平谈治国理政》（第 2 卷），外文出版社 2017 年版，第 206 页。

创新发展是贯穿在生产力发展全过程的核心，“创新是引领发展的第一动力，是建设现代化经济体系的战略支撑”,[①]“人才是衡量一个国家综合国力的重要指标”,[②] 是创新的根本和基础，深化与发展了马克思“科学技术是生产力”“人才是第一资源”的生产力构成理论。协调发展是持续健康平衡发展的内在要求，走出一条新型工业化、信息化、城镇化、农业现代化和绿色化协调推进的生产力发展新道路，使生产力要素一同发挥作用，丰富和发展了马克思生产力各要素“关系”和“结构”在数量和比例上最佳结合的系统对称要求理论。绿色发展是将环境资源作为生产力发展的内在要素，实现经济、社会和环境可持续发展的生产力发展新模式，“牢固树立保护生态环境就是保护生产力、改善生态环境就是发展生产力”[③] 的思想丰富和发展了马克思自然生产力理论。开放发展明确了中国永远开放的立场，延伸了生产力发展没有止境的时间长度；中国命运与世界命运休戚相关的内在共赢逻辑，拓宽了生产力发展的无限宽度；中国与世界各国共建人类命运共同体，增大了内外互动生产力发展空间，丰富和发展了马克思主义生产力发展理论。共享发展是中国特色社会主义的本质要求，让人民群众在共同建设中国特色社会主义事业中能得到全面发展，能共同富裕，能感觉幸福快乐，强调了社会主义发展生产力的目的，体现了共同富裕的原则，既传承与发展了马克思主义生产力发展价值目标，又体现了中国特色社会主义生产力发展的新要求。五大发展理念，内涵丰富、体系完整，是一个辩证统一的系统集合体，构成了习近平新时代中国特色社会主义生产力理论，为探索更加科学的生产力发展道路提供了充满中国智慧的中国方案。

“五大发展”是注重生产力协调性、系统性、平衡性、可持续性的发展，是以全体人民都过上小康生活为生产力价值目标的发展，是高质量、高效益、优结构的生产力创新发展，是把生产力与生产关系、当前利益与长远利益、发展速度与发展质量、人类社会与自然环境、发展目的与发展手段统一起来的生产力发展新理念。既为马克思主义生产力理论增添了时代新内涵，又丰富和发展了马克思主义生产力理论，开辟了马克思主义生产力发展理论和中国特色社会主义政治经济学理论的新境界。

## （三）新时代我国社会主要矛盾发生变化的新特点

“我国社会主要矛盾已经转化为人民日益增长的美好生活需要和不平衡不充分的发展之间的矛盾”,[④] 是党对我国发展新的历史方位和对新时代中国特色社会主义发展阶段性特征的科学认识和把握。

在生产上，我国社会生产力水平总体上显著提高，很多领域都走在了世界前头，短

---

① 习近平：《决胜全面建成小康社会夺取新时代中国特色社会主义伟大胜利》，人民出版社 2017 年版，第 31 页。

② 《十八大以来重要文献选编》（上），中央文献出版社 2014 年版，第 344 页。

③ 《习近平谈治国理政》，外文出版社 2014 年版，第 209 页。

④ 习近平：《决胜全面建成小康社会夺取新时代中国特色社会主义伟大胜利》，人民出版社 2017 年版，第 191 页。

缺已不再是我国经济的主要问题，“落后的社会生产”已不符合变化了的客观现实。在需求上，“有没有”不是问题，“好不好”成了关键。人们不仅需要更高的物质生活，而且需要超出以前物质文化层次和范畴的更好的精神生活。而制约人民美好生活需要的主要因素则是民生、区域、收入分配等方面发展的不平衡不充分，只有着力解决这些问题，才能更好地满足广大人民的要求。我国社会主要矛盾的转化是关系全局的历史性变化，是把马克思主义基本原理与我国现阶段具体实际相结合做出的实事求是的科学理论判断，决定了中国特色社会主义习近平新时代的出现。

正确认识新时代社会主要矛盾的变化，需把握“变”与“不变”的关系。社会主要矛盾“变”了，但并未改变我国社会主义所处的历史阶段，未有改变我国仍处于并将长期处于社会主义初级阶段的基本国情，未有改变我国是世界上最大发展中国家的国际地位，未有改变中国共产党的初心。新时代的“变”与“不变”是事物发展的渐进性和飞跃性的统一，是谋划未来发展的基本依据。

## 二、习近平新时代中国特色社会主义经济思想的逻辑起点——人民中心理论

发展为了人民，是马克思主义政治经济学的根本立场。马克思主义政治经济学的起点是生产力，研究对象是生产关系，行为分析基础是社会生产目的，理念基础是劳动价值理论。在这些范畴基础上，“人民中心论”构成了习近平新时代中国特色社会主义经济思想的逻辑出发点。

坚持以人民为中心的哲学基础是历史唯物主义。“人民群众是历史创造者”，这是历史唯物主义的核心内容。以习近平同志为核心的党中央，在坚持历史唯物主义基础上，坚持以人民为中心，提出了“人民中心论”。强调历史的创造者是人民，人民是决定党和国家前途命运最根本的力量。人民是改革开放事业的主体，是建设中国特色社会主义、实现“中国梦”的主力军，是决胜全面建成小康社会，开启全面建设社会主义现代化国家新征程的力量源泉和胜利之本。以人民为中心是马克思主义政治经济学的根本立场，丰富和发展了马克思历史唯物主义思想，突出地显现了习近平新时代中国特色社会主义经济思想的本质特征。

坚持以人民为中心明确了生产力中最活跃最根本的因素。马克思主义政治经济学的出发点是生产力，“人民中心论”鲜明地揭示了生产力及其决定因素中最活跃、最根本的因素是劳动人民。习近平总书记指出，必须凝聚全国各族人民大团结的力量实现中国梦；必须依靠全体人民的力量突破利益固化的藩篱；必须从人民群众中汲取智慧和力量培养造就大批的科技创新领军人才。总书记紧紧抓住了劳动者的能动作用和人的创造性，使生产力发展有了动力和源泉，有了科技创新人才坚强雄厚的支撑。“人民中心论”对劳动者是生产力诸因素中最活跃、最根本的因素进行了全方位的揭示，推进了

习近平新时代中国特色社会主义经济思想的发展。

坚持以人民为中心揭示了生产资料公有制的社会基础和历史必然性。马克思主义政治经济学的研究对象是生产关系，生产关系的核心是生产资料所有制。"人民中心论"阐明了生产资料公有制的社会基础和历史必然性。只有坚定地实行生产资料公有制为主体、多种所有制经济共同发展的社会主义基本经济制度，广大人民才能真正成为生产资料的主人、社会的主人。"必须坚持和完善我国社会主义基本经济制度和分配制度，毫不动摇巩固和发展公有制经济，毫不动摇鼓励、支持、引导非公有制经济发展"。[①] "两个毫不动摇" 深刻阐明了，只有坚持公有制主体地位和国有经济主导作用，才能完善社会主义市场经济体制，才能为多种所有制经济共同发展提供前提条件，才能为生产力发展提供物质技术基础和重要载体，从制度上保证人民群众共同利益和共同理想的实现，从而激发非公有制经济的生机活力，促进社会主义初级阶段生产力的发展。

坚持以人民为中心进一步确立了社会主义生产目的。社会生产目的是政治经济学的行为分析基础，"人民中心论" 进一步确立了满足人民美好生活需要的社会主义生产目的，确立了习近平新时代中国特色社会主义经济思想行为分析的逻辑出发点。十九大报告指出，我们的奋斗目标就是人民对美好生活的向往，要多为人民谋利，多帮人民解忧，在改革发展中补齐民生短板，尤其在人民关心的教育、就业、医疗、养老、住房等方面持续取得新进展，不断促进人的全面发展、全体人民共同富裕。"人民中心论" 决定着各个经济主体在生产过程各环节的决策取向和行为方式，使宏、微观行为从人民群众的根本利益出发谋划改革思路和举措，奠定了习近平新时代中国特色社会主义经济思想行为分析基础。

坚持以人民为中心，打牢了劳动价值理论的理念基础。马克思政治经济学理论体系的构建，是以劳动价值理论为基础的，"人民中心论" 突出强调了劳动者的价值，为劳动创造价值理论提供了深厚的学理分析基础。习近平总书记指出 "人民创造历史，劳动开创未来"；[②] 没有从天而降的幸福，没有不劳而获的财富；没有不奋斗就能实现的梦想，中华民族伟大复兴中国梦的实现，必须依靠人民群众的历史创造活动。"人民中心论" 以 "人民" 即 "劳动者" 为 "本"，强调了劳动者的主体地位、劳动在财富生产中的创造作用，揭示了人民的劳动是人类存在、发展的条件和动力，是价值的唯一人类源泉，夯实了劳动创造价值的理论分析和学术基础。

人民中心论以历史唯物主义为哲学基础，明确了劳动者是生产力中最活跃最根本的因素，揭示了生产资料公有制不可避免的历史趋势，进一步确立了社会主义生产目的，夯实了劳动价值理论的学术基础，构成了习近平新时代中国特色社会主义经济思想体系的逻辑起点，丰富和发展了马克思主义政治经济学。

---

① 习近平：《决胜全面建成小康社会夺取新时代中国特色社会主义伟大胜利》，人民出版社 2017 年版，第 21 页。

② 《习近平谈治国理政》，外文出版社 2014 年版，第 44 页。

## 三、习近平新时代中国特色社会主义经济发展理论——新发展理念

习近平新时代中国特色社会主义经济发展进入高质量发展阶段；发展总目标是实现中华民族伟大复兴的中国梦；总任务是建成社会主义现代化强国，基本方略是“十四个坚持”，发展理念是创新、协调、绿色、开放和共享。

### （一）经济发展进入高质量发展阶段

#### 1. 我国经济的显著特征是进入新常态

经济新常态是对我国经济发展阶段性特征的准确判断，是对马克思主义经济周期性理论认识的升华和发展。社会主义公有制虽然在某种程度上消除了资本主义经济周期波动的可能性，但我国的公有制还不完善，发展还不平衡不充分，特别是结构性产能过剩比较严重。因此，我国经济在发展不同阶段也会存在周期性变化，但主要不是周期性波动，而是社会主要矛盾发生转化引起的发展阶段转变，经济新常态正是我国经济不同发展阶段更替变化的结果。“‘十三五’时期，我国经济的显著特征就是进入新常态”，[①]以“中高速”新阶段取代高速增长旧阶段，以质量效率型发展新方式取代规模速度型旧方式，以调整存量、做优增量并举的经济新结构取代增量扩能的旧结构，这已成为一个相对稳定的状态，即成为常态。新常态是我国经济发展客观规律决定的加快经济发展方式转变的主动选择，是化解不平衡不充分深层次矛盾、走向更高级经济形态更合理结构的必经阶段。

#### 2. 经济增长动力从投资驱动向创新驱动转换

经济新常态的实质是要实现经济增长动力的转换，这一定位深化和发展了马克思主义经济增长要素理论。随着人力资源、自然资源、环境资源和技术变革创新等成本要素的增加，必然引起产品价格上升、通货膨胀出现、竞争力下降和经济发展乏力。只有推动经济发展质量、效率和动力变革，提高全要素生产率，才能化解成本上升的矛盾和动力不足问题，实现从投资驱动向创新驱动转换；只有破除体制机制障碍，最大限度激发科技所蕴藏的第一生产力的潜能，培育贸易新业态新模式，打造国际合作新平台，增添共同发展新动力，才能更好发挥消费和出口促进经济增长的作用。从增长不是简单增加生产总值，而是有效益、有质量、可持续的增长，到确定符合经济规律的增长速度、增长动力和增长潜力，彰显了发展的智慧和对我国经济社会发展阶段性特征和经济增长规

① 中共中央宣传部：《习近平总书记系列重要讲话读本》，人民出版社2016年版，第141页。

律的深刻把握，深化和发展了马克思主义经济增长要素理论。

### 3. 经济发展方式从数量扩张向追求质量转变

经济新常态下实现经济发展方式从数量扩张向追求质量转变，进而推动增长动力转换的思想，深化和发展了马克思主义经济发展方式理论。“十三五”时期是转方式调结构的重要窗口期，如果只为短期经济增长实行刺激政策，而不注重转方式调结构，必然会透支未来增长。从以速度为中心的外延式经济增长方式转向以质量和效益为中心注重内涵的经济增长方式，体现了扩大再生产方式由外延扩大向内涵扩大转化的历史趋势，贯穿着马克思主义经济发展方式理论的核心理念，是新常态下创新经济发展方式唯一正确的选择。推进以科技创新为核心的全面创新，实现从注重速度、数量往注重长期质量、速度和效益并行的可持续发展转变，促进生产规模、速度、效益、质量、品种、环保的有机统一，有利于中国制造向中国创造、中国速度向中国质量、制造业大国向强国的转变。

### 4. 坚持稳中求进、质量第一、效益优先

坚持“稳中求进”工作总基调。适应新常态关键在全面深化改革的力度、在宏观调控措施的到位、在经济提质增效的升级，为稳增长、调结构、促改革创造有利环境。坚持稳中求进工作总基调，“不能简单以国内生产总值增长率论英雄”，[①] 发展必须保持一定的速度，但又不能单纯追求增长速度；我们不唯GDP，但也不能不要GDP。我们要追求稳中有进遵循经济增长规律的有质量有效益的科学发展，遵循自然规律的绿色低碳循环的可持续发展和遵循社会规律的开放共享协调包容的发展。“稳中求进”是宏观调控方式和思路的重大创新，也是建立现代化经济体系的方法论。

坚持供给侧“结构性改革”总方向。在全面建设现代化经济体系的总体战略目标指引下，供给侧结构性改革是主攻方向和工作主线。经济新常态的一个显著特征是结构性减速。只有深化改革，加快产业结构调整，切实提高供给质量，将需求管理与供给管理结合起来，实行积极的财政政策和稳健的货币政策，保持国民经济在合理均衡水平上的基本稳定，才能形成稳增长调结构合力，实现宏观调控任务。坚持供给侧结构性改革，深化了宏观调控的目标内涵和方式手段。

坚持质量第一、效益优先基本要求。我们的经济“增长必须是实实在在的和没有水分的增长，是有效益、有质量、可持续的增长”[②] 宏观调控的着力点是提质增效、转方式调结构，坚持质量第一、效益优先，进一步变革经济发展质量、效率和动力，不断扩充发展的内涵，使全要素生产率得以提高。主动放缓经济增速，把发展质量放在第一位，优先注重效益，在客观上突破了只专注短期经济运行的传统框架，适应了既要利当前、更要惠长远的发展思路，丰富和发展了马克思宏观经济调控理论。

---

① 中共中央宣传部：《习近平总书记系列重要讲话读本》，人民出版社2016年版，第146页。
② 《习近平谈治国理政》，外文出版社2014年版，第112页。

## （二）新时代中国特色社会主义发展总目标

为中国人民谋幸福和为中华民族谋复兴，是新时代中国特色社会主义的总目标。

十八大以来的五年，我国经济对世界经济增长贡献率超过30%，总量稳居世界第二；一批重大科技成果相继问世，国家创新指数排名升至第17位；城镇化率年均提高1.2个百分点，对全球减贫事业贡献率超过70%……中国人民在习近平新时代中国特色社会主义思想指导和共产党领导下，在持续探索中国特色社会主义道路和改革开放的伟大实践中，在强大的民族精神和时代精神激励下砥砺奋进，走出了一条繁荣发展、稳定前行的强国之路。我们有信心和能力实现中华民族伟大复兴的总目标，也比历史上任何时期都更接近这一总目标。

## （三）新时代中国特色社会主义发展总任务

为实现新时代中国特色社会主义总目标，我们要完成建设社会主义现代化国家的总任务。

### 1. 全面建成小康社会决胜期

从现在到2020年，是全面建成小康社会决胜期。全面建成小康社会将为开启全面建设社会主义现代化国家新征程奠定坚实的基础。

全面建成小康社会，必须坚定实施科教兴国、人才强国和创新驱动发展战略，推动我国科技创新水平向跟跑、并跑、领跑“三跑”并存的历史性转变，科技创新能力向质的飞跃、系统能力提升转变，科技创新与经济社会发展关系向“融合、支撑、引领”的历史性转变，全球创新竞争格局向挺进世界舞台中心的历史性转变，提升科技进步贡献率，为从科技大国迈向科技强国奠定重要基础。

全面建成小康社会，必须坚定实施乡村振兴、区域协调发展战略，大力发展农村生产力，着力解决农业农村短腿短板，理顺工农城乡关系，缩小城乡差距，推进城乡融合发展和各地区现代化建设。全面建成小康社会，必须坚定实施可持续发展、军民融合发展战略，实现国家发展和安全兼顾、富国和强军统一，经济建设和国防建设融合发展，经济实力和国防实力同步提升，形成军民融合全要素在多领域深度高效的发展格局。

### 2. 分两步走全面建设社会主义现代化国家

全面建设社会主义现代化国家的目标，从2020年到21世纪中叶的30年分两个阶段进行。

第一阶段，从2020～2035年的第一个15年，在全面建成小康社会基础上奋斗15年，基本实现社会主义现代化。这个目标提前了15年时间，完成我们党原来提出的

“三步走”战略目标的“基本实现现代化”的第三步目标。经济建设上跻身创新型国家前列，政治建设上基本实现国家治理体系、治理能力现代化，文化建设上国家文化软实力和中华文化影响力显著增强，民生和社会建设上基本实现公共服务均等化和全体人民共同富裕，生态建设上基本实现美丽中国的目标。

第二阶段，从2035～2050年的第二个15年，在基本实现现代化的基础上再奋斗15年，把我国建成富强民主文明和谐美丽的社会主义现代化强国。那时的中国，将拥有高度的物质文明，建成富强的社会主义现代化强国；将拥有高度的政治文明，建成民主的社会主义现代化强国；将拥有高度的精神文明，建成文明的社会主义现代化强国；将拥有高度的社会文明，建成和谐的社会主义现代化强国；将拥有高度的生态文明，建成美丽的社会主义现代化强国。

## （四）新时代中国特色社会主义新发展理念

### 1. 关系我国发展全局的发展理念创新

习近平同志指出，新发展理念不是凭空得来的，而是我们党深刻总结了国内外发展经验教训、深刻分析了国内外发展大势、深化认识了经济社会发展规律的基础上，针对我国发展中的突出矛盾和问题提出来的发展新理念。针对新时代社会主要矛盾的转化，提出要解决好社会、民生、法治、生态环境等方面存在的发展不平衡不充分问题，大力提升发展质量和效益。针对发展中的突出问题，创新发展、协调发展、绿色发展、开放发展、共享发展，分别注重解决发展动力问题、发展不平衡问题、人与自然和谐问题、发展内外联动问题和社会公平正义问题。新发展理念深刻阐释了发展的目标、动力、布局、保障等关系发展全局的问题，既体现了对新时代社会主要矛盾的深刻洞悉，又体现了对社会主义本质要求和发展方向的科学把握，是习近平新时代中国特色社会主义思想对实现什么样的发展、怎样实现发展问题的科学回答，是中国共产党对经济社会发展规律认识的新高度，实现了中国特色社会主义政治经济学的重大创新。

### 2. 新发展理念的科学内涵和精神实质

着力实施创新驱动发展战略，准确把握创新是引领发展的第一动力，是积极把握发展主动权，积极应对发展环境变化，增强内生发展动力的根本之策。着力增强发展的整体性协调性，准确把握协调是持续健康平衡发展的内在要求，是发展手段、发展目标、发展的评价标准和尺度，统一着发展的平衡与不平衡、发展的短板与潜力。着力推进人与自然和谐共生，准确把握绿色是永续发展的必要条件，保护环境就是保护生产力、改善环境就是发展生产力，协同推进人民富裕、国家强盛和中国美丽的进程。着力形成对外开放新体制，准确把握开放是国家繁荣发展的必由之路，要坚持对外开放，坚持引进来和走出去并重、引资和引技引智并举，质量和水平不断提高。着力践行以人民为中心的发展思想，准确把握共享是逐步实现共同富裕的要求，其实质是坚持以人民为中心的发展思想，坚持全民、全面、共建和渐进共享，让人民群众有更多获得感。新发展理念是掌管全局、根本和长远的，从战略的高度引领着我国的发展。因此，必须从整体上、从五大发展理念的内在联系中系统把握新发展理念，才能不断开拓发展新境界。

**3. 贯彻新发展理念，建设现代化经济体系**

建设现代化经济体系是我国发展的战略目标，也是我国经济发展到了更为关键的跨越关口时期的紧迫要求，只有在新发展理念引领下努力建设现代化经济体系，才能根本改变粗放的经济发展模式，实现更高质量、更有效率、更加公平、更可持续的发展；才能使市场机制实现预期目的，宏观调控张弛有度，微观主体充满活力，经济创新能力和国际竞争力不断增强。要深化供给侧改革，为建设现代化经济体系提供着力点和主攻方向；加快建设创新型国家，为建设现代化经济体系提供战略支撑；实施乡村振兴战略，为建设现代化经济体系提供重要基础；实施区域协调发展战略，为建设现代化经济体系提供布局路径；加快完善社会主义市场经济体制，为建设现代化经济体系提供制度保障；推动形成全面开放新格局，为建设现代化经济体系提供必要条件。建设现代化经济体系的科学布局，充分体现了新发展理念的科学内涵和精神实质。

新发展理念深刻揭示了当前和今后一个时期我国发展的方向思路和关键点，指明了建设现代化经济体系的路径，对破解发展难题、增强发展动力、厚植发展优势更具针对性、指导性和可操作性，开拓了马克思主义政治经济学的新境界，为人类发展贡献了中国智慧和中国方案。

## 四、习近平新时代中国特色社会主义经济布局理论

“五位一体”是中国特色社会主义事业总体布局，“四个全面”是战略布局，“十四个坚持”是基本方略。发展方略是总体布局和战略布局内涵和外延的具体表现，是习近平新时代中国特色社会主义思想的行动纲领。

### （一）“五位一体”总体布局理论

党中央从经济、政治、文化、社会、生态文明五个方面，制定了新时代统筹推进“五位一体”总体布局的战略目标和路线图。

经济建设上，坚持新发展理念，以供给侧结构性改革为主线，建设现代化经济体系，以更高的质量和效率，实现更加公平更可持续的发展。政治建设上，人民当家作主的制度体系更加健全，社会主义民主政治的优势和特点充分发挥，确保人民当家作主落到实处。文化建设上，坚持社会主义核心价值体系，坚定文化自信，推动中国特色社会

主义文化创造性转化、创新性发展。社会建设上，加强和创新社会治理，坚持在发展中保护和保证民生的改善，在发展中补齐民生的短板不足，在发展中加快推进社会的公平正义，保障人民群众可持续地获得幸福感、安全感。生态文明建设上，坚持人与自然和谐共生，构建绿色产业结构、绿色生产方式、绿色生活方式，以节约资源和保护环境，形成现代化建设的新格局，建设美丽中国。“五位一体”总体布局是一个互相联系、互相作用的有机整体，根本是经济建设，保证是政治建设，灵魂是文化建设，条件是社会建设，基础是生态文明建设，共同致力于全面提升我国物质文明、政治文明、精神文明、社会文明、生态文明，统一于把我国建成富强民主文明和谐美丽的社会主义现代化强国的新目标。

“十四个坚持”中的“坚持新发展理念”“坚持人民当家作主”“坚持全面依法治国”“坚持社会主义核心价值体系”“坚持在发展中保障和改善民生”“坚持总体国家安全观”“坚持人与自然和谐共生”“坚持‘一国两制’和推进祖国统一”和“坚持推动构建人类命运共同体”，这九个“坚持”是对“五位一体”总方略的深刻阐述。

## （二）“四个全面”战略布局理论

“四个全面”科学统筹了全面建成小康社会的奋斗目标、全面深化改革的发展动力、全面依法治国的重要保障和全面从严治党的根本保证。

全面建成小康社会是战略布局中战略目标层面的内容，具有统帅地位，其他三个全面是战略举措。全面建成小康社会“一个都不能少”，不仅是经济小康，还必须是政治小康、文化小康、社会小康和生态小康。全面深化改革，以促进社会公平正义、增进人民福祉为出发点和落脚点，完善和发展中国特色社会主义制度，实施一整套更加科学、完备、稳定和更管用的制度体系，保证国家的长期安定太平、社会的和谐稳定和人民的健康幸福平安，推进国家治理体系和治理能力现代化。全面依法治国，完善以宪法为核心的中国特色社会主义法治体系，推进科学立法、严格执法、公正司法、全民守法，建设社会主义法治国家，是中国特色社会主义的本质要求和重要保障。全面从严治党是全面建成小康社会、全面深化改革和全面依法治国顺利推进的根本保证，核心是加强党的领导，保证正确方向，保证我们党始终为民、爱民，始终务实、清廉，不断自我净化，不断提高自身素质，不断完善和革新自我。

“十四个坚持”中的“坚持党对一切工作的领导”“坚持以人民为中心”“坚持全面深化改革”“坚持全面依法治国”“坚持全面从严治党”和“坚持党对人民军队的绝对领导”，这六个“坚持”是对“四个全面”战略布局的具体阐述。

坚持和发展中国特色社会主义，推进“五位一体”总体布局和“四个全面”战略布局，必须统筹规划、协调一致，必须坚定“十四个坚持”基本方略，必须对中国特色社会主义道路、理论、制度和文化深信不疑，增强自信心。

### （三）以“京津冀协同发展”为代表的区域布局理论

习近平总书记站在党和国家事业发展全局高度，以大历史观谋划区域未来发展，创新性地提出了以京津冀协同发展战略为主要内容的区域布局理论。

总书记指出，实现京津冀协同发展是国家重大发展战略，是为打造新的首都经济圈、完善城市群布局和形态、探索生态文明建设有效路径、实现京津冀优势互补、创新区域发展体制机制、协调人口经济资源环境提供示范和样板，实现生产力区域布局和空间结构的优化。京津冀协同发展战略以马克思主义生产力理论为基础，将内涵集约式发展作为发展方向，以创新驱动为发展动力，以开放、共享为发展原则，丰富和发展了马克思主义生产力理论；根据三地具体情况和我国经济新常态的特殊要求，丰富和发展了马克思主义社会分工理论，开拓了一条新型社会分工之路；坚持有计划、按比例的经济发展模式，丰富与发展了马克思主义社会再生产理论；充分发挥政府引导和协调作用，通过市场实现三地产业转移、生产要素流动和人才交往共享，革新了政府与市场关系。京津冀协同发展战略是我国推动区域协调发展和进行生产力发展区域布局的有益探索，为西部大开发、东北老工业基地改造、长江经济带等区域经济发展提供了宝贵经验。

总之，新时代中国特色社会主义生产力布局，是结合社会主要矛盾，以人民利益为出发点，以“五位一体”总体布局为原则，以“四个全面”为战略，以满足人民日益增长的美好生活需要为目标，以供给侧结构性改革为主线，以区域协调发展为重点，以实现国内生产力充分、平衡发展，推进经济高质量、动态协调发展。在经济全球化下，全面开放中的中国特色社会主义生产力布局，是以人类共同利益为基础，以“开放、包容、互利、共赢”为核心概念，构建人类命运共同体。

## 五、习近平新时代中国特色社会主义经济制度理论

围绕坚持党的领导，全面深化经济体制改革，完善社会主义市场经济体制，以习近平同志为核心的党中央提出的一系列重要理论观点和战略部署，构建了中国特色社会主义经济制度理论。

### （一）坚持社会主义基本经济制度

#### 1. 毫不动摇巩固和发展公有制经济

我国目前实行的是以公有制为主体、多种所有制经济共同发展的基本经济制度，这是我们党确立的一项巩固中国特色社会主义制度、完善社会主义市场经济体制的大政方

针。“公有制主体地位不能动摇，国有经济主导作用不能动摇，这是保证我国各族人民共享发展成果的制度性保证，也是巩固党的执政地位、坚持我国社会主义制度的重要保证。”① 社会主义国家的改革，必须坚守社会主义公有制方向，在“更好的政府作用”前提下，更好地坚持发展社会主义制度优越性、发挥党和政府的积极作用，构建有利于发展的市场环境、产权制度、投融资体制、人才培养制度等体制机制，发挥市场配置资源的决定性作用，真正为人民带来福祉，促进生产关系适合生产力发展。

#### 2. 毫不动摇鼓励、支持、引导非公有制经济发展

毫不动摇巩固和发展公有制经济，同毫不动摇鼓励支持引导非公有制经济发展是相辅相成、相得益彰的有机统一。“非公有制经济在我国经济社会发展中的地位和作用没有变，我们鼓励、支持、引导非公有制经济发展的方针政策没有变，我们致力于为非公有制经济发展营造良好环境和提供更多机会的方针政策没有变。”② 总书记强调的“三个没有变”是党和国家的大政方针。公有制经济是社会主义市场经济的组成部分，非公有制经济同样是社会主义市场经济的组成部分，二者都是中国特色社会主义经济社会发展的重要基础。一系列保护各种所有制经济组织和自然人产权合法利益的法律政策，一大批扩大非公有制企业市场准入、平等发展的改革举措，形成了鼓励、支持、引导非公有制经济发展的政策体系，大力推进了各类市场主体实现权利平等、机会平等、规则平等，建立新型的政商关系。

### （二）坚持社会主义分配制度

公有制为主体的多种所有制经济并存的所有制结构，决定了我国的分配制度必须是以按劳分配为主体的多种分配方式并存状态。与我国现阶段生产力发展不平衡不充分相适应，生产关系必然也存在多种分配方式。

#### 1. 收入分配理论的核心是人民共享

人民共享是习近平新时代中国特色社会主义收入分配理论的核心，统领收入分配的各个环节和全部内容。新时代中国特色社会主义收入分配，不仅关注企业分配问题、个人消费品的分配问题，更加关注社会公共服务提供问题；不仅关注货币分配的问题，还关注住房、医疗、教育、养老等更广阔范围的问题，使“幼有所育、学有所教、劳有所得、病有所医、老有所养、住有所居、弱有所扶”；③ 不仅关注人民生活水平、福利公平等问题，还关注地区均衡、自然生态等问题；不仅重视全体人民在社会生产中的合作和分

---

① 《中共中央关于全面深化改革若干重大问题的决定》，载《人民日报》2013年11月16日。

② 《习近平谈治国理政》（第2卷），外文出版社2017年版，第259页。

③ 习近平：《决胜全面建成小康社会夺取新时代中国特色社会主义伟大胜利》，人民出版社2017年版，第23页。

配的社会公平公正，还注重和谐、贡献和效率，是真正全民、全面、共建、渐进的共享。

**2. 初次分配：坚持按劳分配原则，完善按要素分配体制机制**

社会主义分配制度是社会主义劳动者按劳分配的主体地位和权益的制度保障。只有坚持按劳分配的主体地位不动摇，在分配中提高劳动要素价格以及劳动收入所占的比重，监管垄断收入，各行业、企业同等劳动贡献获得同等收入，才能从根本上实现合理、公平的分配。十九大报告创新性地将“完善按要素分配的体制机制”作为收入分配的内容，表明健全市场机制不仅是社会主义生产的重要内容，也是收入分配公平、合理、有序的制度前提。初次分配，改善劳动力市场，创造更多岗位需求，提高就业质量，为劳动者创造同工同酬、没有歧视和提高工资收入均等化的机会。同时，完善市场体系、健全市场机制，使生产要素能够在市场上进行自由流动、交换，并在价格机制引导下实现所有权的转移。

**3. 再分配：缩小收入差距，加强公共服务**

重视再分配环节的公平、公正，是习近平新时代中国特色社会主义分配理论的重要特点。不仅要把“蛋糕”做大，还要把不断做大的“蛋糕”分好，让社会主义制度的优越性得到更充分体现，让人民群众有更多获得感。再分配充分发挥政府调节职能，通过税收、财政政策，让辛勤劳动的守法公民走上富裕之路，使低收入者的收入增加，过高收入得到调节，非法收入予以取缔，最终扩大中等收入人群的比例，形成较为合理的橄榄型分配格局，着力改变贫富的代际传递，创造公平竞争环境。通过实施精准扶贫工程、乡村振兴战略、区域协同发展战略，加快推进基本公共服务均等化，缩小收入分配差距，不断满足人民日益增长的美好生活需要，实现居民收入与国家经济增长同步增长，劳动者报酬与劳动生产率的提高同步提高。

## 六、习近平新时代中国特色社会主义经济体制理论

新时代中国特色社会主义社会主义经济，在党的领导下，充分发挥市场在资源配置中的决定性作用，更好发挥政府作用，“两手合力”加快完善社会主义市场经济体制。

### （一）党的领导是社会主义市场经济体制的重要特征

中国共产党的领导是中国特色社会主义最本质特征。“坚持党的领导，发挥党总揽全局、协调各方的领导核心作用，是我国社会主义市场经济的一个重要特征。”①

① 《习近平谈治国理政》，外文出版社2014年版，第118页。

### 1. 社会主义市场经济体制的政治特征是党的领导

市场经济总是依附并服务于一定的社会制度，与资本主义制度结合形成了资本主义市场经济，与社会主义制度结合建立了社会主义市场经济。社会主义市场经济是中国共产党领导的社会主义制度框架内运行的市场经济。离开了党的领导，离开了社会主义基本制度，就不是社会主义市场经济了。没有中国共产党的坚强领导，就没有新中国，就没有社会主义制度的建立、巩固和完善，就没有中国社会主义生产力的发展，就没有改革开放的成就取得，当然也不可能有社会主义市场经济体制的建立和逐渐完善，不可能有社会主义市场经济体制优越性的发挥。因此，社会主义市场经济必须服务于社会主义基本经济制度和人民共同富裕的宗旨，坚持党的领导是社会主义市场经济的重要政治特征。

### 2. 党的领导是政府在市场经济运行中发挥作用的根本保证

中国共产党的领导，集政治领导、思想领导、组织领导于一身，具有先进性和统一性的优势。在社会主义市场经济运行中，中国共产党的领导主要是通过政府发挥指导和协同功能。在宏观层面，通过总体布局和战略目标等统揽发展全局，协调各方利益，充分发挥市场机制的积极作用；通过法律制度管理市场，加强和优化公共服务，促进公平正义和社会稳定，实现共同富裕，矫正、弥补市场本身的缺陷。在微观层面，市场中的风险防范、生态资源、农业资源、能源等的配置必须运用政府职能的发挥，而不能单纯依靠市场化解风险。“在我国，党的坚强有力领导是政府发挥作用的根本保证。”① 在中国，只有中国共产党能够统揽全局、协调各方面力量。

### 3. 只有坚持党的领导，才能不断完善社会主义市场经济

十九大报告强调，要坚持社会主义市场经济改革方向，加快完善社会主义市场经济体制，必须重点完善产权制度，根据市场需求配置要素。社会主义市场经济本质上是法治经济，只有坚持党的领导，才能从根本上保证依法治国和政府治理的现代化，完善市场监管体制。社会主义市场经济体制的基石是现代产权制度，只有坚持党的领导，才能毫不动摇地巩固与发展公有制经济和鼓励支持引导非公有制经济发展，坚持现代企业制度改革方向，完善产权制度。社会主义市场经济要实现要素自由流动，必须完善要素市场，只有坚持党的领导，才能深化劳动力市场、土地市场、资本市场及要素价格市场化的改革，完善公平竞争的市场环境。社会主义市场经济是开放性经济，只有坚持党的领导，才能在扩大开放中增强防风险、化冲击的能力，更好地把握开放的限度和方式，适应国际交易规则，完善参与国际市场竞争的机制。

---

① 《习近平谈治国理政》，外文出版社2014年版，第118页。

## （二）“两手合力”加快完善社会主义市场经济体制

党的十八届三中全会提出：“使市场在资源配置中起决定性作用、更好发挥政府作用”。[①] 市场作为“看不见的手”，政府则作为“看得见的手”，在社会主义市场经济中共同发力，协同推进中国特色社会主义经济实现高质量的发展。

### 1. 充分发挥市场在资源配置中的决定性作用

马克思认为，市场在资源配置中起“决定性”作用，能最有效地实现私人劳动向社会劳动的转化，能最有效地实现社会必要劳动时间。党的十八届三中全会将市场在资源配置中起基础性作用修改为起“决定性”作用，是对市场作用的全新定位，是我国经济改革实践需要和马克思主义相结合的创新性成果。发挥市场在资源配置中起“决定性”作用，有利于完善“归属清晰、权责明确、保护严格、流转顺畅”的现代产权制度，夯实社会主义市场经济体制的基石；有利于完善要素市场化配置，深化要素价格市场、劳动力市场、土地市场和资本市场改革；有利于完善公平竞争市场环境，全面实施市场准入负面清单制度和公平竞争审查制度；有利于完善各类国有资产管理体制，健全公司治理结构，建立股权制衡机制；有利于深化投融资、税收、金融、利率和汇率体制改革，健全金融监管体系。“使市场在资源配置中起决定性作用”是我们党把马克思主义基本原理与我国实际相结合，对中国特色社会主义建设规律认识的一个新突破，是完善社会主义生产关系的创新性成果，有利于经济体制机制的改革完善和优化资源配置，提高全要素生产率。

### 2. 更好发挥政府作用

习近平总书记在对《〈中共中央关于全面深化改革若干重大问题的决定〉的说明》中特别指出：“我们实行的是社会主义市场经济体制，我们仍然要坚持发挥我国社会主义制度的优越性、发挥党和政府的积极作用。”市场机制虽然在资源配置和发展生产力方面有巨大优势，但其自身无法弥补的自发性、盲目性、短期性、滞后性等缺陷容易引发市场经济的自主性、逐利性、投机性，与社会主义集体主义原则产生矛盾。因此，单纯的市场配置资源是行不通的。更好发挥政府作用，不仅是马克思主义社会总产品实现理论的运用，更是中国特色社会主义发展的内在需要。只有在“更好的政府作用”下，“市场的资源配置决定性”作用才有用武之地，才能保证社会主义方向，真正发挥社会主义制度优越性，保持宏观经济稳定，保障公平竞争，优化公共服务，加强市场监督，维护市场秩序；才能有效弥补市场作用的缺陷，弥补市场失灵，为市场“决定性”作用保驾护航，才能保障人民根本利益。“更好”发挥政府作用既是对马克思主义的继

① 《中共中央关于全面深化改革若干重大问题的决定》，人民出版社2013年版，第5页。

承，也是对马克思主义的创新。

**3. “两手合力”推进社会主义市场经济体制机制完善**

使市场在资源配置中起决定性作用和更好发挥政府作用二者是有机的统一，不能相互取代。“看不见的手”和“看得见的手”都要用好，形成合力，相互补充、相互促进，不断完善社会主义市场经济体制。社会主义基本经济制度是市场“决定性”作用和“更好”发挥政府作用的共同基础，追求人民利益是其共同目标，共同的基础和共同的终极目标，决定了二者成为“两手合力”的“两只手”。“更好”发挥政府作用，有助于培育公平公正市场环境、创造统一开放的市场、培育独立自主的市场主体、完善现代企业制度等，为市场的“决定性”作用把握方向，纠正市场自身的弊端，进一步提升市场效率，确保市场“决定性”作用的有效发挥，真正体现中国特色社会主义市场经济的先进性。只有发挥市场“决定性”作用，才能为“更好”发挥政府作用提供活力与资源，才能激发劳动、知识、资本技术、管理等一切要素的活力，让政府从直接干预、过多干预、不当干预的状态中摆脱出来，只负责该管的事，增强政府管理的效果与效率。“两手合力论”是对市场与政府关系的崭新界定，是社会主义市场经济发展新阶段的必然要求，是全面建成小康社会，实现社会主义现代化、实现中华民族伟大复兴的重要途径，是对马克思主义市场理论的创新。

## 七、习近平新时代中国特色社会主义现代化经济体系理论

随着中国特色社会主义进入新时代，我国经济发展也进入新时代，宏观经济运行以新发展理念为指导、以供给侧结构性改革为主线、以稳中求进为工作总基调，建设现代化经济体系。

### （一）深化供给侧结构性改革是调整宏观经济结构建设现代化经济体系的战略举措

供给侧改革从生产端入手，以提高社会生产力为目的。供给侧改革的着眼点在于生产，在于生产领域通过优化要素配置和调整产业结构，提高供给体系质量和效率。供给侧改革的根本目的在于通过解放和发展生产力，增加有效供给、减少无效供给、增强优质供给，实现更好满足人民美好生活需要的目的。供给侧改革的主要任务是长期推进创新驱动战略和近期实现“三去一降一补”，有效化解过剩产能，促进产业优化重组，增加公共产品和服务供给，提高供给结构对需求变化的适应性和灵活性。

调整经济结构，建设现代化经济体系，是供给侧改革的主攻方向。建设现代化经济体系，必须把发展经济的着力点放在实体经济特别是提升制造业水平上，不断培育新的

经济增长点和新动能，以创新引领绿色发展、低碳发展和循环发展，建设知识型、技能型、创新型劳动者大军，培育世界级先进制造业集群。加强基础设施网络建设，坚持去产能、去库存、去杠杆、降成本和补短板，提升供给体系质量，在更高水平上实现供需动态平衡。

深化企业改革是供给侧改革的根本途径。供给侧改革的“本质属性是深化改革，推进国有企业改革，加快政府职能转变，深化价格、财税、金融、社保等领域基础性改革”。[①] 推动企业兼并重组，化解过剩产能，淘汰僵尸企业，提高国有资本运行效率；推动技术革新，促进创新链与产业链和市场需求有机衔接；建立现代企业制度，发挥各类人才积极性、主动性、创造性，激发各类要素活力；形成有效制衡的公司法人治理结构、灵活高效的市场化经营机制，提升企业竞争力。以深化供给侧结构改革为主线，推动经济发展提质增效，是我国经济宏观调控的着力点，丰富和发展了马克思产业结构调整理论。

## （二）建设创新型国家是建设现代化经济体系的战略支撑

强化基础研究，加强应用基础研究。坚持战略引领，着力原始创新，力争在前瞻性基础研究和引领性原创成果上打开缺口，实现重大的突破。同时，强化应用基础研究，在一些领域突破关键共性技术、现代工程技术及前沿引领技术，掌握一批颠覆性创新技术，拥有更多原创性技术，加强重点领域的技术开发与集成、装备研制与大规模运用，强力支撑现代化强国建设，实现科技创新能力从量的积累向质的飞跃转变、从点的突破向系统能力提升转变。

加强国家创新体系建设。建设体现国家意志、具有世界高水平的战略科技创新基地，建设一批重大科技基础设施和综合性科学中心；优化整合国家科研基地和平台布局，推动科技资源开放共享；以产学研深度融合推动技术创新，建设一批引领企业创新和产业发展的国家技术创新中心，培育一批核心技术能力突出、集成创新能力强的创新型领军企业；打造“一带一路”协同创新共同体，全方位提升科技创新国际化水平；协同推进发展理念、体制机制、商业模式等创新，系统构建国家创新体系，提升国家发展水平和国际竞争力。

深化科技体制改革。“建立以企业为主体、市场为导向、产学研深度融合的技术创新体系”,[②] 不断完善支持企业创新的普惠性政策体系、完善国家技术转移体系、完善科技成果转化激励评价体系，强化知识产权创造、保护和运用，推进项目评审、人才评价、机构评估改革，激发科技人员的积极性，逐渐形成以创新为主要引领和支撑的经济

---

① 《习近平主持召开中央财经领导小组会议强调　坚定不移推进供给侧结构性改革在发展中不断扩大中等收入群体》，载《人民日报》2016 年 5 月 17 日。

② 《习近平主持召开中央财经领导小组第十三次会议强调　坚定不移推进供给侧结构性改革在发展中不断扩大中等收入群体》，载《人民日报》2016 年 5 月 17 日。

体系和发展模式，实现科技创新能力和水平巨大跃升。

培养科技人才和高水平创新团队。习近平总书记强调，我们一定要树立强烈的人才意识，要求贤如渴地寻觅人才，如获至宝地发掘人才，不拘一格地推举人才，各尽其能地使用人才、开阔视野地引进汇聚人才，择天下英才而用之。要坚持“科学技术是第一生产力”“人才是第一资源”的理念，努力培养高水平的科技创新团队，培育成就出具有国际水准的大批战略科技英才，努力把我国建设成为世界科技强国。

### （三）实施乡村振兴战略是补齐农村短板建设现代化经济体系的重要基础

实施乡村振兴战略的总要求是：产业兴旺、生态宜居、乡风文明、治理有效、生活富裕。实施乡村振兴战略，必须不断深化农村改革。加强和完备农村基本经营制度，深化农村土地制度改革，保持土地承包关系长期稳定不变，实行土地所有权、承包权、经营权“三权分置”。深化农村集体产权制度改革，构建产权明晰、权能完善的中国特色社会主义农村集体产权制度。完善农业支持保护制度，探索建立粮食生产功能区、重要农产品生产保护区的利益补偿机制；深化粮食收储制度和价格形成机制改革，扩大轮作休耕制度试点；完善财政补贴政策、农村金融保险政策和农产品调控政策，优化存量扩大增量，促进产业健康发展。

加快建设现代农业。确保国家粮食安全，把中国人的饭碗牢牢端在自己手中。实施藏粮于地、藏粮于技战略，提高农业机械化、科技化、信息化和良种化水平。构建现代农业产业体系、生产体系、经营体系，促进农产品加工流通业、林业、渔业、种植业、畜牧业、农业服务业转型升级和融合发展；用现代物质装备武装农业、现代生产方式改造农业、现代科学技术服务农业，大力推进农业生产经营机械化和信息化；培育新型职业农民和新型经营主体，提高农业经营集约化、组织化、规模化、社会化、产业化水平。

调整农业结构，促进农村各产业融合发展。调整优化农业产品结构、产业结构和布局结构，促进粮经饲统筹、农林牧副渔结合、种养销一体，促进农业产业链条延伸和农业与二、三产业尤其是文化旅游产业的深度融合，发展特色产业、休闲农业、农村电商、乡村旅游等新产业新业态，延长产业链、提升价值链，坚持质量兴农、绿色兴农，为农民持续稳定增收提供更加坚实的农村产业支撑。

适度规模经营，实现小农户和现代农业发展有机衔接。推进土地入股、土地流转、土地托管、联耕联种等多种经营方式，提升农业适度规模经营水平，探索建立公益性农技推广与经营性技术服务共同发展新机制，保护好小农户利益，使其通过多种途径和方式进入规模经营和现代生产，与大农户一起分享现代化成果。

### （四）实施区域协调发展战略是拓展发展空间建设现代化经济体系的内在要求

建立更加有效的区域协调发展新机制。加快建立全国统一开放、竞争有序的市场体系；创新区域合作机制，鼓励创新区域合作的组织保障、规划衔接、利益协调、激励约束、资金分担、信息共享、政策协调和争议解决等机制；完善区域互助机制，促进对口支援从单方受益为主向双方受益深化；建立健全区际补偿机制，促进区际利益协调平衡。加大力度支持老少边穷地区加快发展，推进西部大开发、东北等老工业基地振兴、中部地区崛起，建立全方位统筹协调新机制，形成新格局。

以城市群为主体构建大中小城市和小城镇协调发展的城镇格局。优化提升东部地区城市群、培育发展中西部地区城市群，形成一批参与国际合作竞争、国土空间均衡开发和区域协调发展的城市群。强化大城市对中小城市辐射带动作用，形成横向错位发展、纵向分工协作的发展格局。完善城市群协调机制，形成大中小城市和小城镇协调发展的城镇格局。深化户籍制度改革，加快居住证制度全覆盖。建立健全财政转移支付同农业转移人口市民化挂钩、城镇建设用地增加规模与吸纳农业转移人口落户数量挂钩、中央预算内投资安排向吸纳农业转移人口落户数量较多的城镇倾斜的激励机制。

京津冀协同发展。着力建设以首都为核心的世界级城市群、区域整体协同发展改革引领区、全国创新驱动经济增长新引擎、生态修复环境改善示范区。疏解北京非首都功能，走出一条中国特色解决“大城市病”的路子。加快北京城市副中心建设，优化京津冀城市群空间格局和功能定位，形成区域发展主体功能区和定位清晰、分工合理、功能完善、生态宜居的现代城镇体系。构建轨道交通、公路交通、空中交通、海上交通一体化现代交通网络，建立一体化环境准入和退出机制，扩大区域环境容量和生态空间；打造立足区域、服务全国、辐射全球的优势产业集聚区。

推动长江经济带发展。以共抓大保护、不搞大开发为导向推动长江经济带发展。坚持生态优先、绿色发展、统筹发展的总体要求，把修复长江生态环境摆在压倒性位置，实施好长江防护林体系建设等生态保护修复工程，建设沿江绿色生态廊道。以畅通黄金水道为依托，建设高质量综合立体交通走廊、建设沿江绿色生态廊道，推进产业转型升级和新型城镇化建设，优化沿江产业和城镇布局，实现长江上中下游互动合作和协同发展。

坚持陆海统筹，加快建设海洋强国。统筹陆海间相互支援、相互促进，实现陆海资源互补、陆海发展并举、陆海安全并重的目标，推进陆海全面协调可持续发展和陆地大国向陆海强国转变。充分利用海洋资源，增加资源供给，破解我国可持续发展的资源瓶颈；统筹陆地、海洋开发开放布局，建设海洋生态文明；增强海上通道保护，维护海上通道安全。加快建设海洋强国，提高海洋开发、控制、综合管理能力，促进陆海在经济、军事、科技等领域一体化建设。

### （五）加快完善社会主义市场经济体制是建设现代化经济体系的制度保障

加快完善产权制度，实现产权有效激励。社会主义市场经济体制的基石是现代产权制度，深化经济体制改革的重点之一是完善产权制度。在坚持和完善我国基本经济制度下，要着力加强产权保护，依法保护各种所有制经济产权和合法利益，激励知识产权在科技创新和成果转化上作用的持久发挥。

加快推进要素市场化配置，实现要素自由流动。深化劳动力市场改革，依法保障平等就业，实现劳动力的自由流动；深化土地市场改革，加快建设城乡统一的建设用地市场；深化资本市场改革，健全金融监管体系，促进多层次资本市场健康发展。

加快完善市场决定价格机制，实现价格灵活反应。深化要素价格形成机制改革，打破资源性产品和垄断行业等领域各种形式的行政垄断，根据行业特点配置资源；深化商事制度改革、投融资体制改革、税收制度改革、利率和汇率市场化等改革，完善市场监管体制。

加快完善公平竞争的市场环境，实现统一开放、有序竞争。对于妨碍统一市场和公平竞争的各种规定和做法，一定要坚决予以废除和清理，全方位地实施市场准入负面清单制度，最大限度地缩小政府对市场主体经营的干预，大幅度放宽市场准入，促进贸易和投资自由化便利化，推动经济全球化。

深化国有企业改革，发展混合所有制经济。国有企业改革的深化进行，必须在各类国有资产管理体制的完善下，稳妥有序发展混合所有制经济，优化国有经济布局，调整结构，加快战略重组，做强做大做优国有资本。支持民营企业的发展，依法保护其法人财产权和经营自主权，弘扬企业家精神，激发各类市场主体活力，创建良好的法治环境、市场环境和社会环境。

加快完善社会主义市场经济体制，构建市场机制有效、微观主体有活力、宏观调控有度的经济体制，加快完成要素市场化配置和完善产权制度的重点工作，促进生产要素自由流动、产权有效激励、企业优胜劣汰，实现市场价格灵活反应、公平有序竞争，为建设现代化经济体系提供制度保障。

## （六）形成全面开放新格局是建设现代化经济体系的必要条件

形成陆海内外联动、东西双向互济的开放格局。在共商共建共享原则下，以“一带一路”建设为重点，引进来与走出去并重，加强对外投资合作和创新能力合作。积极有效地利用外资，坚持引资和引技引智并举，促进经济迈向中高端水平，实现互利共赢。在深化沿海开放的同时，将内陆和沿边地区的开放洼地，打造提升为开放高地，形成陆海内外联动、东西双向互济的开放格局，进而形成区域协调发展新格局。

培育贸易新业态新模式，推进贸易强国建设。深化外贸领域供给侧结构性改革，优化国际市场布局和国内区域布局，优化商品结构、经营主体和贸易方式，加快外贸转型升级示范基地、贸易平台和国际营销网络建设，积极培育贸易新业态新模式，支持跨境电子商务、市场采购贸易、外贸综合服务等健康发展，打造外贸新的增长点，形成更为全面及多元化的全球贸易合作关系，促使我国由外贸大国变为外贸强国。

实行高水平的贸易和投资自由化便利化政策。全面实行准入前国民待遇加负面清单管理制度，对市场准入放宽条件，对服务业进一步开放，深化我国与发达国家的经贸合作和与发展中国家的经贸联系。加大西部地区的开放力度，使自由贸易试验区、边境经济合作区、跨境经济合作区有更大的改革自主权，促进贸易和投资自由化便利化。探寻摸索自由贸易港的建设，完善外商投资管理体制，营造公平竞争的外商投资市场环境，保护外商在华投资的合法权益，加强海关合作，为跨境电子商务发展营造良好环境。

创新对外投资方式，加快培育国际经济合作和竞争新优势。促进以企业为主体、以市场为导向、以国际惯例为遵循、以政府为导引的国际产能合作，逐步构筑辐射“一带一路”、面向全球的高标准的贸易投资和生产服务网络。加强海外并购引导，扩大市场渠道、提高创新能力、打造国际品牌，增强企业核心竞争力；在扩大轻工、纺织、建材、家电、冶金等传统产业投资合作的同时，加快推进数字经济、智能经济、绿色经济、共享经济等新兴产业合作，推动陆、海、空、网互联互通。

“推动形成全面开放新格局”，从统筹国内国际两个大局的高度、从理论和实践两个维度，系统回答了新时代要不要开放、要什么样的开放、如何更好推动开放等重大命题，丰富了全面开放内涵。

## 八、习近平新时代中国特色社会主义国际发展战略理论

围绕“建设一个什么样的世界、如何建设这个世界”等重大课题，以习近平同志为核心的党中央提出一系列新思想，形成了科学完整、内涵丰富、意义深远的国际发展战略理论。

### （一）建设新型国际关系

建设新型国际关系，相互尊重是基础，公平正义是保障，合作共赢是目标。中国尊重各国人民自主选择发展道路的权利，反对干涉别国内政。中国秉持共商共建共享的全球治理观，创造一个奉行法治、公平正义的未来，确保国际规则有效遵守和实施。中国积极倡导国家间建立平等相待、互商互谅的伙伴关系，努力营造公平正义、共建共享的安全格局，创造各尽所能、合作共赢、开放创新、互鉴互惠、共同发展的未来发展前景，文明交流、兼容并包，创建尊重自然、崇尚自然的绿色、低碳、循环发展的生态体系。

建立相互尊重、公平正义、合作共赢的新型国际关系，是习近平对新时代中国特色社会主义国际发展战略理论的最新诠释，是把持久和平、共同繁荣的人类梦想变为现实的有效途径。

## （二）完善全球经济治理

经济全球化发展需要建立更加包容与可持续发展的体制机制，改革和完善全球治理体系，引导全球贸易向着更加开放、普惠和均衡的方向发展。

习近平总书记指出，面对当前挑战，我们应该完善全球经济治理，“共同构建公正高效的全球金融治理格局，维护世界经济稳定大局；共同构建开放透明的全球贸易和投资治理格局，巩固多边贸易体制，释放全球经贸投资合作潜力；共同构建绿色低碳的全球能源治理格局，推动全球绿色发展合作；共同构建包容联动的全球发展治理格局，以落实联合国2030年可持续发展议程为目标，共同增进全人类福祉。”以平等为基础、以开放为导向、以合作为动力、以共享为目标的全球经济治理观，为完善全球经济治理体系贡献了中国方案。

## （三）促进“一带一路”国际合作，建设开放型世界经济

“一带一路”建设以共商共建共享为基本原则，尊重各国差异，着力解决发展失衡、治理困境、数字鸿沟、分配差距等问题，以实现各国优势互补、协同并进，推动共赢共享发展。“一带一路”建设以政策沟通、设施联通、贸易畅通、资金融通、民心相通为核心内容，促进各国经济要素有序自由流动、资源高效配置和市场深度融合，推动全球经济增长。“一带一路”强调求同存异兼容并蓄，致力于缩小发展鸿沟、破解全球发展难题，给予各国参与国际事务的权利，推动现有国际秩序和规则增量改革，推动全球治理变革。

“一带一路”倡议契合各国发展需要，为促进各国协调联动发展、实现共同繁荣、发展开放型世界经济提供了新方案。

## （四）推动人类命运共同体建设

构建人类命运共同体，需要全国各族人民齐心协力，共同建设一个开放包容的、普遍安全的、共同繁荣的、绿色低碳的、拥有持久和平的世界。

政治上，彼此尊重、平等协商，努力构建不冲突不对抗、结伴而不结盟的相互尊重、合作共赢的新型国际关系。安全上，用对话解决争端，用和平协商化解矛盾冲突，加强安全领域的合作，协力打击恐怖主义，维护各国人民的生命安全。经济上，加强全球经济治理，维护世界贸易组织规则，促进不同国家、阶层、人群在经济全球化中共享到发展的机遇，建设开放型的世界经济。文化上，摒弃傲慢与偏见，尊重各国文化的差异性和文明的多样性，使文明交流互鉴成为增进世界各国友谊的桥梁、推动人类社会发展的动力、维护世界和平的纽带，促进人类文明进步。生态上，以人与自然和谐相处为

目标，尊重、顺应、保护自然，平衡推进2030年可持续发展议程，实现世界绿色低碳循环可持续发展和人的全面发展。超越传统，以开放的胸襟、包容的姿态、科学的精神，与不同制度、不同民族、不同文化背景的基金会发展友好合作关系，求同存异。

构建人类命运共同体既是中国对外开放的目标，也是中国向世界提供的全球治理中国智慧、中国方案；既是积极推动经济全球化、大力倡导国际合作、促进国际经贸投资自由化便利化、反对任何形式保护主义的更加积极主动的开放战略，又是站在全人类和平发展利益高度创新全球化思维，为世界和平与发展事业做出的重大贡献，为人类社会实现共同发展、持续繁荣、长治久安绘制了蓝图，对中国和平发展、世界繁荣进步具有重大而深远的意义。

## 参考文献

[1]《习近平谈治国理政》(第2卷)，外文出版社2017年版。

[2] 习近平:《决胜全面建成小康社会　夺取新时代中国特色社会主义伟大胜利》，人民出版社2017年版。

[3]《十八大以来重要文献选编》(上)，中央文献出版社2014年版。

[4]《习近平谈治国理政》，外文出版社2014年版。

[5] 中共中央宣传部:《习近平总书记系列重要讲话读本》，人民出版社2016年版。

# 深化供给侧结构性改革

王在全*

## 一、供给侧结构性改革的提出

推进供给侧结构性改革，是以习近平同志为核心的党中央统筹推进“五位一体”总体布局、协调推进“四个全面”战略布局，综合研判世界经济形势和我国经济发展新常态作出的重大战略部署。贯彻新发展理念，建设现代化经济体系，必须坚持供给侧结构性改革。坚持质量第一、效益优先，以供给侧结构性改革为主线，推动经济质量变革、效率变革、动力变革，提高全要素生产率。

党的十八大以来，中国特色社会主义进入新时代，党和国家事业取得全方位、开创性成就，发生深层次、根本性变革。党和国家事业发生历史性变革的重要体现，就是社会主要矛盾转化为人民日益增长的美好生活需要和不平衡不充分的发展之间的矛盾。进入新时代，我国社会主要矛盾发生变化，但其基本运动方式没有变，仍然是“发展”与“需要”之间的矛盾，解决途径仍然是通过“发展”满足“需要”。供给侧结构性改革的根本目的是提高社会生产力水平、更好满足人民日益增长的美好生活需要。它通过使供给体系有效适应需求结构变化，从而使“发展”与“需要”相互联通并且有效匹配。

2015 年三季度，中国 GDP 增速首次破 7%，但从中长期来看，供给结构老化导致中国经济缺乏复苏动力，习近平总书记于 2015 年 11 月 10 日在中央财经领导小组第 11 次会议上首次提出了“供给侧改革”，要求“在适度扩大总需求的同时，着力加强供给侧结构性改革，着力提高供给体系质量和效率，增强经济持续增长动力，推动我国社会生产力水平实现整体跃升。”2015 年 11 月 18 日在 APEC 会议上再提“供给侧改革”，指出“要解决世界经济深层次问题，单纯靠货币刺激政策是不够的，必须下决心在推进经济结构性改革方面做更大努力，使供给体系更适应需求结构的变化。”李克强总理在 2015 年 11 月 11 日召开的国务院常务会议上强调“培育形成新供给新动力扩大内需”，并在 11 月 17 日在“十三五”《规划纲要》编制工作会议上强调“在供给侧和需求侧两

* 王在全，北京大学马克思主义学院经济所教授。

端发力促进产业迈向中高端”。2015 年 12 月 18 日 ~21 日召开的中央经济工作会议进一步明确了“去产能、去库存、去杠杆、降成本、补短板”等是当前供给侧改革的五大重点任务。

可见，供给侧改革已经成为我国宏观经济管理的核心内容与主攻方向，供给侧改革将会是“十三五”期间我国践行“创新、协调、绿色、开放、共享”发展理念的重要政策着力点。

## 二、从马克思的生产与消费的关系看供给侧结构性改革

### 1. 马克思关于生产和消费的关系与供给侧结构性改革

马克思在《政治经济学批判导言》中就生产、分配、交换和消费的关系作了深入的阐述，当前推进供给侧结构性改革，并不是不要需求侧，供给和需求是一对矛盾，当前矛盾的主要方面在供给端。下面我们着重从马克思的生产与消费的关系来看供给侧结构性改革。

马克思指出：生产决定消费的性质、对象和方式，消费创造生产的动力和目的。西方经济学家把生产和消费的关系归结为生产是起点，消费是终点，消费是脱离社会运动的个人的私事。马克思始终把生产和消费当作一个运动过程来把握，作为一个活动着的矛盾统一体来考察。他指出，在这个统一体中，生产和消费互相联系、互相制约，互为前提又互相转化；同时它们的地位也不是并列的，生产是实际的起点，是居支配地位的要素。

生产和消费作为统一运动过程的两个方面包含着直接的同一性，生产和消费的同一性表现在三方面：

其一，生产直接也是消费，消费直接也是生产。物质资料的生产同时是劳动力和生产资料的消费，人们对生活资料的消费同时是人体的再生产。前者是生产的消费，后者是消费的生产。物质生产的结束是消费生产的开始，消费生产的结束是物质生产的开始。生产就包含着生产自身的否定——消费，消费就包含着消费自身的否定——生产。因此，我们今天讨论供给侧结构性改革，不能脱离需求来谈供给，生产资料和消费资料的需求本身也是物质资料的生产和人自身的生产。个人消费作为人的生产，是不断满足人们对美好生活的需求和向往，不断提升消费水平和消费结构。

其二，生产媒介着消费，消费媒介着生产。生产媒介着消费，是指生产为消费创造出产品，创造出消费的对象，使消费成为可能。不生产出产品，就没有可消费的东西，消费就是一句空话。因此生产对消费是起决定作用的，消费的增长，人民生活水平的提高，必须建立在生产发展的基础上。因此，只有不断提高供给的质量和效益，才能为人们创造出更好的产品和服务。

消费媒介着生产，是指生活资料的消费过程就是人的身体的再生产过程，消费不断地把人再生产出来，这就为生产创造了主体，创造了消费产品的人。因为任何生产都是为了人的消费，没有人去消费，生产就没有目的、没有灵魂、没有完成、没有意义。马克思说："产品对这个主体才是产品，产品在消费中才得到最后完成。一条铁路，如果没有通车，不被磨损，不被消费，它只是可能性的铁路，不是现实的铁路。"因此，没有生产就没有消费，同样没有消费就没有生产。因此我们在关注供给和生产这个矛盾的主要方面的同时，一点也不能忽视需求端，市场的最终需求为生产的完成提供了目的和要求。

其三，生产生产着消费，消费生产着生产。

生产从三方面生产着消费：

首先，生产为消费提供材料、对象，消费如果没有对象，没有可消费的东西，就不成其为消费，因此是生产创造出消费。

其次，生产决定着消费的性质和方式，使消费得以完成。人们怎样进行消费，消费的性质和方式，这不是由人们主观意志决定的，而是由客观的生产力发展水平决定的。处于原始状态下的消费和近代高度现代化条件下的消费，不仅消费方式不同，而且消费的对象也是不同的。

马克思说："饥饿总是饥饿，是用刀叉吃熟食来解除的饥饿不同于用手、指甲和牙齿来解除的饥饿。"因此，生产决定消费的性质和方式，生产创造着消费者。消费升级取决于生产本身的升级。

最后，生产为消费提供产品，又为产品提供新的需要。马克思说："消费本身作为动力是靠对象作媒介的，消费对于对象所感到的需要，是对于对象的知觉所创造的。"

例如，人们为什么不断产生对粮食的需要，这是对粮食的知觉造成的，因为吃了粮食可以充饥，恢复体力。因此生产既为消费提供产品，又刺激人们对产品产生新的需要。不仅如此，生产还为消费生产出消费者来，例如艺术产品、电影，会创造出懂得电影艺术并善于欣赏电影艺术的观众来。在一定意义上来说，正如萨伊所言"供给创造自己的需求"。

消费从两方面生产着生产：

一方面，消费使产品成为现实的产品。马克思说："产品不同于单纯的自然对象，它在消费中才证实自己是产品，才成为产品。"产品同空气、水、土地、森林等自然对象不一样，自然对象没有人消费它，它也仍然是自然对象。产品则不同，产品供人消费，目的为人消费，它只有在消费中才证明自己是产品，才成为产品，无人消费，不被消费就不能证明它是产品。因此，消费使产品最后完成。

另一方面，消费为生产创造出新的需要。消费是生产的内在动机、动力和目的，消费不仅使产品成为现实的产品，而且不断为生产提出新的需要，例如粮食吃掉了，又提出对粮食新的需要，这种新的需要促使粮食要不断地再生产出来，成为生产粮食的内在的动机和动力，成为粮食生产的目的。同时人们还会不断提出新的消费需要，促使生产向深度和广度发展。

因此消费不但使生产最后完成，又使生产重新开始和向纵深发展。没有需要，没有消费，生产也就停止了，没有了动力。而消费则是把需要不断地再生产出来。中国经济从高速增长转向高质量增长，消费者在消费高质量的产品或者服务的同时，也激发了人们对于高质量产品和服务的更多需求，推动消费不断的升级。例如人们对于网速从3G到4G再到5G时代的不断需求升级，人们对于火车从普通列车到动车再到高铁时代甚至未来的飞车时代不断的需求提升，等等。

当然把生产和消费的同一性绝对化，看不到它们之间存在着差别的观点，是唯心主义和形而上学的，它们之间又存在着矛盾。是矛盾着的两个方面。

而供给侧结构性改革中的供给和需求是市场经济内在关系的两个基本方面，供给侧和需求侧是管理和调控宏观经济的两个基本手段。经济政策是以供给侧为重点，还是以需求侧为重点，要依据宏观经济形势作出抉择，二者不是非此即彼、一去一存的替代关系，而是要相互配合、协调推进。

“供给侧”与“需求侧”相对应。需求侧有投资、消费、出口“三驾马车”，“三驾马车”决定短期经济增长率。而供给侧则有劳动力、土地、资本、创新四大要素，四大要素在充分配置条件下所实现的增长率即中长期潜在经济增长率。而结构性改革旨在调整经济结构，使要素实现最优配置，提升经济增长的质量和数量。

### 2. 正确把握供给侧结构性改革

“供给侧”与“需求侧”相对应。需求侧管理，重在解决总量问题，注重短期调控，主要是通过调节税收、财政支出、货币信贷等来刺激或者抑制需求，进而推动经济增长；供给侧管理，重在解决结构性改革问题，注重激发经济增长动力，主要通过优化要素配置和调整生产结构来提高供给体系质量和效率，进而推进经济增长。

当前我国经济发展中有周期性、总量性问题，但结构性问题最突出，尤其是重大的结构性失衡：实体经济结构性供需失衡、金融和实体经济失衡、房地产和实体经济失衡。如果只是简单采取扩大需求的办法，不仅不能解决结构性失衡，反而会加剧产能过剩、抬高杠杆率和企业成本，加剧这种失衡。供给和需求是一对矛盾，而矛盾的主要方面在供给侧。供给侧结构性改革的根本目的是提高供给质量满足需要，使供给能力更好满足人民日益增长的美好生活需要；主攻方向是减少无效供给，扩大有效供给，提高供给结构对需求结构的适应性，提高全要素生产率，使供给体系更好适应需求结构变化。当前重点是推进“三去一降一补”五大任务；本质属性是深化改革，推进国有企业改革，加快政府职能转变，深化价格、财税、金融、社保等领域基础性改革。

党的十八届五中全会明确了结构性改革的方向和要求，就是推进农业现代化、加快制造强国建设、加快服务业发展、提高基础设施网络化水平等，推动形成新的增长点。①

---

① 《围绕贯彻党的十八届五中全会精神做好当前经济工作》（2015年12月18日）。

我国的供给侧结构性改革，同西方经济学的供给学派不是一回事，供给学派强调的重点是减税，过分突出税率的作用，并且思想方法比较绝对，只注重供给而忽视需求、只注重市场功能而忽视政府作用。以“里根经济学”为例，1981 年里根就任美国总统后，提出“经济复兴计划”，主要措施包括：降低税率，减少政府干预，缩减政府开支，紧缩货币供给。其中，个人所得税边际税率从 70% 降至 28%，提高了可支配收入，增加了劳动供给意愿，也推动消费上行；而企业所得税率从 46% 降至 33%，直接提高了企业盈利，也提高了企业投资意愿。里根经济学大获成功，令美国经济迎来“大稳健”时代，也为美国长期经济增长打下了坚实基础。

中国“供给侧结构性改革”并非简单复制供给学派的“供给管理”，而是希望通过改革实现经济结构的调整和优化，从而避免潜在增速的大幅下行，其实质是三中全会“全面深化改革”在要素领域的延续和聚焦。我们的供给侧结构性改革，重点是解放和发展社会生产力，用改革的办法推进结构调整，减少无效和低端供给，扩大有效和中高端供给，增强供给结构对需求变化的适应性和灵活性，提高全要素生产率。“结构性”三个字十分重要，简称“供给侧改革”也可以。这不只是一个税收和税率问题，而是要通过一系列政策举措，特别是推动科技创新、发展实体经济、保障和改善人民生活的政策措施，来解决我国经济供给侧存在的问题。我们讲的供给侧结构性改革，既强调供给又关注需求，既突出发展社会生产力又注重完善生产关系，既发挥市场在资源配置中的决定性作用又更好发挥政府作用，既着眼当前又立足长远。从政治经济学的角度看，供给侧结构性改革的根本，是使我国供给能力更好满足广大人民日益增长、不断升级和个性化的物质文化和生态环境需要，从而实现社会主义生产目的。①

## 三、“供给侧改革”的着力点和结构性问题

推进供给侧结构性改革，要从生产端入手，重点是促进产能过剩有效化解，促进产业优化重组，降低企业成本，发展战略性新兴产业和现代服务业，增加公共产品和服务供给，提高供给结构对需求变化的适应性和灵活性。简而言之，就是去产能、去库存、去杠杆、降成本、补短板。②

去产能。坚决处置“僵尸企业”，与国有企业改革结合，采取保人不保企业。去库存。主要是部分三四线城市的房地产的过剩问题。去杠杆。主要是化解金融风险，中国的非金融企业、政府和居民的杠杆率比较高，但是需要防止泡沫的进一步膨胀，防止发生重大系统性风险。降成本，主要是降低行政运行成本，进一步推进“放管服”改革。

① 《在省部级主要领导干部学习贯彻党的十八届五中全会精神专题研讨班上的讲话》（2016 年 1 月 18 日），人民出版社单行本，第 29～30 页。

② 《在省部级主要领导干部学习贯彻党的十八届五中全会精神专题研讨班上的讲话》（2016 年 1 月 18 日），人民出版社单行本，第 33 页。

补短板，主要是补技术短板，加快推进技术创新为核心的创新驱动发展。

供给侧结构性改革，特殊在“结构性”。中国的结构性问题主要包括产业结构、区域结构、要素投入结构、排放结构、经济增长动力结构和收入分配结构等六个方面的问题。

产业结构问题，产业结构问题突出表现在低附加值产业、高消耗、高污染、高排放产业的比重偏高，而高附加值产业、绿色低碳产业、具有国际竞争力产业的比重偏低。区域结构问题，区域结构问题突出表现在人口的城乡区域分布不合理。目前，我国城镇化率（57%左右）尤其是户籍人口城镇化率（41%左右）偏低，且户籍人口城镇化率大大低于常住人口城镇化率。区域结构的另一个问题是区域发展不平衡、不协调、不公平。要素投入结构问题，中国经济发展过度依赖劳动力、土地、资源等一般性生产要素投入，人才、技术、知识、信息等高级要素投入比重偏低，导致中低端产业偏多、资源能源消耗过多等问题。排放结构问题，中国排放结构中废水、废气、废渣、二氧化碳等排放比重偏高。这种不合理的排放结构导致了资源环境的压力比较大。经济增长动力结构问题，中国经济增长过多依赖“三驾马车”来拉动，特别是过度依赖投资来拉动。制度变革、结构优化和要素升级（对应改革、转型、创新）“三大发动机”才是经济发展的根本动力。我们要更多地依靠改革、转型、创新，来提升全要素增长率，培育新的增长点，形成新的增长动力。收入分配结构问题，中国城乡收入差距、行业收入差距、居民贫富差距都比较大，财富过多地集中在少数地区、少数行业和少数人中。

中国经济发展到今天，人均GDP已经超过了9 000美元的大关，中国能否跨越“中等收入陷阱”？“中等收入陷阱”是由世界银行在2006年的《东亚经济发展报告》中首先提出。它是指一个经济体的人均收入达到世界中等水平（人均GDP在3 000～10 000美元的阶段）后，其赖以从低收入经济体成长为中等收入经济体的战略，在它们向高收入经济体攀升中不再有效，进一步的经济增长被原有的增长机制锁定。国际上公认的成功跨越“中等收入陷阱”的国家，仅有日本和韩国实现了由低收入国家向高收入国家的转换。日本人均国内生产总值在1972年接近3 000美元，到1984年突破1万美元。韩国1987年超过3 000美元，1995年达到了11 469美元。

从中等收入国家跨入高收入国家，日本花了大约12年时间，韩国则用了8年。总体而言，落入“中等收入陷阱”国家有以下几个方面的特征，包括经济增长回落或停滞、民主乱象、贫富分化、腐败多发、过度城市化、社会公共服务短缺、就业困难、社会动荡、信仰缺失、金融体系脆弱等。

## 四、创新是供给侧结构性改革的核心

### 1. 建设现代化经济体系与供给侧结构性改革

建设现代化经济体系的核心是推动高质量发展，其内容主要包括两大方面：一是在质量变革、效率变革、动力变革和提高全要素生产率的基础上，建设实体经济、科技创新、现代金融、人力资源协同发展的产业体系；二是在坚持社会主义市场经济改革方向的基础上，构建市场机制有效、微观主体有活力、宏观调控有度的经济体制。推进这两方面建设，均需以供给侧结构性改革为主线。

建设现代化经济体系是我国发展的战略目标，也是转变经济发展方式、优化经济结构、转换经济增长动力的迫切要求。现代化经济体系，是由社会经济活动各个环节、各个层面、各个领域的相互关系和内在联系构成的一个有机整体。

建设现代化经济体系，加快实施创新驱动发展战略，强化现代化经济体系的战略支撑，加强国家创新体系建设，强化战略科技力量，推动科技创新和经济社会发展深度融合，塑造更多依靠创新驱动、更多发挥先发优势的引领型发展。

**2. 创新是供给侧结构性改革的核心**

创新是引领发展的第一动力，是建设现代化经济体系的战略支撑。要瞄准世界科技前沿，强化基础研究，实现前瞻性基础研究、引领性原创成果重大突破。2012～2013年达沃斯经济论坛发布的全球竞争力报告认为，各国经济发展分为三个阶段：在人均GDP在2 000美元以下时，经济发展依靠要素驱动；当人均GDP在2 000～3 000美元之间时，要从要素驱动型经济向效率驱动型经济转变。人均GDP在3 000～9 000美元之间时，经济发展依靠效率驱动；人均GDP达到9 000美元以上时，经济发展从效率驱动转向创新驱动。中国人均GDP目前已经超过9 000美元，正处于从效率驱动向创新驱动转变的过程之中。中国对世界经济增长的贡献率保持在30%以上，成为世界经济的第一动力源。2017年，全社会研究与开发（R&D）支出达到1.76万亿元，同比增长17.3%，占国内生产总值（GDP）的2.15%，超过欧盟15国平均2.1%的水平。我国农业劳动生产率不到社会平均劳动生产率的1/3，中国的城镇化还能够创造巨大的生产力提升的空间。

马克思虽然没有直接谈创新问题，但是在他的思想体系中蕴涵着关于创新的基本理论：（1）关于创新的本质，在马克思看来，创新作为一种人类特有的活动，确证了人是有意识、富于智慧的高等生物；（2）关于创新的主体。马克思认为，“历史活动是群众的事业，随着历史活动的深入，必将是群众队伍的扩大”，因为“创造是一个很难从人民意识中排除的观念”；（3）关于创新的形式。马克思认为，创新有科学创新、技术创新、制度创新这三种基本形式；（4）创新途径是遵从于规律、立足于需要、来源于教育。

熊彼特的“创新”主要包括：（1）引进新产品；（2）引用新技术，即新的生产方法；（3）开辟新市场；（4）控制原材料的新供应来源；（5）实现企业的新组织。按照熊彼特的看法，“创新”是一个“内在的因素”，“经济发展”也是“来自内部自身创造性的关于经济生活的一种变动”。彼得·德鲁克在其《创新与企业家精神》指出，有目的的创新和创新机遇的七个来源。企业家从事创新，而创新是展现企业家精神的特殊手段。创新活动赋予资源一种新的能力，使它能创造财富。事实上，创新活动本身就创造了资源。前四个来源是：（1）意料之外的事件（意外的成功、意外的失败、意外的外部事件）；管理者必须带着问题看待每一个意外的成功。（2）不协调的事件，现实状况与设想或推测的状况不一致的事件。（3）基于程序需要的创新。（4）每个人都未曾注意到的产业结构或市场结构的变化。这四大来源存在于机构内部，不论它是商业性机构还是公共服务机构，或是存在于某个产业或服务领域内部。因此，能够看到它们的人，主要是那个产业或服务领域内部的人。它们基本上是一些征兆，但却是那些已然发生，或者只需少许努力就能发生变化的极为可靠的信号。后三种来源涉及机构或产业以外的变化：（5）人口统计数据（人口变化）；在所有外部变化中，人口变化——被定义为人口、人口规模、年龄结构、人口组合、就业情况、教育情况以及收入的变化——最一目了然。它们毫不含混，并且能够得出最可预测的结果。（6）认知、意义及情绪上的变化；对健康环境的关注、饮食消费观念的变化。（7）新知识，包括科学和非科学的新知识。

李克强总理在2018年的“两会”政府工作报告提到：实施创新驱动发展战略，优化创新生态，形成多主体协同、全方位推进的创新局面。扩大科研机构和高校科研自主权，改进科研项目和经费管理，深化科技成果权益管理改革。支持北京、上海建设科技创新中心，新设14个国家自主创新示范区，带动形成一批区域创新高地。以企业为主体加强技术创新体系建设，涌现一批具有国际竞争力的创新型企业和新型研发机构。

落实和完善创新激励政策。改革科技管理制度，绩效评价要加快从重过程向重结果转变。赋予创新团队和领军人才更大的人财物支配权和技术路线决策权。对承担重大科技攻关任务的科研人员，采取灵活的薪酬制度和奖励措施。探索赋予科研人员科技成果所有权和长期使用权。“国际经济竞争甚至综合国力竞争，说到底就是创新能力的竞争。谁能在创新上下先手棋，谁就能掌握主动。我们要大力实施创新驱动发展战略，加快完善创新机制，全方位推进科技创新、企业创新、产品创新、市场创新、品牌创新，加快科技成果向现实生产力转化，推动科技和经济紧密结合。”①

**3. 创新的国际国内经验启示**

（1）美国硅谷。

硅谷是全球第一个高新区，位于加利福尼亚州旧金山到圣何塞（San Jose）之间32英里长、10英里宽的地带。1971年《商业周刊》首次称这一地区为“硅谷”，此后被广泛使用至今。根据《硅谷指数2013》：2012年，硅谷面积约4 801平方公里，人口290万，人均年收入88 981美元。硅谷是知识经济的代名词，它以占美国1%的人口，创造了占全美13%的专利，5%的GDP，拥有超过50名诺贝尔奖获得者。硅谷是创业创新中心，每年获取的风险投资占全美约30%；硅谷是优秀企业的生长栖息地，世界

① 习近平：《在广东考察工作时的讲话》（2012年12月7日~11日）。

500强科技企业中有20家在硅谷，惠普、思科、英特尔、苹果、甲骨文、谷歌、EBAY、雅虎等。

从产业发展上来看，硅谷诞生于20世纪50年代，最初形式是斯坦福工业园区，随着微电子技术的发展，硅谷先后经历了国防工业、集成电路、个人电脑的研发与生产以及目前互联网的开发与服务几个阶段。硅谷目前约60%的企业是以信息为主的集研发、生产、销售为一体的实业公司，其余为服务业，包括金融机构、法律机构等。

硅谷技术创新驱动特征：

一是全球智力资本集聚。一方面，硅谷在地理区位上位于一个世界上最好的大学网络中。其中，斯坦福大学（Stanford University）、加州大学伯克利分校（University of California - Berkeley）、加州大学旧金山分校（University of California—San Francisco）、圣何塞州立大学（San Excellent Jose Stdined University）是最为著名的四所大学，这些世界著名大学吸引了美国乃至全球的人才聚集，同时也为硅谷培养了大批高质量的工程和科学人才。另一方面，硅谷吸引了全世界创新人才。在人力资源开发利用上，硅谷坚持开放选贤任能的原则，人才不分年龄、种族，皆可以在这里工作，甚至担当领导人。

二是多种资金支持，以满足不同的需求。20世纪70年代末，联邦政府下调资本增益税和投资税，风险资本市场复苏。硅谷由于在高技术产业发展上处于领导地位，因此也成为美国风险投资的集聚中心。美国资本市场较为发达，具备相应的金融人才及管理人才，加上政府通过及时调整的政策予以支持，风险资本在美国具有得天独厚的发展环境。美国每年吸引的风险投资额占世界总额的一半以上，其中美国约一半的风险投资额投在了硅谷。

三是独一无二的制度环境。较多的研究者通过对比具有类似智力资源、物质资源的硅谷和美国128公路兴衰，认为硅谷之所以始终处于全球创新之首，不断繁荣，其独特的制度文化起到了关键性作用。为不断的创新提供了动力支持和保障力量。

例如：鼓励冒险、容忍失败、开拓进取的创新创业文化制度。如斯坦福大学、加州大学伯克利分校等坐落在硅谷地区的大学等在培养人才的同时，还为学生提供了创业的环境，鼓励研究人员将科研成果产业化并提供支持。如允许创业学生购买学校发明的“专利”、学生被允许在保留学籍的情况下暂时休学创业、对教授创业提供直接资金支持、允许教授实质参与或指导企业研发等。

激励人才不断创新的制度安排。硅谷企业通过员工持股、股票期权、利润分成等措施不仅吸引了优秀的人才，而且对人才的不断创新提供了物质激励，较好地体现了知识资本化。

四是完善的创新创业系统。硅谷是全球第一个典型的创新集群，政府、大学、科研机构、专业技术型企业或研发型企业、投资机构、专业服务机构、非正式社区组织等机构通过彼此之间的合作和各自之间明确的分工聚集在一起，形成了硅谷的创新创业系统。

（2）创新中关村。

中关村示范区最早起步于“中关村电子一条街”。1980年，由中科院物理研究所研究员陈春先率先借鉴美国硅谷和128号公路的“技术扩散”模式，创立第一家民营科技企业——北京等离子体学会先进技术发展服务部。随后，一批科技人员在中关村地区汇聚，下海经商，截至1987年底，中关村电子一条街上聚集了148家具有独立法人资格的科技企业，其中最著名的企业是“两通两海”（科海、京海；四通、信通）。此后，历经北京市新技术产业开发试验区、中关村科技园区、中关村国家自主创新示范区三个阶段。经过近30年的发展，中关村示范区无论是在空间规模、产业布局、从业人员以及创新发展上均有较大的提高。

聚集3万余家高新技术企业，2017年，示范区总收入超过5万亿元，高新技术增加值占北京地区生产总值的比重25%以上，对北京市经济增长的贡献率达到30%。

第一阶段是科技贸易聚集阶段，电子一条街时期（1980～1988年）。电子一条街上多数科技型企业主要是经销技术商品，包括电脑等硬件和汉字处理等软件产品的销售。技术开发和生产的比例很少，主要的生产环节是微机装配。这一阶段的发展模式被称为“以贸养技”“以技促工”。

国家在政策上着重加强对集成电路、电子计算机、软件和程控交换机列这四种优先发展的高新技术产品的支持和政策倾斜，中关村计算机软硬件的贸易和二次开发活动得到较快发展。

第二阶段从技术引进到自主研发，北京市新技术产业开发试验区时期（1988～1999年）。高新技术产业开发试验区成立后，区内企业不再是无正式组织管理的自发发展。高新技术产业开发试验区被赋予了特殊的发展目的：“促进科学技术和生产直接结合，科学技术和其他生产要素优化组合，推动技术、经济的发展。”这一时期，科技企业孵化器以多种组织形式出现，扶植了中小企业发展，加上国外归国创业人员不断加入，高新技术企业大量涌现，企业成为创新主体的功能逐步显现。

第三阶段为政策支持下向自主创新的过渡阶段。中关村科技园区时期，（1999～2009年），在科教兴国战略和可持续发展战略的影响下，北京确立了依靠高技术产业发展“首都经济”的思路。中关村企业的发展模式也逐步从“重贸易、轻技术”转变到提高研发能力、创新能力上来。政府扶植力度加大，中关村科技园区基础设施投资大幅增加，为支持科技创新，配套进行金融体制改革。

第四阶段自主创新形成阶段，中关村国家自主创新示范区时期。2009年中关村被列为国家自主创新示范区以来，在市场及政府的双重作用下，战略性新兴产业以集群化为发展形态，依托集群内部企业之间形成基于产业价值链的紧密分工合作关系，在技术创新合作、促进传统产业升级以及促进配套产业发展上发挥了重要作用。重点依托“6+4”产业集群促进技术创新和商业模式创新，培育原创技术和原创新兴产业。

推进供给侧结构性改革，是对社会主义市场经济理论的重大创新；供给侧结构性改革是适应把握引领经济发展新常态的必然要求；供给侧结构性改革是贯彻新发展理念的重要举措；供给侧结构性改革是推动经济结构调整和转型升级的强大动力；只有通过供给侧结构性改革，加快结构优化升级，才能在日趋激烈的国际竞争中占据主动。

# 中国特色社会主义生产力理论研究*

## ——马克思主义政治经济学的丰富与发展

王胜利　白暴力**

**摘要：**以习近平同志为核心的党中央，根据我国经济新常态生产力发展现状，基于马克思主义生产力理论，提出了包含生态生产力要素论、生产力创新发展论、生产力发展时空因素论和社会生产力水平总体跃升论等内容的生产力理论，形成了系统的中国特色社会主义生产力经济理论，丰富和发展了马克思主义政治经济学理论，构成中国特色社会主义政治经济学的重要理论核心。

**关键词：**马克思主义　生产力理论　中国特色社会主义

党的十八大以来，以习近平同志为核心的党中央，在马克思主义生产力理论基础上，根据经济新常态条件下我国生产力发展水平，赋予马克思主义生产力理论新的内容，形成了系统的中国特色社会主义生产力经济理论。在新的历史条件下，全面认识中国特色社会主义生产力理论，对于发展马克思主义政治经济学具有重要的理论和现实意义。

## 一、生态生产力要素论是对马克思主义生产力要素理论的丰富和发展

马克思认为劳动者劳动、劳动对象和劳动资料三要素相互作用形成生产力。马克思主义生产力要素论不仅研究了生产力构成要素，而且研究了生产力发展和自然资源利用的辩证关系。以习近平同志为核心的党中央在继承马克思主义生产力要素理论的基础上，以绿色发展为指导，提出了生态生产力要素理论，在新的历史条件下丰富和发展了马克思主义生产力要素论，特别是丰富了马克思主义生产力发展与自然界关系的理论。

### （一）引入生态生产力要素是对马克思生产力要素构成论的丰富和发展

以习近平同志为核心的党中央在马克思自然界生产力要素论的基础上引入了生态生

* 原载于《上海经济研究》2017 年第 9 期。

** 王胜利，西北政法大学教授。白暴力，北京师范大学教授。

产力要素，丰富和发展了马克思主义生产力构成要素论。马克思主义认为，劳动生产力的基本构成要素是劳动者的劳动、劳动对象和劳动资料，劳动生产力可以归结为自然生产力。这是因为，首先，生产力的基础要素来自自然界。“自然界是不依赖任何哲学而存在的；它是我们人类（本身就是自然界的产物）赖以生长的基础”。① 马克思认为“没有自然界，没有感性的外部世界，工人就什么也不能创造。它是工人用来实现自己的劳动、在其中展开劳动活动、由其中生产出和借以生产出自己的产品的材料”。② 其次，人也是自然物。这是“因为人是自然界的一部分”，③ 人“为了在对自身生活有用的形式上占有自然物质，人就使他身上的自然力——臂和腿、头和手运动起来。当他通过这种运动作用于他身外的自然并改变自然时，也就同时改变他自身的自然。”④ 当人的自然力作用于人之外的自然力就形成了自然生产力。因此，“一切生产力都归结为自然界”。⑤ 随着人类社会的进步，生产力构成要素的内容不断丰富，人类对于生产力要素的认识也在不断发展。以习近平同志为核心的党中央提出了生态生产力要素理论。习近平同志指出：“生态就是资源”，⑥ 这些资源是生产力的基本要素。生态是资源，不仅是指以人为主体的生物有机体是资源，具有自然力，外部的非生物环境也是资源，具有自然力，而且人类与周围外部世界（包括人类之外的其他生物有机体）的和谐发展形成的良好生态环境也是资源，具有自然力。对此，习近平同志指出：“绿水青山就是金山银山”，⑦ 可见，这些生态资源是社会主义生产力要素的重要组成部分。在这里，以习近平同志为核心的党中央“把绿水青山即生态环境内化为生产力的要素之一，对社会主义生产力理论具有开创意义。”⑧

### （二）生态生产力要素理论是对马克思主义生产力发展与生态环境辩证关系理论的丰富和发展

以习近平同志为核心的党中央提出的生态生产力要素理论为科学处理生产力发展同生态环境保护的关系指明了方向。

首先，以绿色发展理念为指导，以发展生态生产力为目标来认识和推动生态环境和生产力协调发展。马克思主义经济学认为，自然资源利用和社会生产力发展是相互促进、相互依存的。马克思曾说：“自然界是人为了不致死亡而必须与之处于持续不断地

① 《马克思恩格斯选集》（第4卷），人民出版社1995年版，第222页。

② 《马克思恩格斯全集》（第42卷），人民出版社1963年版，第92页。

③ 《马克思恩格斯选集》（第1卷），人民出版社1995年版，第45页。

④ 马克思：《资本论》（第1卷），人民出版社2004年版，第208页。

⑤ 《马克思恩格斯全集》（第46卷下册），人民出版社1979年版，第34页。

⑥ 习近平总书记考察黑龙江首站到伊春［EB/OL］. 人民网，http://politics.people.com.cn/n1/2016/0523/c1024-28373127-2.html，2016年5月24日。

⑦ 《习近平总书记系列重要讲话读本》（2016年版），人民出版社2016年版，第230页。

⑧ 《建设生态文明　打造美丽中国》（深入学习贯彻习近平同志系列重要讲话精神·治国理政新思想新实践），载《人民日报》2016年10月14日。

交互作用过程的、人的身体”。① 随着人类对自然资源利用程度的不断提高，生产力水平会逐步提高。同时，人类对自然界规律的认识逐步深入，对自然资源利用的深度和广度也不断加强。以习近平同志为核心的党中央在促进社会劳动生产力发展的基础上，更加注重二者之间的统一和协调关系，提出了生态生产力理论。习近平总书记指出：“生态就是生产力”。② 所谓生态，是指以人类为主体的生物有机体与周围世界的和谐关系。因此，生态是生产力，或者说生态生产力就是人类与周围外部世界在和谐发展的基础上获取生活资料的现实能力。习近平总书记在坚持马克思自然资源和劳动生产力相统一理论的基础上，提出了以绿色发展为理念，以发展生态生产力为目标，正确认识利用生态环境和劳动生产力之间统一关系理论。习近平总书记指出，“既要金山银山，又要绿水青山”，③ 强调了我们既要发展社会生产力、发展经济，又要保持绿水青山的自然力，要实现利用生态环境和生产力发展目标的相互协调，最终形成“绿水青山”和“金山银山”相协调的这种生态生产力发展目标。正是这种强调人类对周围外部世界基于和谐发展形成的、而不是人类对自然的一维、单向的利用、改造形成的生态生产力要素理论是对马克思主义劳动生产力要素理论的丰富和发展。

其次，以绿色发展为指导，以发展生态生产力为目标来处理生态环境和经济发展之间的矛盾。马克思主义经济学认为，自然资源利用与生产力发展存在相互矛盾关系。在社会生产力不断提高过程中，如果不能正确处理二者的矛盾，出现对自然力的过分利用，可能导致对自然力的破坏。恩格斯曾经指出：“不要过分陶醉于我们对自然界的胜利。对于每一次这样的胜利，自然界都报复了我们”。④ 这种报复就是自然资源利用和生产力发展矛盾未能正确处理的结果，而自然界报复会直接阻碍生产力的发展，最终损害包括人类在内的自然力。对此，习近平总书记指出：“人与自然是一种共生关系，对自然的伤害最终会伤及人类自身。只有尊重自然规律，才能有效防止在开发利用自然上走弯路。”⑤ 正因为如此，以习近平同志为核心的党中央以绿色发展理念为指导来处理发展生产力和自然资源利用的矛盾。习近平总书记指出：“宁要绿水青山，不要金山银山”，⑥ 也就是说，宁愿降低劳动生产力，放缓经济发展速度，也要保护生物有机体和外部环境的自然力，从而保护生态环境，实现经济的可持续发展。在这里，以习近平同志为核心的党中央以绿色发展为基础，从发展生态生产力的目标出发，分析了自然资源过分利用和发展劳动生产力之间的矛盾，并提出了正确处理二者矛盾关系的理论，这是对马克思主义自然资源利用和生产力发展矛盾关系的丰富和发展。

---

① 《马克思恩格斯选集》（第1卷），人民出版社1995年版，第45页。

② 习近平总书记考察黑龙江首站到伊春［EB/OL］. 人民网，http：//politics. people. com. cn/n1/2016/0523/c1024－28373127－2. html，2016－05－24.

③ 《习近平总书记系列重要讲话读本》（2016年版），人民出版社2016年版，第230页。

④ 《马克思恩格斯全集》（第20卷），人民出版社1971年版，第519页。

⑤ 《习近平在中共中央政治局第四十一次集体学习时强调推动形成绿色发展方式和生活方式为人民群众创造良好生产生活环境》，载《人民日报》，2017年5月27日。

⑥ 《习近平总书记系列重要讲话读本》（2016年版），人民出版社2016年版，第230页。

## 二、生产力创新发展论是对马克思主义生产力发展理论的丰富和发展

马克思指出："劳动生产力是多种情况决定的，其中包括：工人的平均熟练程度，科学发展的水平和它在工艺上应用的程度，生产过程的社会结合，生产资料的规模和效能，以及自然条件。"① 正是这些因素的发展变化，推动劳动生产力不断发展。以习近平同志为核心的党中央在坚持马克思主义生产力发展论基础上，以创新发展理念为指导，提出了生产力创新发展论，丰富和发展了马克思主义生产力发展论。

### （一）创新人才是生产力发展的重要动力

习近平总书记指出："创新是引领发展的第一动力"。② 创新贯穿于生产力的三个要素，涵盖影响生产力发展的各类因素，其中人才是根本。马克思曾认为，人自身的劳动熟练程度和劳动能力、技巧的提高，可以提高劳动生产力。在经济新常态条件下，习近平总书记指出："人才是创新的根基，创新驱动实质上是人才驱动，谁拥有一流的创新人才，谁就拥有了科技创新的优势和主导权。"③ 只有具有了创新型的人才，才能进行理论、制度、科技、文化等领域的创新，才能全面推动社会生产力发展。

### （二）科学技术作为第一生产力作用更为凸显

马克思指出，"劳动生产力是随着科学和技术的不断进步而不断发展的"。④ 同时，正是在科学技术的推动下，以固定资本形式存在的生产资料规模不断扩大，效能逐步提高，劳动生产力不断提高。马克思指出，"在固定资本中，劳动的社会生产力表现为资本固有的属性；它既包括科学的力量，又包括生产过程中社会力量的结合，最后还包括从直接劳动转移到机器即死的生产力上的技巧。"⑤ 总之，正是科技通过对这些因素的几个或所有因素共同作用下，劳动生产力不断提高。在经济新常态条件下，习近平总书记指出："当今世界，科学技术作为第一生产力的作用愈益凸显，工程科技进步和创新对经济社会发展的主导作用更加突出"，⑥ 科技成为推动社会生产力发展和劳动生产率提升的决定性因素。因此，我们要"最大限度解放和激发科技作为第一生产力所蕴藏的

① 《资本论》（第1卷），人民出版社2004年版，第53页。
② 《习近平关于科技创新论述摘编》，中央文献出版社2016年版，第7页。
③ 习近平：《上海要继续当好改革开放排头兵、创新发展先行者》，载《人民日报》2015年3月5日。
④ 马克思：《资本论》（第1卷），人民出版社2004年版，第698页。
⑤ 《马克思恩格斯全集》（第46卷下），人民出版社1979年版，第229页。
⑥ 习近平：《让工程科技造福人类、创造未来——在2014年国际工程科技大会上的主旨演讲》，载《人民日报》2014年6月4日。

巨大潜能”。[①] 习近平总书记关于科学技术是第一生产力作用更为凸显的思想，是对马克思主义科学技术是生产力理论的发展。

### （三）以绿色发展和创新发展理念为指导，利用科技创新保护、改善环境推动生产力发展

在我国目前以及未来的经济社会发展中，要以绿色发展和创新发展理念来处理生产力发展和环境保护、改善关系问题。对此，习近平总书记指出：“保护生态环境就是保护生产力、改善生态环境就是发展生产力”，[②] 这为正确处理二者的关系指明了方向。

首先，要以绿色发展理念为指导，利用科技保护环境促进生产力可持续发展。我国经济发展已经取得了举世瞩目的成就，但是这种依靠资源的投入、环境的透支实现的经济增长是不可持续的，“不能想象我们能够以现有发达水平人口消耗资源的方式来生产生活，那全球现有资源都给我们也不够用！老路走不通，新路在哪里？就在科技创新上”，[③] 因此，我们要运用创新科技保护现有生物世界和外部环境，维护和协调好生态环境保护和生产力发展的关系，协调人类社会与外部环境关系，只有这样，才能使得我们的劳动生产力持续发展。须知，保护生态环境就是保护生产力。

其次，以科技为引领的创新可以改善生态环境，推动生产力发展。现有的生态环境已有破坏，而随着科技的进步，社会的发展，社会对于生态环境提出了更高的要求，因此，为了实现生产力持续发展的需要，要求我们逐步改善生态环境，只有不断改善生态环境，才能实现生产力的可持续发展。因此，习近平总书记指出“改善生态环境就是发展生产力”。目前，我国利用科技创新来改善生态环境，主要通过“实施重大生态修复工程，增强生态产品生产能力”，[④] 而且这种修复和改善是系统性的。这里尤其是要注意发展绿色科技创新，因为“绿色科技成为科技为社会服务的基本方向，是人类建设美丽地球的重要手段。”[⑤] 只有把生产力发展的基点放到科技创新上来，通过根本改善生态环境状况，才能实现生产力的持续发展。

总之，以习近平同志为核心的党中央，在生产力创新发展理论方面，不仅突出人才、科技创新等对于劳动生产力发展的重要推动作用，而且强调了要通过科技创新来保护和改善生态环境以实现人类与生态环境协调发展，从而推动生产力的持续发展。

---

① 《习近平在中国科学院第十七次院士大会、中国工程院第十二次院士大会上的讲话》，载《人民日报》2014年6月10日。

② 习近平：《在省部级主要领导干部学习贯彻党的十八届五中全会精神专题研讨班上的讲话》，人民出版社2016年版，第19页。

③ 《习近平关于科技创新论述摘编》，中央文献出版社2016年版，第28页。

④⑤ 《习近平关于科技创新论述摘编》，中央文献出版社2016年版，第98页。

## 三、生产力发展时空因素论是对马克思主义生产力发展理论的丰富和发展

马克思主义生产力发展因素论认为，在生产力发展过程中，时间和空间变化也是影响劳动生产力发展的重要因素。以习近平同志为核心的党中央在坚持马克思主义生产力发展因素论的基础上，提出了新科技革命条件下时空因素对劳动生产力作用的理论，这是对马克思主义生产力发展因素论的丰富和发展。

### （一）生产力发展时间因素论

新科技革命主要通过生产领域和流通领域时间的节约来促进劳动生产力的发展。

首先，技术革命发展有利于节约生产领域时间而促进生产力发展。从宏观层面来看，新科技革命不仅使得一个国家或地区再生产过程的社会分工和协作更加密切、精准，而且使全球范围内再生产过程中的分工和协作更加高效、紧密，这极大地促进了地区乃至全球劳动生产力的发展。习近平总书记指出："当今时代，以信息技术为核心的新一轮科技革命正在孕育兴起，互联网日益成为创新驱动发展的先导力量"，① 这极大地方便了资源配置和产品生产在全球范围内有效的协调，从而使各国乃至全球、各经济主体之间的分工和协作更为合理、更为紧密，极大地提高了全社会的劳动生产率。这是因为这种分工协作可以缩短生产时间而提高劳动生产率。对此，马克思指出，"时间的节约，以及劳动时间在不同生产部门之间有计划的分配，在共同生产的基础上仍然是首要的经济规律，这甚至在更加高得多的程度上成为规律。"② 只有这样，才能避免社会产品生产的过剩和浪费，促进社会生产力的发展。

微观层面以互联网为代表的信息技术引起了企业生产的新变革，其对企业生产时间的影响，主要表现在技术革新使得生产资本潜在地处于生产领域的时间缩短，或者因生产过程造成的劳动过程中断时间缩短，甚至消失，这些都会促进生产力的发展。这是因为"真正的节约（经济）＝节约劳动时间＝发展生产力。"③ 这种节约突出地表现在生产领域生产时间和劳动时间的关系上，如果非劳动时间越节约，则劳动生产力越提高，对此，马克思指出，"生产时间和劳动时间越吻合，在一定期间内一定生产资本的效率就越高，它的价值增殖就越大。"④ 而信息技术为缩短生产时间提供了技术支持，从而促进劳动生产力发展。

其次，技术创新有利于缩短流通时间而促进生产力发展。在宏观层次，基于移动互

---

① 《习近平向首届世界互联网大会致贺词强调：共同构建和平、安全、开放、合作的网络空间，建立多边、民主、透明的国际互联网治理体系》，载《人民日报》2014 年 11 月 20 日。

② 《马克思恩格斯全集》（第 46 卷上），人民出版社 1979 年版，第 120 页。

③ 《政治经济学批判大纲》（第 3 分册），人民出版社 1963 年版，第 361 页。

④ 马克思：《资本论》（第 2 卷），人民出版社 2004 年版，第 141 页。

联网等新一代信息技术，充分利用互联网平台实时、高效、精准的优势，对于全国、乃至全球商品流通资源进行合理调配、整合利用，实现货物运输的实时跟踪和无缝连接，缩短流通时间，提高物流效率。在微观层次，信息革命使得单个企业要素购买和产品销售时间大大缩短，这样会缩短流通时间从而提高生产力水平，这是因为资本“流通时间越等于零或近于零，资本的职能就越大，资本的生产效率就越高，它的自行增殖就越大。”① 因此，通过技术创新缩短流通时间可以推动资本在生产领域提高劳动生产力。

## （二）生产力发展空间因素论

首先，在宏观领域，运输和信息使生产要素空间分布变化加快而促进生产力发展。在原始社会阶段，“不同的共同体在各自的自然环境中，找到不同的生产资料和不同的生活资料”，② 就会在不同共同体形成不同的生产力发展水平。这种基于自然资源的生产力空间分布随着运输工具的发展会逐步发展变化，因为随着交通运输条件和方式的变化，直接改变生产要素流动的费用，提高了生产要素空间变化的可达性，改变了生产要素的区位选择和空间布局，通过聚集和扩散效应促进劳动生产力的发展。对此，马克思指出：“改善交通运输工具也属于发展一般生产力的范畴”。③ 在经济新常态条件下，现代交通运输和信息技术的迅速发展，使生产要素的流动更为便捷、迅速，极大地促进了地区乃至全球劳动生产力的发展。因此，习近平总书记在京津冀一体化推进会上指出，要“着力构建现代化交通网络系统，把交通一体化作为先行领域，加快构建快速、便捷、高效、安全、大容量、低成本的互联互通综合交通网络。”④ 以促进生产要素在京津冀的自由流动和优化配置，进而促进该地区生产力的发展。不仅如此，信息网络技术发展，将减弱对传统自然资源和传统动力运输系统的依赖，使得企业的分布可以改变原来向大城市集中的布局，而转向分散于信息、运输畅通的地区，进而降低生产和流通成本，促进生产力发展。

其次，在微观领域，新技术改变企业劳动空间范围而促进生产力发展。在新技术革命条件下，单个企业的产品设计和生产等环节并不要求集中，而是可以分散进行，这样可以通过企业内部分工和协作的分散化而扩大劳动的空间范围。同时，基于信息技术的互联网可以将企业间的协作迅速联系起来，使企业生产规模在空间上缩小生产领域，而“在劳动的作用范围扩大的同时劳动空间范围的这种缩小，会节约非生产费用”，⑤ 这种非生产费用的节约也提高了劳动生产率，促进了生产力发展。

---

① 马克思：《资本论》（第2卷），人民出版社2004年版，第142页。

② 马克思：《资本论》（第1卷），人民出版社2004年版，第407页。

③ 《马克思恩格斯全集》（第46卷下），人民出版社1979年版，第14页。

④ 《习近平在听取京津冀协同发展专题汇报时强调优势互补互利共赢扎实推进　努力实现京津冀一体化发展》，载《人民日报》2014年2月28日（001）。

⑤ 马克思：《资本论》（第1卷），人民出版社2004年版，第381页。

## 四、社会生产力水平总体跃升论是对马克思社会生产力发展理论的丰富和发展

2014年7月习近平总书记明确指出：适应新常态，要求我们“努力提高创新驱动发展能力，提高产业竞争力，提高经济增长质量和效益，实现我国社会生产力水平总体跃升”。[①] 这是以习近平同志为核心的党中央随着对我国生产力发展认识的不断深化而提出的“社会生产力水平总体跃升”论。社会生产力水平总体跃升论是经济新常态条件下我国生产力发展阶段性的新战略目标，不仅要求生产力以协调、绿色发展理念为指导，实现总体的、全面的发展，即“坚持以提高发展质量和效益为中心，实现更高质量、更有效率、更加公平、更可持续的发展”；[②] 而且，要求生产力的发展以创新发展理念为指导，实现质的“跃升”，也就是强调社会生产力总体水平较之以前能够在新技术基础上实现“质”的飞跃。

同时，社会生产力水平总体跃升论也指出了我国在经济新常态下实现社会生产力水平总体跃升的路径。以习近平同志为核心的党中央基于马克思主义产业结构调整理论，提出通过供给侧结构改革来实现我国生产力水平总体跃升。首先，在协调发展理念指导下，通过要素优化组合促进生产力发展。具体地说，在生产技术基本不变的情况下，由于各个部门的资本有机构成不同，利润率不同，资本趋利本性促使生产要素在向技术水平高的产业部门流动，实现生产要素的优化组合和配置，从而推动产业结构优化，并在实现利润率平均化的过程中促进劳动生产力发展。对此，习近平总书记指出，我们要“着力优化现有生产要素配置和组合，着力优化现有供给结构，着力优化现有产品和服务功能，切实提高供给体系质量和效率，为经济持续健康发展打造新引擎、构建新支撑。”[③] 其次，以创新发展理念为指导，通过技术创新推动产业机构升级实现供给结构优化，为经济持续快速发展提供长久动力。这是因为资本流动会导致利润平均化，而资本的本性是不断获得更多利润。资本的本性促使企业为了获得高额利润而进行技术创新，当新技术在每一个产业扩散，所有产业的产品、生产方式都是建立在新技术上，这就实现了产业结构的升级。在产业结构升级过程中，各产业部门劳动生产力普遍提高。因此，一定社会基于技术创新的社会产业结构升级有利于社会劳动生产力的普遍、持续地提高。对此，习近平总书记指出：“必须牢固树立创新发展理念，推动新技术、新产业、新业态蓬勃发展，为经济持续健康发展提供源源不断的内生动力。”[④] 第三，以绿

---

① 《就当前经济形势和下半年经济工作中共中央召开党外人士座谈会》，载《人民日报》2014年7月30日。

② 《习近平关于社会主义经济建设论述摘编》，中央文献出版社2017年版，第10页。

③ 《习近平在青海考察时强调尊重自然顺应自然保护自然坚决筑牢国家生态安全屏障》，载《人民日报》2016年8月25日。

④ 习近平：《在省部级主要领导干部学习贯彻党的十八届五中全会精神专题研讨班上的讲话》，载《人民日报》2016年5月10日。

色发展为指导，在要素合理配置和技术创新基础上促进人和自然的和谐发展，实现生产力可持续发展。为此，我们要“坚决摒弃损害甚至破坏生态环境的发展模式和做法，决不能再以牺牲生态环境为代价换取一时一地的经济增长”，[①] 而是要坚持绿色发展理念，在尊重、顺应和保护自然的基础上实现可持续发展。

总之，以习近平同志为核心的党中央以马克思主义经济学产业结构优化升级促进生产力发展理论为基础，以创新、协调、绿色发展理念为指导，提出了我国在新常态条件下，通过生产要素优化组合和基于技术创新的产业结构升级推进社会生产力水平总体跃升理论，这是对马克思主义生产力发展理论的丰富和发展。

## 五、中国特色社会主义生产力理论是对马克思主义生产力理论的丰富和发展

中国特色社会主义生产力理论，是以习近平同志为核心的党中央坚持以马克思主义生产力理论为基础，同时结合中国社会发展阶段的实际，以“五大发展理念”为指导而提出的具有丰富内容的理论体系，是在新的历史条件下对马克思主义生产力理论的丰富和发展。

首先，中国特色社会主义生产力理论以马克思主义生产力理论为基础。习近平同志为核心的党中央，以马克思主义唯物辩证法为指导，从生产力和生产关系的辩证关系来认识和解决我国生产力发展问题。对此，习近平总书记指出：“只有紧紧围绕发展这个第一要务来部署各方面改革，以解放和发展社会生产力为改革提供强大牵引，才能更好推动生产关系与生产力、上层建筑与经济基础相适应”。[②] 同时，中国特色社会主义生产力理论既涵盖了马克思影响生产力发展的主要因素及其时空存在方式等方面理论内容，又以此为基础分析了经济新常态条件下生产力发展的具体问题。

其次，中国特色社会主义生产力理论包含着丰富的、密切联系的内容。

中国特色社会主义生产力理论包含着丰富的内容，其中生态生产力要素论，要求以绿色发展为指导，正确处理好经济发展同生态环境的关系，以推动生产力可持续发展。生产力创新发展论和生产力发展时空因素论，要求以创新发展理念为指导，以科技创新为引领，更好地发挥科技是第一生产力作用；社会生产力水平总体跃升论，要求以协调、创新、绿色发展理念为指导，根据当前生产力状况优化和升级经济结构、转换经济发展动力，提高经济发展质量和效率，实现我国社会生产力水平总体跃升。

中国特色社会主义生产力理论内容之间存在着密切的联系，社会生产力水平总体跃

---

① 习近平：《在省部级主要领导干部学习贯彻党的十八届五中全会精神专题研讨班上的讲话》，载《人民日报》2016年5月10日。

② 《习近平在中共中央政治局第十一次集体学习时强调推动全党学习和掌握历史唯物主义更好认识规律更加能动地推进工作》，载《人民日报》2013年12月4日。

升论是以习近平同志为核心的党中央在经济新常态条件下提出的生态生产力要素论、生产力创新发展论和生产力发展时空因素论等生产力思想的必然延伸和总结。而生态生产要素论是生产力水平总体跃升论的重要基础和前提，生产力创新发展论是生产力水平总体跃升论的根本和关键，生产力发展时空因素论是“社会生产力水平总体跃升”的重要内容。

总之，以习近平同志为核心的党中央，根据我国经济新常态生产力发展现状，基于马克思主义生产力理论，提出了包含生态生产力要素论等内容的生产力理论，丰富和发展了马克思主义政治经济学理论，构成中国特色社会主义政治经济学的重要理论核心。

# “两手合力”推动经济建设持续健康发展

## ——马克思主义经济理论的丰富与发展*

董宇坤　白暴力**

**摘要**：党的十八届三中全会提出经济体制改革的核心问题就是处理好政府和市场关系，使市场在资源配置中起决定性作用，更好发挥政府作用；市场作用和政府作用有机统一，“看不见的手”和“看得见的手”相互促进，推动中国特色社会主义经济持续健康发展；“两手合力论”是马克思主义中国化的最新成果，丰富和发展了马克思主义经济理论。

**关键词**：市场　政府　两手合力　马克思主义

党的十八届三中全会提出：“使市场在资源配置中起决定性作用、更好发挥政府作用”。① 市场作为“看不见的手”，政府则作为“看得见的手”，在经济新常态下共同发力，充分发挥各自优势，相互协同，推动中国特色社会主义经济健康持续发展。“两手合力论”是马克思主义中国化的最新成果，丰富和发展了马克思主义经济理论。习近平总书记指出：“使市场在资源配置中起决定性作用、更好发挥政府作用，既是一个重大理论命题，又是一个重大实践命题。”② 本文力图对这一课题进行深入探讨。

## 一、“市场在资源配置中决定性作用论”对马克思主义经济理论的丰富与发展

20 多年来，我们围绕建立社会主义市场经济体制这个目标，推进各方面体制改革，极大促进了社会生产力发展，增强了党和国家生机活力。社会主义市场经济理论的提出和不断完善，为建立社会主义市场经济体制提供了理论基础。党的十八届三中全会提出，“使市场在资源配置中起决定性作用和更好发挥政府作用”。将市场的定位由“基础性”作用修改为“决定性”作用，是我们党对中国特色社会主义建设规律认识的一个新突破，是马克思主义中国化的一个新成果，标志着社会主义市场经济进入一个新阶

---

* 原载于《马克思主义与现实》2017 年第 3 期。

** 董宇坤：中央司法警官学院副教授。白暴力：北京师范大学教授。

① 《中共中央关于全面深化改革若干重大问题的决定》，人民出版社 2013 年版，第 5 页。

② 《“看不见的手”和“看得见的手”都要用好》，《习近平谈治国理政》，外文出版社 2014 年版，第 116 页。

段。市场“决定性”作用以马克思主义经济理论为支撑，结合中国改革实践丰富和发展了马克思主义。

## （一）“市场决定性作用论”的马克思主义理论基础

市场是商品经济的产物，伴随社会分工和商品交换的发展而发展。市场中蕴含了一切商品交换关系，进而包含了一切社会生产参与者之间的关系。马克思主义经济理论通过对社会生产、商品本质的剖析，论证了市场是迄今为止效率最高的一种资源配置的方式。

### 1. 市场在资源配置中的“决定性”作用能最有效地实现私人劳动向社会劳动的转化

根据马克思的劳动价值论，生产商品的劳动具有二重性，即生产使用价值的具体劳动和创造价值的抽象劳动。“一切劳动，从一方面看，是人类劳动力在生理学意义上的耗费；作为相同的或抽象的人类劳动，它形成商品的价值。一切劳动，从另一方面看，是人类劳动力在特殊的有一定目的的形式上的耗费；作为具体的有用劳动，它生产使用价值。”① 商品的使用价值和价值因生产劳动的二重性而产生。商品生产者为了实现商品的价值必须让渡商品的使用价值，商品的购买者为了获取商品的使用价值必须补偿生产者以价值。要想解决经济社会中使用价值与价值这对矛盾，就必须通过商品交换。

马克思认为，“劳动产品只是在它们的交换中，才取得一种社会等同的价值对象性，这种对象性是与它们的感觉上各不相同的使用对象性相分离的。劳动产品分裂为有用物和价值物，实际上只是发生在交换已经十分广泛和十分重要的时候，那时有用物是为了交换而生产的，因而物的价值性质还在生产时就被注意到了。从那时起，生产者的私人劳动真正取得了二重的社会性质。一方面，生产者的私人劳动必须作为一定的有用劳动来满足一定的社会需求，从而证明它们是总劳动的一部分，是自然形成的社会分工体系的一部分。另一方面，只有在每一种特殊的有用的私人劳动可以同任何另一种有用的私人劳动相交换从而相等时，生产者的私人劳动才能满足生产者本人的多种需要。”② 由于私有制和社会分工的存在，任何一个生产者的劳动都首先是私人劳动，通过商品交换，且只有通过商品交换，私人劳动才能转变为社会劳动，被社会承认，才能实现价值，才能给生产者以补偿。随着社会生产方式的不断演进，商品交换的深度与广度日益发展，但无论商品交换发展到何种程度都会存在“私人劳动与社会劳动”这对矛盾。人类社会经济发展的历史实践证明，市场经济是迄今为止商品交换最发达的形式，因而最有利于私人劳动向社会劳动的转变。市场在资源配置中的“决定性”作用能最有效实现私人劳动向社会劳动的转变。

---

① 马克思：《资本论》（第1卷），人民出版社1975年版，第60页。

② 马克思：《资本论》（第1卷），人民出版社1975年版，第90页。

### 2. 市场在资源配置中的“决定性”作用能最有效地实现社会必要劳动时间

马克思在开展《资本论》研究时，把社会看作是“庞大的商品堆积”。[①] 现在100多年过去了，商品仍旧是构成现代社会经济基础的基本细胞，商品生产仍旧是研究经济活动的起点和根本。马克思对于社会必要劳动时间的认识依旧正确并发挥着重要作用。马克思认为，“作为使用价值，商品首先有质的差别；作为交换价值，商品只能有量的差别，因为不包含任何一个价值的原子。”[②] “形成价值实体的劳动是相同的人类劳动，是同一的人类劳动，只要它具有社会平均劳动力的性质，起着这种社会平均劳动力的作用，从而在商品的生产商只使用平均必要劳动时间或社会必要劳动时间。社会必要劳动时间是在现有的社会正常的生产条件下，在社会平均的劳动熟练程度和劳动强度下制造某种使用价值所需要的劳动时间。”[③] 社会必要劳动时间决定商品的价值量，进而决定商品的市场价格。

首先，价格机制能最有效“外化”社会必要劳动时间。马克思认为，商品的价值量，进而社会必要劳动时间是个“内在的尺度”，是无法直接进行度量的，只有借助于市场，借助于商品交换，才能发挥作用。社会必要劳动时间是一个总体概念，是外在于单个生产者的量。社会必要劳动时间仍像一股“无形的力量”在控制着市场交换，决定着商品的价值（价格）。商品交换成熟度越低，社会必要劳动时间越不准确，商品交换成熟度越高，社会必要劳动时间越准确。在市场经济下，商品交换已经发展到空前水平，价格机制日益完善，社会必要劳动时间可以更为准确地反映生产劳动的情况，可以更为准确地发挥“内在尺度”的作用，市场可以更为有效地配置社会经济资源。

其次，竞争机制能有效“优化”社会必要劳动时间。马克思认为，商品的价值量，进而社会必要劳动时间强调的是“相对性”。社会必要劳动时间是生产某种使用价值的部门平均劳动耗费，单个生产者的利益直接取决于它在部门中所处的位置。如果处于上游水平，那么就会盈利；反之则亏损。因此，对于生产者而言，“绝对好”并无意义，尽力做到“相对好”才真正有意义。生产者会不遗余力地争取在竞争中获取有利位置，而这恰恰是市场机制中最基本的竞争机制。竞争机制的日益完善，有助于商品生产成本的节约、有助于经济资源的优化与重置。

## （二）“市场决定性作用论”丰富和发展了马克思主义经济理论

市场“决定性”作用这一科学论断，不仅是对马克思主义的继承，还是对马克思主义中国化的创新发展。从十四大以来，我国社会主义市场经济体制已经初步建立，但仍存在不少问题。为了进一步全面深化改革，建设中国特色社会主义，党的十八届三中全会将市场在资源配置中起基础性作用修改为起“决定性”作用，虽然只有两字之差，但对市场作用是

① 马克思：《资本论》（第1卷），人民出版社1975年版，第47页。
② 马克思：《资本论》（第1卷），人民出版社1975年版，第50页。
③ 马克思：《资本论》（第1卷），人民出版社1975年版，第62页。

一个全新的定位。这一全新定位是我国改革实践需要和马克思主义相结合的创新性成果。

### 1. “决定性作用”符合我国现阶段经济发展需要

人民日益增长的美好生活需要同不平衡不充分的发展的矛盾是当今社会的主要矛盾。这就决定了经济建设仍然是全党的中心工作。我国社会主义市场经济体制已经初步建立，市场化程度大幅度提高，对市场规律的认识和驾驭能力不断提高，宏观调控体系更为健全，主客观条件具备，有助于在完善社会主义市场经济体制上迈出新的步伐，充分发挥市场经济在资源配置方面的优势，提高我国生产力水平，增强经济实力。市场对资源配置的“决定性”作用，可以最大限度地发挥市场经济的价格机制、供求机制和竞争机制的优势，保证稀缺资源得到最有效配置，以尽可能少的资源投入获得尽可能多的产品、获得尽可能大的效益，增强经济实力和提升社会生产力，从而有助于当前社会主要矛盾的解决。

### 2. “决定性作用”符合中国特色社会主义发展需要

市场在资源配置中“决定性”作用，是建设中国特色社会主义市场经济的新举措，是现阶段增强中国经济实力、发展壮大社会主义的最有效方式。

首先，我国经济体制改革始终坚持社会主义方向。改革的目标就是不断解放和发展生产力，不断满足人民日益增长的美好生活需要，实现人民幸福和人的全面发展。邓小平同志曾指出，革命是解放生产力，改革也是解放生产力，“社会主义基本制度确立以后，还要从根本上改变束缚生产力发展的经济体制，建立起充满生机和活力的社会主义经济体制，促进生产力的发展”①。社会主义是符合劳动者利益的社会制度，更有利于生产力的发展。现阶段，充分发挥市场在资源配置中的“决定性”作用，将适合市场有效参与的经济活动交给市场，将政府不该管的事还给市场，让市场在所有能够发挥作用的领域都充分发挥作用，可以最大限度激发社会生产的活力，推动资源配置实现效益最大化和效率最优化，让企业和个人有更多活力和更大空间去发展经济、创造财富；促进经济发展，创造更多的物质财富，实现共同富裕和人的全面发展；充分体现社会主义制度的优越性。

其次，坚持社会主义市场经济改革方向，发挥市场的资源配置“决定性”作用可以从深度和广度上推进市场化改革，减少政府对资源的直接配置，减少政府对微观经济活动的直接干预，有利于转变政府职能，有利于抑制消极腐败现象，进而增强政府的公信力，实现社会主义和谐社会目标。2017 年 1 月《关于创新政府配置资源方式的指导意见》中讲到，“到 2020 年，公共资源产权制度进一步健全，形成合理的资源收益分配机制，资源所有者权益得到进一步保障；行政性配置范围进一步厘清，结构进一步优化，市场配置资源的决定性作用明显增强；以目录管理、统一平台、规范交易、全程监管为主要内容的新型资源配置体系基本建立，资源配置过程公开公平公正，公共资源配

① 《在武昌、深圳、珠海、上海等地的谈话要点》，《邓小平文选》（第 3 卷），人民出版社 1993 年版，第 370 页。

置的效益和效率显著提高。"①

最后，市场在资源配置中的"决定性"作用，可以有效加快建设统一开放、竞争有序的市场体系，建立公平开放透明的市场规则，有利于转变经济发展方式，实现我国经济的产业升级，增强我国的国际竞争力和国际影响力，有助于我国屹立于世界民族之林，成为社会主义国家经济发展的成功案例。

市场在资源配置中的"决定性"作用，是对马克思主义的继承，更是结合中国具体经济实践对马克思主义的发展。市场的"决定性"作用能更有效配置社会经济资源，能更有效发挥社会主义优越性，能更有效提高人民福祉，提升国家实力。

## 二、"更好发挥政府作用论"丰富和发展了马克思主义经济理论

十八届三中全会的《中共中央关于全面深化改革若干重大问题的决定》在强调市场对资源配置起决定性作用的同时，提出要"更好"发挥政府的作用。习近平总书记在对《〈中共中央关于全面深化改革若干重大问题的决定〉的说明》中特别指出："我们实行的是社会主义市场经济体制，我们仍然要坚持发挥我国社会主义制度的优越性、发挥党和政府的积极作用"。可见，政府在社会主义市场经济中的作用，不是可有可无，而是要积极发挥作用，要"更好"发挥作用。

### （一）"更好发挥政府作用论"的马克思主义经济理论基础

建设中国特色社会主义市场经济很重要的一个问题就是处理好政府与市场的关系问题。市场机制虽然在资源配置和发展生产力方面有巨大优势，但由于其自身无法弥补的缺陷，必须在社会主义政府的正确引导和辅助下，才能发挥作用。马克思在《资本论》中就曾对市场机制的缺陷进行深入剖析。

#### 1. 市场机制缺陷的理论分析

马克思在《资本论》第2卷第3篇"社会总资本的再生产和流通"中，通过对社会总产品实现问题的分析，解读了市场机制的缺陷根源。在市场机制下，单个资本间是互为条件、互相交错，共同构成社会资本。一个经济社会正常运转的前提就是能够完成社会总产品的实现。社会总产品的实现"不仅是价值补偿，而且是物质补偿，因而既要受社会产品的价值组成部分相互之间的比例的制约，又要受它们的使用价值，它们的物质形态的制约。"②

---

① 中共中央办公厅国务院办公厅，《关于创新政府配置资源方式的指导意见》［EB/OL］. http：//news. xinhuanet. com/2017－01/11/c_1120292749. htm 新华网，2017－1－11.

② 马克思：《资本论》（第1卷），人民出版社1975年版，第435页。

研究社会总产品实现问题，要从社会总产品的构成入手。社会总产品从其实物形式上看是由生产资料和消费资料构成的。由此，社会生产可以分为两大部类：生产生产资料的第Ⅰ部类和生产消费资料的第Ⅱ部类。从价值形式上看，社会总产品由不变资本c、可变资本v和剩余价值m三部分组成。

简单再生产条件下，社会总产品的实现条件是：

$$\text{Ⅰ}(v+m)=\text{Ⅱ}c$$

由这一基本实现条件可以引申出另外两个实现条件：

$$\text{Ⅰ}(c+v+m)=\text{Ⅰ}c+\text{Ⅱ}c$$

$$\text{Ⅱ}(c+v+m)=\text{Ⅰ}(v+m)+\text{Ⅱ}(v+m)$$

扩大在生产条件下，社会总产品的实现条件是：

$$\text{Ⅰ}\left(v+\Delta v+\frac{m}{x}\right)=\text{Ⅱ}(c+\Delta c)$$

$$\text{Ⅰ}(c+v+m)=\text{Ⅰ}(c+\Delta c)+\text{Ⅱ}(c+\Delta c)$$

$$\text{Ⅱ}(c+v+m)=\text{Ⅰ}\left(v+\Delta v+\frac{m}{x}\right)+\text{Ⅱ}\left(v+\Delta v+\frac{m}{x}\right)$$

通过对社会生产两大部类进行简单再生产和扩大再生产两种情况的分析，可以得出结论：社会生产需要均衡发展，亦即实现总需求与总供给的均衡，具体表现为：

总量均衡。社会生产中的总供给与总需求在总量上处于均衡状态。生产出来的产品与消费者的需求在数量上相互匹配，以及生产的使用价值与价值在量上相互匹配。

结构均衡。社会生产的顺利进行有赖于生产的结构均衡，也就是要做到两大部类之间比例均衡；同一部类内部比例均衡。例如，生产资料生产与消费资料生产要按比例开展；消费部类内部“必要消费资料”和“奢侈消费资料”也要按比例开展。

总量与结构的均衡是单纯的市场机制无法实现的状态，因而构成市场机制的致命缺陷。单纯的市场经济难以满足社会总产品实现的总量均衡与结构均衡的条件，势必形成生产过剩的经济危机以及各种经济失衡问题，导致经济低效率，甚至会导致市场自身的灭亡。这是市场经济自身无法弥补的先天缺陷。只有社会主义条件下，通过政府对于社会经济总量与结构进行科学合理调整才能弥补市场经济的这一先天不足，才能充分发挥市场机制的各种巨大优势。

### 2. 市场机制缺陷的表现

马克思社会总产品实现理论认为，以私有制为基础的市场机制天生具有总量失衡、结构失衡等致命缺陷，这些问题在现实经济活动中可以具体表现为：

自发性。在市场经济中，市场主体以追求自身的利益为出发点，在接收到价格、供求等市场信号，并自行解读后自发做出经济决策。在信息不完备、信号失真、解读有误等情况下，往往会对市场做出错误判断，进而市场不能有效配置经济资源，造成资源浪费和低效益。

盲目性。在市场经济条件下，经济活动的参加者都是分散在各自的领域从事经营，单个生产者和经营者不可能掌握社会各方面的信息，也无法控制经济变化的趋势，因此，在进行经营决策时具有一定的盲目性。这种盲目性往往会使社会处于无政府状态，必然会造成经济波动和资源浪费。

滞后性。在市场经济中，市场调节是一种事后调节，需要一个过程，有一定的时间差。随着市场化程度的加深，市场状况瞬息万变，市场机制的滞后性会在很大程度阻碍配置资源的有效性。

“市场经济虽然有着自主经营、追逐利润最大化、优化资源配置、通过公平竞争激发经营主体发展社会生产力的积极性、运用灵敏的经济信号及时对生产和需求进行协调等显著优点，能够比计划经济体制更快更好地发展社会生产力，但同时也存在着自发性、盲目性、投机性、短期性、滞后性、不完全性和容易导致垄断行为等弱点，这些弱点不仅会对资本主义社会的发展产生不利影响，而且也同样会对社会主义的发展产生消极影响，并将引发一些新的矛盾，诸如市场经济的自主性、逐利性、投机性，会与社会主义的集体主义原则产生矛盾，市场的竞争性必然导致经济垄断并在一定程度和一定范围内造成贫富差距的扩大，等等。”① 由于市场机制自身缺陷的存在，单纯的市场配置资源是行不通的。市场配置资源的效率必须在“更好”发挥政府作用基础上才能发挥出来。

#### 3. “更好”发挥政府作用能有效弥补和预防市场低效率

根据马克思的社会总产品实现理论，社会经济的健康顺利运行需要经济总量与经济结构的均衡发展。这一使命只有政府可以胜任，市场对此则无能为力。科学的宏观调控，是发挥市场经济体制优越性的内在要求和前提条件。只有政府能够超脱出限制单个市场主体的局部利益和短期利益，进而可以从社会宏观的角度对经济发展的趋势、总量、结构进行整体把控。此外，政府作用还具有前瞻性、全局性的特点。政府作用的上述优势，决定了“更好的政府作用”有利于实现宏观经济的稳定与发展，确保充分就业、物价稳定、供求平衡、国际收支平衡、共同富裕、可持续发展等目标的实现。

### （二）“更好”发挥政府作用的社会主义属性

更好发挥政府作用，不仅是马克思主义社会总产品实现理论的运用，更是中国特色社会主义发展的内在需要。“要使市场经济能够像发展资本主义经济那样推动社会主义经济的发展，并不是一件自然而然就能发生作用的事情，决不像摆积木那样放在一起或用外力将之硬性绑在一起那样简单。这也就是说，只有当二者能够像资本主义与市场经济那样相互融为一体的时候，社会主义市场经济才能在发展社会生产力、推动社会主义经济和社会快速发展方面发挥出巨大作用。”② 这就需要政府在建设社会主义市场经济进程中，在现有政府宏观管理的基础上，发挥“更好”的作用。

---

①② 习近平：《对发展社会主义市场经济的再认识》，载《东南学术》2001 年第 4 期。

### 1. "更好"发挥政府作用是社会主义性质的保证

经济基础决定上层建筑。马克思在《〈政治经济学批判〉序言》中说："人们在自己生活的社会生产中发生一定的、必然的、不以他们的意志为转移的关系，即同他们的物质生产力的一定发展阶段相适应的生产关系。这些生产关系的总和构成社会的经济结构，即有法律的和政治的上层建筑竖立其上并有一定的社会意识形态与之相适应的现实基础。"① 社会主义国家的改革，势必坚守社会主义方向。市场机制作为资源配置的方式属于经济运行机制的层次，需要在特定的经济制度下发挥作用。我国实行的是社会主义市场经济体制，我们仍要坚持发展社会主义制度优越性、发挥党和政府的积极作用。市场在资源配置中起决定性作用，并不是起全部作用。只有在"更好的政府作用"前提下，"市场的资源配置决定性"作用才有用武之地，才能真正为人民带来福祉。

改革开放40年来，"我国经济社会发展之所以能够取得世所罕见的巨大成就，我国人民生活水平之所以能大幅度提升，同我们坚定不移地坚持党的领导、充分发挥各级党组织和全体党员作用分不开"，② 同我们坚持社会主义道路分不开。资本主义必然灭亡，社会主义必然胜利，马克思、恩格斯关于资本主义社会基本矛盾的分析没有过时。只有社会主义才能救中国，只有中国特色社会主义才能发展中国。坚持社会主义方向的重要前提就是坚持党的领导。在深化改革的进程中，只有"更好"发挥政府作用，才能坚定不移坚持社会主义方向，才能不出现颠覆性错误。

### 2. "更好"的政府作用具体表现

"更好"的政府作用以马克思主义为理论指导，以发展壮大社会主义、增强中国经济实力、提高全体人民社会生活水平为目标，故应该从以下几个方面入手：

第一，保持宏观经济稳定。在深化改革进程中，"更好"发挥政府作用，首先表现为政府对宏观经济的总体把控以及顶层设计。

"更好"发挥政府作用要坚持创新发展。政府应积极推进理论创新、制度创新、科技创新、文化创新等各方面的创新，深入实施创新驱动发展战略，充分发挥科技创新在全面创新中的引领作用。积极推动政府职能从研发管理向创新服务转变；构建有利于创新发展的市场环境、产权制度、投融资体制、人才培养制度等；创新宏观调控方式，按照总量调节和定向施策并举、短期与中长期结合、国内与国际统筹、改革与发展协调的要求，完善宏观调控。

"更好"发挥政府作用要坚持协调发展。协调是持续健康发展的内在要求。由于各种历史与社会原因，不平衡、不协调是我国经济发展的一个重要难题。坚持平衡发展、协调发展理念，正确处理发展中的城乡协调问题、区域协调问题、物质文明和精神文明协调问题。"更好"发挥政府作用就是要在协调发展中实现全面建成小康社会的奋斗目标。

---

① 《马克思恩格斯文集》(第2卷)，人民出版社2009年版，第591页。

② 《"看不见的手"和"看得见的手"都要用好》，《习近平谈治国理政》，外文出版社2014年版，第118页。

"更好"发挥政府作用要坚持绿色发展。绿色是永续发展的必要条件和人民对美好生活追求的重要体现。节约资源、保护环境，坚持绿色富国、绿色惠民，为人民提供更多优质生态产品，推动绿色发展方式和生活方式，是政府进行宏观调控需要遵循的基本准则。

第二，加强和优化公共服务。社会主义国家是人民当家作主，政府的宗旨就是为人民服务。为人民提供公共服务和公共产品是政府义不容辞的职责所在。这一方面的工作，要"以促进社会公平正义，增进人民福祉为出发点和落脚点。"① 党的十八届五中全会通过的《中共中央关于制定国民经济和社会发展第十三个五年规划的建议》指出：必须坚持发展为了人民、发展依靠人民、发展成果由人民共享。"更好"发挥政府作用，在公共服务方面要坚持普惠性、保基本、均等化、可持续方向，从解决人民最关心、最直接、最现实的利益问题入手，增强政府职责，提高公共服务共建能力和共享水平。要加强义务教育、就业服务、社会保障、基本医疗和公共卫生、公共文化、环境保护等基本公共服务，努力实现全覆盖。加大对革命老区、民族地区、边疆地区、贫困地区的转移支付。加强对特定人群特殊困难群众的帮扶。"更好"发挥政府作用，将改革成果惠及全体人民，实现共同富裕。

第三，保障公平竞争，加强市场监督，维护市场秩序，弥补市场失灵。一方面，市场资源配置的优势需要良好的市场环境。为此，需要政府健全市场体系，进一步规范商品市场以及要素市场；放开相关行业市场准入，放松价格管制，促进公平竞争；完善市场准入和退出机制、交易规则、公平竞争、特许经营等方面的配套制度，注重市场的培育和监管，规范市场秩序，促进市场体系实现统一开放、竞争有序；另一方面，政府需要总体设计、统筹协调、整体推进、督促落实，从宏观角度对市场配置资源加以引导和辅助，弥补市场失灵，提高资源配置效率。加大再分配调节力度，健全科学的工资水平决定机制，推行企业工资集体协商制度，实行有利于缩小收入差距的政策，规范收入分配秩序，保护合法收入，规范隐性收入，取缔非法收入。"更好"发挥政府作用可以在充分发挥市场活力的同时，充分体现社会主义的优越性。

"更好"发挥政府作用，能有效弥补市场作用的缺陷，能为市场"决定性"作用保驾护航，能保证社会主义方向，能保障人民根本利益。"更好"发挥政府作用既是对马克思主义的继承，也是对马克思主义的创新。

## 三、"两手合力"，推动我国社会经济持续健康发展

发展社会主义市场经济，既要发挥市场作用，也要发挥政府作用。"使市场在资源配置中起决定性作用和更好发挥政府作用，二者是有机统一的，不是相互否定的，不能把二者割裂开来、对立起来，既不能用市场在资源配置中的决定性作用取代甚至否定政

---

① 《切实把思想统一到党的十八届三中全会精神上来》，《习近平谈治国理政》，外文出版社2014年版，第95页。

府作用，也不能用更好发挥政府作用取代甚至否定使市场在资源配置中起决定性作用。"[①]"看不见的手"和"看得见的手"都要用好，要使二者各司其职、各负其责，让"两只手"形成合力，努力形成市场作用与政府作用的有机统一、相互补充、相互协调、相互促进的格局，推动经济社会持续健康发展。"两手合力论"丰富和发展了马克思主义经济理论。

## （一）市场"决定性"作用和"更好"政府作用的共同基础与目标

### 1. 社会主义基本经济制度是市场"决定性"作用和"更好"发挥政府作用的共同基础

我们党坚持走社会主义道路，并为之而不懈奋斗，是因为社会主义制度优于资本主义制度。坚持社会主义道路，就必须坚持和完善公有制为主体、多种所有制经济共同发展的基本经济制度，必须毫不动摇巩固和发展公有制经济，坚持公有制主体地位，发挥国有经济主导地位，不断增强国有经济活力、控制力、影响力。经济基础决定上层建筑，只有坚持和完善社会主义基本经济制度，才能保证改革的社会主义道路，才能真正代表人民的利益，才能代表先进生产力的发展方向。因此，如何看待市场这个问题也应持同样态度，不能将其优长与弊端不加区别地照单全收，搞"一锅烩"。社会主义市场经济就是"将社会主义基本制度的优越性与市场经济体制的优越性有机融合起来，使之在发展社会生产力方面发挥出巨大的'合力'作用。"[②] 此外，政府是人民的政府，是社会主义性质的政府，也就必须坚持社会主义基本经济制度不动摇。

坚持和完善公有制为主体、多种所有制经济共同发展的基本经济制度，能最大限度发挥市场经济资源配置的效率，能最大限度地解放和发展生产力，解放和增强社会活力、促进人的全面发展，"更能激发全体人民的积极性、主动性、创造性，更能为社会发展提供有利条件，更能在竞争中赢得比较优势，把中国特色社会主义制度的优越性充分体现出来。"[③] 改革别无他路，必须坚持中国特色社会主义道路的正确方向。"两手合力"是中国特色社会主义市场经济理论的新发展，是深化改革的重要举措。因此，必须坚持社会主义道路不能变，高举马克思主义旗帜不能变。坚持社会主义方向，要始终坚持和完善社会主义基本经济制度。社会主义基本经济制度是市场"决定性"作用和"更好"发挥政府作用的共同经济基础。

### 2. 追求人民利益是市场"决定"作用和"更好"发挥政府作用的共同目标

改革的动力来自人民，改革的目标也是人民——人民是历史的创造者，是我们的力

① 《"看不见的手"和"看得见的手"都要用好》，《习近平谈治国理政》，外文出版社2014年版，第117页。
② 习近平：《对发展社会主义市场经济的再认识》，载《东南学术》2001年第4期。
③ 《切实把思想统一到党的十八届三中全会精神上来》，《习近平谈治国理政》，外文出版社2014年版，第93页。

量源泉。改革开放之所以得到广大人民群众的衷心拥护和积极参与，最根本的原因在于我们一开始就使改革开放事业深深扎根于人民群众之中。坚持以人为本，尊重人民的主体地位，发挥群众首创精神，紧紧依靠人民推动改革。不断改革创新，使中国特色社会主义在解放和发展社会生产力，把社会主义制度的优越性充分体现出来。

不论是市场的“决定性”作用还是“更好”发挥政府作用，都必须全面贯彻群众路线，以人民利益为工作的终极目标，紧紧依靠人民群众推动改革，发挥人民的积极性、主动性、创造性，最大限度调动人民群众的主人翁责任感。“推进任何一项重大改革，都要站在人民立场上把握和处理好涉及改革的重大问题，都要从人民利益出发谋划改革思路、制定改革举措。”①

市场的“决定性”作用和“更好”发挥政府作用具有共同的经济基础与目标追求，这就为二者的有机统一奠定了坚实的基础。

## （二）“两手合力”是市场“决定性”作用与“更好”发挥政府作用的有机统一

市场的“决定性”作用和“更好”发挥政府作用，不仅有共同的经济基础，而且有共同的终极目标，这就决定了市场的“决定性”作用和“更好”发挥政府作用成为“两手合力”的“两只手”，这“两只手”要共同发力，协同一致，形成合力，共同为中国特色社会主义市场经济助力。

### 1. 只有“更好”发挥政府的作用才能充分发挥市场的“决定性”作用

首先，“更好”发挥政府的作用有助于市场环境的培育。理论和实践都证明，市场配置资源是最有效率的形式。要想使市场在资源配置中的“决定性”作用充分发挥出来，前提就是良好的市场环境。良好的市场环境不是天生的，是需要在政府的引导下一步步建立起来的。市场“决定性”作用以价格机制、供求机制和竞争机制的有效运转为基础，为此，政府应该致力于培育公平公正市场环境、创造统一开放的市场、培育独立自主的市场主体、完善现代企业制度等，为市场在资源配置中发挥效率创造条件。

其次，“更好”发挥政府作用为市场的“决定性”作用把握方向。习近平总书记强调，“要处理好活力和有序的关系，社会发展需要充满活力，但这种活力又必须是有序活动的。死水一潭不行，暗流汹涌也不行。”② 新常态下，我国面临着投资和消费需求增长放缓、产能过剩、资源生态环境约束加大、劳动力等要素成本上升等诸多问题。为此，需要按照“适应新常态、把握新常态、引领新常态”的总体要求进行战略谋划，

---

① 《切实把思想统一到党的十八届三中全会精神上来》，《习近平谈治国理政》，外文出版社2014年版，第98页。

② 《切实把思想统一到党的十八届三中全会精神上来》，《习近平谈治国理政》，外文出版社2014年版，第93页。

这恰恰是政府的职责所在。“更好”发挥政府作用，积极推进经济发展方式从规模速度型向质量效益型转变、化解过剩产能、优化升级经济结构、推动产业从中低端向中高端迈进、从更多依靠要素投入向更多依靠创新驱动转变等工作。“更好”发挥政府作用克服了市场的盲目性，为市场的“决定性”作用把握了方向。

最后，“更好”发挥政府作用有助于进一步提升市场效率。政府通过积极规划和引导基础设施建设，为市场“决定性”作用的发挥构筑坚实的物质保障；政府通过搭建公共服务平台和建立健全社会保障体系，既解决了市场机制的后顾之忧，充分调动起劳动者积极性，又有助于劳动力资源的优化配置，为市场机制增强了活力。

此外，“更好”发挥政府作用有助于纠正市场自身的弊端。市场机制源于生产资料私有制，天生就具有私有制的诸多弊端，体现为盲目性、滞后性、短期性等方面，这些问题如不能加以解决和改善，不仅不能发挥市场资源配置方面的高效率，而且有可能毁灭市场经济本身。市场天生的这些问题，不能通过市场经济的完善和发展得到解决，只能通过“更好”发挥政府作用才能真正纠正市场自身的这些弊端，才能确保市场“决定性”作用的有效发挥，才能体现中国特色社会主义市场经济的先进性。

**2. 只有发挥市场“决定性”作用，才能“更好”发挥政府作用**

首先，市场“决定性”作用为“更好”发挥政府作用提供活力与资源。市场的“决定性”作用可以“让一切劳动、知识、技术、管理、资本等要素的活力竞相迸发，让一切创造社会财富的源泉充分涌流。”① 新常态下，经济发展要保持中高速增长、全面建成小康社会在很大程度上需要依靠市场的“决定性”作用。市场的“决定性”作用有助于全社会形成朝气蓬勃的局面；将市场特有的运行机制运用于政府管理中，有助于创新政府资源配置的方式和治理监管方法，增强政府工作活力、提升工作效率；市场的“决定性”作用有助于增强我国经济实力，增加社会财富，提升综合国力，为全面建成小康社会奠定坚实的物质基础，也为政府发挥作用提供了充足的物质资源。

其次，市场“决定性”作用有助于政府集中精力“更好”发挥作用。充分发挥市场的“决定性”作用，有助于政府把该管的事管好、管到位、管彻底。2017 年 1 月中共中央办公厅、国务院办公厅联合下发的《关于创新政府配置资源方式的指导意见》中强调，“在社会主义市场经济条件下，政府配置的资源主要是政府代表国家和全民所拥有的自然资源、经济资源和社会事业资源等公共资源。为解决当前政府配置资源中存在的市场价格扭曲、配置效率较低、公共服务供给不足等突出问题，需要从广度和深度上推进市场化改革，大幅度减少政府对资源的直接配置，创新配置方式，更多引入市场机制和市场化手段，提高资源配置的效率和效益。”② 在资源配置方面充分发挥市场的

① 《切实把思想统一到党的十八届三中全会精神上来》，《习近平谈治国理政》，外文出版社 2014 年版，第 93 页。

② 中共中央办公厅 国务院办公厅，《关于创新政府配置资源方式的指导意见》[EB/OL]. http://news.xinhuanet.com/2017-01/11/c_1120292749.htm 新华网，2017-1-11.

"决定性"作用，积极推进市场化改革，让市场在微观层次充分展现活力，可以推进政府职能的转变，深化政治体制改革，让政府从"直接干预、过多干预、不当干预"的状态中摆脱出来。明确政府职责，切实履行职责，政府只负责该管的事，增强政府管理的效果与效率，"更好"发挥政府作用。

最后，市场"决定性"作用有助于为政府提供有活力的主体保障。政府的各项政策措施必须依靠社会主体的贯彻执行才能发挥作用，社会主体的状态直接决定了政府政策措施的有效性。一方面，市场资源配置中的"决定性"作用可以激发经济发展活力、增强经济实力，有效增进社会财富、提高人民生活水平，进而提升社会主体对社会发展的满意度和认同感。另一方面，在政府管理中充分借助市场机制的各种优势，更好地服务人民群众。将市场的竞争机制引入政府日常管理、公共产品服务等方面，可以极大提高配置效率，提高基本公共服务的可及性、公平性，进而充分激发社会主体的积极性、主动性和创造性，调动起社会主体的活力，促进政府"更好"发挥作用。

"市场在资源配置中的决定性作用"和"更好的政府"，二者是互为前提，内在统一的关系。"使市场在资源配置中起决定性作用和更好发挥政府作用，二者是有机统一的，不能把二者割裂开来、对立起来，既不能用市场在资源配置中的决定性作用取代甚至否定政府作用，也不能用更好发挥政府作用取代甚至否定使市场中资源配置中起决定性作用。"① "两手合力"有利于进一步形成公平竞争的发展环境，进一步增强经济社会发展活力，进一步提高政府效率和效能，进一步实现社会公平正义，进一步促进社会和谐稳定，进一步提高党的领导水平和执政能力。"两手合力"是社会主义市场经济发展新阶段的必然要求，是全面建成小康社会，实现社会主义现代化、实现中华民族伟大复兴的重要途径。坚持"两手合力"，是经济新常态下建设中国特色社会主义市场经济的重要举措，"两手合力论"是对马克思主义经济理论的丰富与发展。

创新性提出市场的"决定性"作用，是对市场作用的全新定位。市场的"决定性"作用有利于转变经济发展方式，有利于转变政府职能，有利于社会主义市场经济的健康持续发展。

"更好发挥政府作用"是对政府角色的进一步认定。强调市场的"决定性"作用，不是否定政府的作用，而是要"更好发挥政府作用"，以更好发挥社会主义制度优越性，增进全体人民福祉。"两手合力论"，是对市场与政府关系的崭新界定。政府和市场作为经济活动中的"两只手"，彼此间的关系不是非此即彼、互相排斥的，而是有机结合、互相促进、共同发展的新型关系。"两手合力论"是对中国改革实践的科学探讨，更是对马克思主义的继承与发展。

① 习近平：《"看不见的手"和"看得见的手"都要用好》，外文出版社2014年版，第117页。

# 乡村振兴战略背景下的特色小镇建设

陈明鹤*

**摘要**：乡村振兴战略是为实现“两个百年”的奋斗目标所做出的重要战略布局，是今后“三农”工作的指导原则。特色小镇建设符合乡村振兴战略的总要求，是乡村振兴最有效的载体。要以特而立、以优而立、以企业为主导、以传统文化为根基建设特色小镇，助力乡村振兴战略的有效实施。

**关键词**：乡村振兴战略　特色小镇　载体

## 一、乡村振兴战略着力构建新型城乡关系

党的十九大报告首次提出了乡村振兴战略，为今后我国“三农”问题的解决进行了明确的顶层设计。乡村振兴战略的提出遵循唯物主义辩证法，重点解决新矛盾下的新发展动力问题。

### （一）新时代中国特色社会主义亟须解决“三农”问题

十八大以来，我国经济保持中高速增长，国内生产总值从54万亿元增长到80万亿元，城乡居民收入增速超过经济增速，中等收入群体持续扩大。经过长期努力，中国特色社会主义进入了新时代。此时，我国社会主要矛盾已经转化为人民日益增长的美好生活需要和不平衡不充分的发展之间的矛盾。为实现“两个百年”的奋斗目标，为解决新时代的新矛盾，需要布局一系列战略，而其中最重要的就是乡村振兴战略。解决好“三农”问题历来是全党工作的重中之重，而当前我国最大的发展不平衡是城乡发展不平衡，最大的发展不充分是农村发展不充分。农业在四化同步发展中还是一条短腿、农村在全面小康建设中还是一块短板。

### （二）乡村振兴战略着力构建新型城乡关系

一直以来，农村都是我国发展的“落后地区”。农村以大量的人力、土地等重要资

* 陈明鹤，中共辽宁省委党校副教授。

源支持着城市的快速发展，大量的资源向城市集聚，最典型的就是农民工群体以及以土地征收为支撑的土地财政，前者是支持中国改革开放以来快速发展的人口红利的重要构成，后者直至今日仍是地方政府重要的收入来源。经过了三十多年快速的工业化和城镇化，我国农村出现了“空心村”“留守老人和儿童”等一系列问题，引发了全国对于“农村如何发展”“农村的土地由谁来种”等问题的讨论。为解决这些严峻问题，国家提出了“城乡统筹”“城乡一体化”。这些政策的出发点，都将农村置于城市的从属地位，将农村的发展建立在“以城带乡”“工业反哺农业”的基础上。之所以如此，原因有二：一是由于过去对农村的公共政策，基本上是围绕工业化和城市化对农村的需求来制定的，带走了大量的农村资源，所以现在需要对农村做出弥补；二是认为农村的基础太过薄弱，只能依靠外在的动力实现发展。

十九大报告提出“实施乡村振兴战略”“建立健全城乡融合发展体制机制和政策体系”“加快推进农业农村现代化”，这标志着中央转变以往的改革思路，将乡村重新定位，强调城市和乡村是两个板块，要共同发展。“乡村振兴”，意味着要重现乡村曾经有过的辉煌；“城乡融合”，意味着对城乡关系的重新定位，把乡村放在与城市平等地位上，校正以往资源由农村向城市的单向流动，使乡村与城市共存共荣；“农业农村现代化”，提出了乡村现代化的概念，为乡村振兴未来工作划出了重点和实现途径。

## 二、乡村振兴战略与特色小镇

### （一）乡村振兴战略的总要求

十九大报告明确提出乡村振兴战略的总要求是：“产业兴旺、生态宜居、乡风文明、治理有效、生活富裕”。这二十个字既是乡村振兴的总要求，也是乡村振兴战略实现与否的衡量标准。这五个要求可以分成两个部分，围绕报告中“加快推进农业农村现代化”这一目标来展开：未来中国的农业、农村，要实现“产业兴旺”的农业现代化；要实现“生态宜居、乡风文明、治理有效、生活富裕”的农村现代化。

#### 1.“产业兴旺”的农业现代化

之所以把“产业兴旺”放在第一位，体现了国家对城乡关系的重新定位。不再是“以城带乡”，而是将乡村作为一个有机整体，立足于乡村的产业、生态、文化等资源，激发乡村的发展活力和内生动力，构建可持续的乡村内生增长机制。只有农村产业兴旺，才能创造更多的就业机会和岗位，实现持续稳定的农民增收和农村富裕。这也经过了我国一直以来农村发展实践的检验：发展好的农村都有发展好的产业做支撑。不仅是我国如此，国外也有很多成功的经验证明了产业振兴不仅关乎乡村振兴甚至可以影响一个地区、一个产业乃至一个国家的竞争力，例如日本在1979年大分县实行的“一村一品”。①

乡村振兴的核心在于“产业兴旺”。构建新型城乡关系必须解决的首要问题就是实现劳动力、资本等生产要素和资源在城市和乡村之间的双向流动。资源不仅带来财富，还以其自然流动性倒逼制度的完善；制度的完善又进一步形成促进经济发展的有效激励。由此形成良性循环，促进经济的发展和体制机制的完善，实现乡村振兴。而满足其逐利性是驱使资源流动最根本的动力，只有产业兴旺，有良好发展前景的产业，才能实现资源的逐利属性，才能实现经济的发展和体制的完善，真正实现乡村振兴。

**2. “生态宜居、乡风文明、治理有效、生活富裕”的农村现代化**

乡村振兴是一个全面振兴的综合概念，包括乡村经济振兴、乡村社会振兴、乡村文化振兴和乡村生态文明进步，还需要乡村治理体系创新。截至2016年底，我国城镇常住人口有7.9亿多人，这其中包括2.2亿户口在农村，但在城镇工作生活超过半年的人口。② 如果按这个口径计算，2016年底常住农村的人口还有5.9亿人。而且，有很多预测都认为，中国人口峰值将在2030年达到，近14.5亿人，届时城镇化率达到70%，这意味着农村还有约4.25亿人。这样庞大人群的生产、生活水平直接关系到中国特色社会主义的发展水平。马克思认为未来社会是“以每个人的全面而自由的发展为基本原则的社会形式”，十九大报告也强调，我国的发展是要更好地推动人的全面发展和社会全面进步。人的全面发展不只是物质上的富足，还有其他如精神层面的追求，所以十九大报告明确指出随着我国经济的发展和人民的富裕，我国社会主要矛盾已经转化，不仅对物质文化生活提出了更高要求，而且在民主、法治、公平、正义、安全、环境等方面的要求日益增长。面对我国庞大的农村居民群体，物质富裕是农民全面发展的基础，精神文明才是农村可以成为与城市平等主体的必要条件。不仅使农民的生产、生活环境实现生态宜居、基础设施完备、公共服务完善、创新的农村社会治理、逐步加强的民主和法治建设；同时，“生态宜居、乡风文明、治理有效、生活富裕”的现代化乡村也是培养农业农村现代化所需要的人才，以及吸引人才、留住人才的核心，满足了人才积聚的软环境需求。

## （二）以特色小镇为载体助力乡村振兴战略

围绕乡村振兴战略构建新型城乡关系，解决新时代“三农问题”的设计初衷以及乡村振兴战略“产业兴旺、生态宜居、乡风文明、治理有效、生活富裕”的总要求，特色小镇是实现乡村振兴战略最有效的途径。特色小镇是在几平方公里土地上集聚特色

① 李耕玄、刘慧、石丹雨、刘耀美：《日本“一村一品”的启示及经验借鉴》，载《农村经济与科技》2016年第11期。

② 中华人民共和国国家统计局：《中国统计年鉴》（2017），中国统计出版社2017年版。

产业、生产生活生态空间相融合、不同于行政建制镇和产业园区的创新创业平台。特色小镇是乡村振兴的强有力的龙头和载体，促进乡村历史文化、优美环境和特色资源的集聚，满足乡村振兴实现农业农村现代化的需求，构建乡村发展的内生动力。

**1. 特色小镇助力实现“产业兴旺”的农业现代化**

总结各地自2014年以来的实践经验，在2017年12月国家4部委联合发布的《关于规范推进特色小镇和特色小城镇建设的若干意见》中强调，特色小镇是集聚特色产业的平台。特色小镇的“特”在于特色产业、特色文化、创新的体制机制等，这其中最重要、最核心的是特色产业。特色小镇存在的基础就在于特色产业，这是特色小镇的内生发展动力所在。真正以“特而强”的特色产业为基础的特色小镇实现了人才、企业、资本和其他重要生产、创新要素的集聚。在2017年的3季度末，发改委对全国225个特色小镇做了个抽样调查，调查结果显示，特色小镇总体入驻的企业达3万家左右，每个小镇平均入驻企业140家；吸纳就业130万人左右，镇均吸纳就业5 000多人；创造了税收200亿元左右，完成特色产业投资2 000亿元左右。①

特色小镇的“特色产业”是“产业兴旺”的基础，例如浙江的以云生态为主导的云栖小镇、杭州的玉皇山南基金小镇、山东平阴的云谷玫瑰小镇等，特色产业是这些小镇得以快速发展所依赖的自身资源禀赋。“特色产业”是“产业兴旺”的保障，例如浙江省乐清市柳市镇，它是我国低压电器的超级基地，形成了以“正泰”和“德力西”为代表的企业集群和产业的集聚，占据全国低压电器市场份额的近80%，占全国此类产品出口的70%以上，法国、德国的大企业都来这里合作办厂。企业集群高度的分工与合作产生了超高的经济效率和巨大的创新活力，柳市镇的特色产业已经跻身于全球低压电器的产业链中，成为浙江地区乃至中国国家竞争力的重要的元素。特色小镇不仅实现了乡村振兴所需要的“产业兴旺”，而且用实践佐证了“产业兴旺”对乡村振兴的作用途径：以产业吸引资源集聚，资源流动倒逼制度完善，进一步激励经济发展，形成内生发展动力的良性循环。同时，农业现代化需要以农业产业链的延长促进三产融合。新时代，我国社会发展的新矛盾决定了农业供给侧结构性改革必须满足绿色、健康、便捷的需求。这就决定了新时代的农业发展必须将产业链条延长至生产、储存、流通、销售等环节，同农产品加工、物流、健康养生、农村电商等产业进行有效合作。做强一产、做优二产、做活三产，让农民可以分享全产业增值收益。农业现代化还需要深化农业结构调整，实现品牌兴农、科技兴农。依托优势农业资源，优化产品结构和产业结构。推动农业科技进步，实现科技兴农。以特色化为前提，实施农产品品牌战略。特色小镇以产业集聚助推着力于农业供给侧结构性改革的三产融合，实现农业结构调整，打造特色农业品牌，增强农业的竞争力。

① 陈海银：《特色小镇建设进入“深水区”：把握产业“准入”成发展关键》，载《21世纪经济报道》2018年1月17日（06）。

### 2. 特色小镇助力农村现代化

现代化的农村，应该是生态宜居、乡风文明、治理有效、生活富裕的农村。特色小镇之于农村现代化，既是一个载体又是一个样板。小城镇、城市、乡村三者之间存在着不同的区位组合，组合中的变量是小城镇。依据小城镇的区位，这个组合包含了临近城市郊区的城镇、位于城乡之间的城镇以及临近乡村的城镇。不同的组合决定了小城镇不同的发展路径：临近城郊的小城镇，在区位和功能上都承接了城市的外扩。位于城乡之间的小城镇是特色小镇的主要构成，得益于其特殊的区位，这些小城镇可以享受发达、便捷的交通；再加上宜居的环境，使这些城镇成为城乡之间、城市之间在经济与社会关系上的纽带与桥梁，例如美国的格林尼治小镇、英国的温莎小镇和法国的尼斯等。临近乡村的小城镇，则更多地发挥现代农业发展作用。不同的组合也决定了特色小镇在农村现代化中的不同作用——载体还是样板，而无论是承担哪个角色，特色小镇都以其“特”性助力农村现代化和乡村振兴战略的实施。

《国家特色小镇认定标准》里提出了在百分制的评分体系中的五个赋分项，分别是产业发展25分、美丽宜居25分、文化传承10分、服务便捷20分、体制机制20分。通过这个标准可以看出特色小镇的特征以及最核心的构成要素在于特色产业、特色文化、创新的体制机制等。这些特征都是构成成功的特色小镇的核心因素，也与乡村振兴“生态宜居、乡风文明、治理有效、生活富裕”的总要求不谋而合。新时代的新社会矛盾表明我国生活水平的普遍提高，特色小镇吸引包括人才、资本等资源，形成集聚效应必须依靠硬环境和软环境同时发力。硬环境着力于“生态宜居”“服务便捷”，包括基础设施、公共服务设施和生态环境等方面；而软环境已经成为比传统因素更为重要的吸引高质量人才、资本和产业等资源的决定因素。例如美国硅谷，不仅气候宜人、交通便利，而且吸引了全世界的高科技人才和规模巨大的风投资金。硅谷有着浓厚的创新创业氛围，完善的体制机制，成熟的服务团队，这些都发挥着对各种资源的强磁力。成功的特色小镇，为乡村振兴提供了运行良好的载体和可供学习的样板。

## 三、特色小镇建设的路径选择

特色小镇是实现乡村振兴战略最有效的载体，因此特色小镇的有效发展至关重要。结合近几年特色小镇的发展实践，总结经验和教训，特色小镇的发展应该以“特”而立，择“优”而立，自下而上发展，以文化为基石，做传统乡土文化的传承者。

### （一）特色小镇要以“特”而立

特色小镇必须有“特色产业”，这是特色小镇存在的基础，也是实现乡村振兴战略

“产业兴旺”要求的最有效载体。何为“特色产业”？当前我国许多特色小镇都在打造以旅游、文化创意为核心的特色产业。早在2017年1月国家发改委就明确指出，特色小镇建设要防止“千镇一面”，这既是针对许多小镇以旅游为特色产业的情况，又是在批评许多小镇盲目拆旧建新，拆掉了原本特色鲜明的老街区，建成一批没有特色的仿古建筑或整齐划一的现代化建筑，失去了原有的特色。

真正的“特色产业”，都是建立在整合利用好当地已有的优势要素，形成了符合当地资源禀赋的特色产业，以此为基础，吸引人才、企业、资本等要素聚集。特色小镇必须充分、有效地利用区位条件或者资源条件，根据地方特点合理的发展。浙江在特色小镇发展上，走在全国的前端。正如浙江省在《特色小镇评定规范》中对本省特色小镇的定位是产业“特而强”。浙江就是依据其块状经济、山水资源、历史文化的比较优势，以及在新一轮信息技术和新业态发展中的领先优势，因地制宜的打造以信息经济、环保、健康、旅游、时尚、金融、高端装备为代表的新兴产业，和以茶叶、丝绸、黄酒、中药、青瓷、木雕、根雕、石雕、文房为代表的历史经典产业。① 上城玉皇山南基金小镇、西湖云栖小镇、龙泉青瓷小镇等都是依此发展理念而建。英国的海伊小镇，依据临近牛津、剑桥等名校的特殊地理位置，吸引全英的旧书商于此，形成了全国闻名的旧书小镇。成都的安仁镇，聚集了35座博物馆、27座老公馆和当地民间染布、木艺、刺绣、醉酒等的手工艺者，是四川最大的文创基地。由此可见，旅游业在具有比较优势的基础上，的确可以成为支撑特色小镇发展的特色产业。而同时，科技小镇、金融小镇、创新小镇、教育小镇，也都是具有未来发展潜力的选择。特色小镇没有固定模式，正如“世界上没有两座山峰是完全相同的，每一座山峰都有自己的特别和美丽之处”。特色小镇一定要挖掘自己的“特色”所在，以“特”而立。特色产业的“特”如何形成和发展，决定了特色小镇能否成为撬动一方经济发展的动力。

## （二）特色小镇要择“优”而立

乡村振兴战略着力于构建新型城乡关系，使城市和乡村处于同等地位，校正以往资源向城市的单方面流动。以往城市发展往往自发形成其他功能型城市围绕中心城市发展的态势，向中心城市配置更多的公共资源，做大做强中心城市的发展动能，再以中心城市辐射周边城市，带动整体区域联动。这也就是弗里德曼在阐述核心－边缘理论时指出的：核心区是创新变化的主要中心，而它周围地域则组成了边缘区，边缘区的发展依赖于核心区。乡村振兴要吸引资源由城市向农村流动，就要形成对资源足够的吸引力，而特色小镇作为乡村振兴战略最有效的载体，也要遵循以往城市发展的规律，以“优”而立，发挥优质特色小镇对周边地区的引领、带动、示范作用，成为区域发展的引擎和排头兵。

---

① 翁建荣：《浙江特色小镇建设的重要经验》，载《浙江经济》2017年第10期。

特色小镇的发展切忌一哄而上，单纯追求数量上的增加，而没有加强优质核心特色小镇的培育。日本在20世纪70年代后通过市镇村合并来扩张小城镇规模，以提高小城镇的质量和小城镇的集聚能力，加强了小镇的经济实力和对外辐射力。如果在其中有着优质小镇发挥增长极的作用，会取得更好的效果。英国的著名城市如利兹、伯明翰等都是以其自身的区位、产业基础、自然资源等优势得到国家的重点支持从小城镇发展中脱颖而出，发展为城市辐射周边小城镇群，形成了总体大于部分之和的效应。在现代农业发展中大力强调种粮大户、家庭农场、龙头企业的原因也在于以此。因此，特色小镇必须要以“优”而立，加大对优质小镇的扶持力度。

## （三）特色小镇要自下而上发展

特色小镇作为乡村振兴的最有效载体，作为新常态下的创新发展模式，从探索创立之初就体现着以企业为主导的市场化行为，自下而上发展的特征。浙江省是特色小镇的发源地，浙江省的特色小镇首先以特色产业“自聚”形成一定规模的集群，这个集聚过程是企业为主导的市场化行为，不局限于行政建制镇，在实践中较为灵活，既可以出现在城市空间内部，也可以出现在城市郊区、城乡结合部，浙江省公布的省级特色小镇创建名单，也均是根据“特色小镇”的实际特色进行命名的。而后，浙江省政府部门及时发现了这种现象，并进行总结、提炼，使之制度化，出台了国内首个特色小镇评定地方标准《特色小镇评定规范》。由国家发改委联合三部委下发的《关于规范推进特色小镇和特色小城镇建设的若干意见》中，尽管定义特色小镇是行政建制镇，但是在全国的实践中并没有局限与此，各地的特色小镇以上两种都有涉及。这本身就体现了特色小镇的包容性和实践性。正如邓小平同志曾经说过的：“生产关系究竟以什么形式为好，恐怕要采取这样一种态度，就是哪种形式在哪个地方能够比较容易比较快的恢复和发展生产，就采取哪种形式。群众愿意采取哪种形式，就应该采取哪种形式，不合法使它合法起来。”浙江东阳的横店影视小镇、四川成都的德源镇，都是当地农民以市场为导向，满足市场的实际需求，一点点自下而上发展起来的。

不论是浙江省的特色小镇，还是国家规划的特色小镇，在处理政府与市场在特色小镇的发展过程中扮演的角色问题时，都采取了相同的思路，政府主要发挥提供公共服务和完善体制机制的作用。在特色小镇的建设上，顶层设计应该是一种开放式的制度，而不是指令式的简单、明确。特别是各地为申请国家政策而创立和发展的特色小镇，更要注意避免政府的越界指挥和过度干预，避免强政府行为导致“千镇一面”。经济学一直强调激励的作用，通过分析激励动机来分析人的行为。2017年底，四部委出台的《关于规范推进特色小镇和特色小城镇建设的若干意见》中，明确指出“各地区发展很不平衡，要按规律办事，树立正确政绩观和功成不必在我的理念，科学把握浙江经验的可复制和不可复制内容，合理借鉴其理念方法、精神实质和创新精神，追求慢工出细活出精品，避免脱离实际照搬照抄。”也是源于对经济规律的准确认识。

### （四）特色小镇要做传统文化的传承者

著名的社会学家马克斯·韦伯在他的经典著作《新教伦理与资本主义精神》中，探讨了资本主义精神对于近代资本主义形成的影响，这个资本主义精神来自新教改革，特别是加尔文教派的教义。[①] 这说的就是文化的力量，不同的文明形式产生各自独有的精神核心，宗教在其中发挥了巨大的影响。正如在韦伯看来，几乎所有与理性资本主义有关的种种因素都是西方文明独有的。文化对一个国家的政治形态、经济发展模式、社会风气、民族特征以及人民的思想道德水平都有着举足轻重的影响作用。习近平总书记在党的十九大报告中指出，“文化是一个国家、一个民族的灵魂。文化兴则国运兴，文化强则民族强。没有高度的文化自信，没有文化的繁荣兴盛，就没有中华民族的伟大复兴。”中国有着灿烂的传统文化，而中国的传统文化就是乡土文化，产生并服务于农耕社会。这也是为什么现代人经常觉得城市很压抑，要去乡村寻找乡愁，寻找内心的平静的原因。2017年2月初GAD建筑设计总监孟凡浩在微博上晒出一组浙江富阳东梓关农村回迁房的建筑组图，白屋连绵成片，黛瓦参差错落，给人展示了吴冠中笔下的水墨江南，在春节期间成为旅游景点。居住其中的农民深感幸福和美好，游客更是羡慕不已，这就是对传统乡土文化进行继承和发展带来的巨大价值。

乡村振兴必须实现乡土文化振兴，特色小镇作为乡村振兴的载体，更要在对中国乡土文化的继承和发展上探索出有益的经验。欧美许多国家的小镇几乎都有教堂，教堂既是地理标识，又是精神地标，体现了这个小镇的信仰，围绕教堂常有传承上百年的历史和特别的故事。实体的教堂设施和文化上的历史传说都受到精心的维护，使教堂成为文化传承的载体和重要景点。特色来源于历史名人、特色美食和手工艺品的欧美小镇，也都在对特色的维护、继承和发展上做足了工夫。中国的小镇从来不缺乏独具特色且精美的建筑、受人尊敬的历史人物、引人入胜的民间传说、让人大快朵颐的美食、流连忘返的美景。中国的小镇缺乏的是对乡土文化从精神高度上的理解，对本地居民历史记忆的尊重，对地域文化深层次的挖掘和传承，对相关服务业的由衷敬意。特色小镇必须做传统乡土文化的继承者，从传统文化遗产这个根基出发，将传统文化与当代文化融合创新。

---

① 马克斯·韦伯：《新教伦理与资本主义精神新教伦理与资本主义精神》，上海人民出版社2016年版。

# 习近平生态文明建设思想多维透视*

王国成**

**摘要：** 习近平生态文明建设思想继承了马克思主义生态思想，实现了中国传统生态智慧的现代化，实现了中国共产党人生态思想的与时俱进。从梁家河大队当知青期间，到任职河北正定、福建、浙江、上海，再到党的十八大以来，习近平生态文明思想逐步形成、完善并发展，其内涵丰富，涵盖了生态文明建设与生产力、经济建设的关系，生态环境民生理论，生态文明的制度建设、系统工程建设、文化建设等一系列方面，是建设社会主义生态文明的理论指南，为我国生态文明建设提供了强大的理论指引和思想武器。

**关键词：** 生态文明建设　理论渊源　发展轨迹　主要内涵　理论意义

在治国理政的过程中，习近平提出过许多有关生态文明建设的论述，这一系列论述都映射着一定的哲学思想和诉求，他曾反复强调“生态兴则文明兴，生态衰则文明衰”，这一论述是对自然界发展规律及人类文明发展规律的准确诠释，也从人类文明发展史的高度，将社会发展与生态文明建设的内在本质联系体现了出来。他讲到的“既要金山银山，也要绿水青山”，蕴含了深刻的辩证法思想，用一种朴素的辩证统一的哲学话语来论述了“绿水青山”和“金山银山”的关系。他认为“建设生态文明，关系人民福祉，关乎民族未来”，以一种对人民负责、对子孙后代负责的高度责任感饱含着强烈的人文理念与民本思想。在生态环境治理问题上，他强调一方面要加强制度建设，另一方面要加强法制建设，要将生态文明建设融入社会的每一个领域，贯穿到中国特色社会主义建设的全过程。习近平一系列讲话、论断等构成了其生态文明建设的基本思想，进而不断完善成为系统的理论体系，也成为习近平新时代中国特色社会主义思想的重要组成部分。对其生态文明建设思想进行系统梳理，对于当前生态问题的研究，推进中国生态文明的理论创新和实践探索，都有着重要的推动意义。

---

* 原载于《淮北师范大学学报（哲学社会科学版）》2018 年第 4 期。

** 王国成，西安航空学院马克思主义学院副教授。

## 一、习近平生态文明建设思想的理论渊源

习近平的生态文明建设思想，继承发展了马克思主义的生态观，同时又吸收了中国传统文化中的生态智慧，体现了中国共产党人生态思想的与时俱进。

首先，习近平的生态文明建设思想继承和发展了马克思主义的生态观及哲学思想。“两个和解”是马克思恩格斯在一百多年前提出的重要思想，其基本内容是“人类同自然的和解和人类自身的和解”,① 习近平对马克思的这一伟大思想进行了继承并结合中国国情进行了创新，他将解决人与自然、人与人、人与社会之间的矛盾看作是解决生态环境问题的前提，进而才能实现人与自然的和谐发展。习近平提出的“绿水青山就是金山银山”“生态兴则文明兴，生态衰则文明衰”“山水林田湖是一个共同体”“在保护中开发，在开发中保护”等生态文明建设思想，体现了马克思主义辩证唯物主义和历史唯物主义的哲学思维。马克思认为，人与自然是一个统一整体，人是自然界的产物，人与自然之间的关系是能动与受动的存在，“人作为自然存在物，一方面具有自然力、生命力，是能动的自然存在物”；“另一方面，人……和动植物一样，是受动的、受制约的和受限制的存在物”,② 所以应该在实践中把握人与自然关系，辩证地看待人与自然的有机联系，进而才能在实践中找到一条破解人与自然关系矛盾的新路子。习近平以马克思主义哲学为基础，进一步指出“保护生态环境就是保护生产力，改善生态环境就是发展生产力”，不仅用最简明的语言论述了生态环境与生产力之间的辩证关系，同时也是对马克思主义的生产力理论及生态生产力思想的创新发展。马克思将生产力划分为自然生产力和社会生产力两类，其中自然生产力是人类社会发展的前提和基础，不仅为社会生产力的发展提供全部物质资源，也是人类社会发展的前提和基础，习近平继承了这一基本思想，并进一步做出了“生态环境就是生产力”的重要创新性论断，由此可见，作为一名具有马克思主义理论造诣的党和国家领导人，习近平在研读马克思主义原著基础上，结合治国理政的实践，不断用马克思主义的基本思想来丰富自己的生态文明建设思想。

其次，习近平的生态文明建设思想吸收了中国传统文化精髓，实现了中国传统生态智慧的现代化。中国的传统文化中并没有“生态”这一词语，但是人与自然间的关系却始终是历代先贤们一直追寻探索的哲学问题。儒家“天人合一”思想延伸到生态领域，认为是“万物一体”，人是大自然的组成部分，“仁民爱物”则将道德准则扩展到大自然中，主张人要关心、尊重、保护大自然，“尽物之性”是儒家“天人合一”的实践准则，强调发挥万物之间的本性，已萌生了生态保护的整体意识。道家“道法自然”思想也蕴含了丰富的生态意义，认为人与天地万物是统一的整体，原本都是“道”，主

① 《马克思恩格斯全集》（第1卷），人民出版社1956年版，第603页。
② 《马克思恩格斯全集》（第42卷），人民出版社1972年版，第167～168页。

张适度发展与可持续发展，而崇尚自然就成为道家养生的基本原则。此外，墨家的“兼相爱交相利”、佛家的“众生平等”等思想也都蕴含了积极的生态学意义，具有独特的生态文化价值。在新老交界的语境中，也鉴于其深厚的国学功底，习近平继承了传统文化的精髓，实现了中国传统生态智慧的现代化。在中央政治局第六次集体学习时，习近平强调“要坚持节约资源和保护环境的基本国策，坚持节约优先、保护优先、自然恢复为主的方针，着力树立生态观念、完善生态制度、维护生态安全、优化生态环境，形成节约资源和保护环境的空间格局、产业结构、生产方式、生活方式”。[①] 这是一种站在人类共同利益的宏观视角来考量生态、自然、环境、经济和人类发展的观点，内含了中国古代儒家“天人合一”的方法论思想。习近平也强调，保护生态环境要像保护眼睛一样，对待生态环境要像对待生命一样，这和我国古代生态思想中的尊重自然、敬畏自然的观点完全相契合，充分体现了他对自然发展规律的遵循及准确把握。我国古代特别注重尊重自然规律，孟子曾提到“不违农时，谷不可胜食也”，意指不违背农作物的耕种时节，便会获得丰收。《吕氏春秋》也提到“竭泽而渔，岂不获得，而明年无鱼”，即指违背规律，过度索取，会使自然资源耗尽，类似典故还有“焚林而猎”等。由此可见，习近平是站在时代的高度对传统文化中生态思想的精髓进行了深刻的挖掘，在继承的基础上进行了创新，为我国生态文明建设提供了有力的文化支撑。

最后，习近平的生态文明建设思想体现了中国共产党人生态文明建设思想的与时俱进。历届党的领导集体在人与自然关系的朴素哲学及马克思主义生态思想的指引下，逐步发展了中国化的马克思主义生态观。以毛泽东为核心的第一代领导集体提出了控制人口、爱国卫生运动、林业保护、兴修水利、重视节约资源和开发再生资源等一系列主张，初步奠定了我国生态文明建设的理论基础。改革开放以来，党的历届领导集体不断创新，进一步完善了生态文明建设思想的内容。邓小平提出人与自然要协调发展，农业发展不能过度损害植被，风景区经济与环境要协调发展，厉行节约，转变经济增长方式，加强环境保护法制建设等主张。江泽民提出要保护环境，坚持人类社会的可持续发展，坚持统筹兼顾，坚持协调发展等思想，深化了党对生态环境保护的认识，确立了生态思想在党执政中的重要地位。胡锦涛将生态文明建设纳入“五位一体”中国特色社会主义事业总布局的重要组成部分，认为生态文明的本质特征是人与自然的和谐共生，提升社会文明水平，重要内容是发展绿色经济、循环经济、低碳经济，将制度保障作为是生态文明建设的目标体系、考核办法、奖惩机制，彰显了以人为本、执政为民的理念。党的十八大以来，习近平站在中国特色社会主义事业全面发展战略全局的高度，在总结治国理政经验的基础之上，结合我国生态文明建设的实践，提出了一系列的新论断、新要求、新思想，是结合中国发展最新实际的基础上对历代中央领导集体生态文明建设思想的继承与创新，体现了马克思主义中国化理论成果的最新发展，为努力建设美丽中国、实现中华民族永续发展指明了方向，同时也实现了中国共产党人生态文明建设

① 习近平：《坚持节约资源和保护环境基本国策　努力走向社会主义生态文明新时代》，载《人民日报》2013年5月25日。

思想的与时俱进。

## 二、习近平生态文明建设思想形成的轨迹进程

习近平的生态文明建设思想萌芽于梁家河大队知青期间。1969年，习近平被下放到陕西省延川县文安驿梁家河大队做了七年知青，在这一段时期内，他深刻感受到了陕北地区恶劣的生态环境给当地人们生产和生活带来的诸多不利影响，梁家河大队山多、地少、水少、耕作条件恶劣的现实情况，催生习近平早期生态文明建设思想的逐步萌发。受到恶劣的生态环境的制约，整个延川县的生产力水平都很低，当时的梁家河更是需要依赖于落后的煤油灯照明，人们生活极不便利。1974年，在时任梁家河大队党支部书记习近平的带领之下，当地村民建成了陕西省第一口沼气池，且率先建成了全省第一个沼气化村，使得当地缺煤少柴的生产生活状况得以逐步缓解。沼气作为一种可再生的新能源，具有清洁无污染的特点，用它代替传统的煤炭和木柴等燃料，表明了习近平对新生能源的敏锐态度，也成为他在早期成功践行生态环境保护的最好证明。后来习近平回忆到，他的成长进步始于陕北的七八年间，他与民共苦的知青经历对其产生的至关重要的影响。由此可见，习近平在梁家河的实践不仅改变了当地落后的生产生活状况，也奠定了其生态文明建设思想初步萌发的基础。今天我们研究习近平的生态文明建设思想、治国理政思想、人民主体思想等，找寻最初的“根”都需要回到梁家河知青期间。

习近平的生态文明建设思想发展于执政河北正定县到福建期间。河北省正定县是习近平政治生涯的起步阶段，同时也是其生态文明建设思想的发展阶段。“宁肯不要钱，也不要污染”是习近平这一时期生态文明思想的集中体现，三十多年前习近平就是用这么朴素、简洁、鲜明的语言表达他对传统发展理念的突破，深藏着人与自然和谐的重要思想。正定县是有名的“高产穷县”，习近平在此执政期间提出通过合理利用自然条件推动相关产业发展，促进经济增长，他提出了“加快林果基地建设”，开创了“正定旅游模式”。习近平特别注重生态平衡的重要性，指出“在自然规律中，生态平衡对经济建设、农业发展的关系最为重大”“资源的减少，生态平衡的破坏，要求人类不要再无休止地自我膨胀”“要合理地利用自然资源，有效地保持良好的生态环境”。[①] 调任福建后，习近平提出了发展林业、兼顾生态效益的大农业思想，并开始逐步关注城市环境问题。他认为，要健全林业经营机制，要注重生态效益、经济效益和社会效益的统一，要走“大农业”的发展道路。[②] 此外，在他的主持之下，福州市、福建省还都编订了建设“生态市、生态省”的具体部署。由此可见，在这一时期习近平关注的焦点是自然生态系统，对人、自然、社会之间的关系有了更加清晰的认识，其生态文明建设思想得到了重大发展。

---

① 习近平：《知之深爱之切》，河北人民出版社2015年版，第138～140页。

② 习近平：《摆脱贫困》，福州人民出版社1992年版，第178～179页。

习近平的生态文明建设思想初步形成于执政浙江、上海期间。他站在文明兴衰的高度指明了生态文明建设的重要性，指出了“生态兴则文明兴，生态衰则文明衰。推进生态建设，是保护和发展生产力的客观需要，有利于减少环境污染和生态破坏，更好地为生产力发展增添后劲。”① 习近平也明确提出了“生态文化”的内涵，认为“生态文化的核心应该是一种行为准则，一种价值观念”，并指出“加强生态文化建设，在全社会确立起追求人与自然和谐相处的生态价值观，是生态建省得以推进的重要前提”。② 习近平著名的“两山”理论——既要金山银山，又要绿水青山，也是在这一时期提出的，并且将这一论断拓展至城乡、区域协调发展，生产力布局、政绩考核和财政政策等领域。在这一阶段，习近平关注的视角从自然生态系统的发展逐步转移到自然生态系统与人类社会系统的关系上来，以此作为生态文明建设的出发点，注重从人与自然、环境保护与社会发展、生态环境与经济发展等之间的辩证关系角度论述生态文明，强调要善待大自然、保护生态环境，不能以牺牲环境为代价换取经济发展，已破坏的生态系统也要及早恢复，要改变旧的政绩观，树立绿色发展的政绩观。要加强生态文化建设与制度建设，逐步确立生态发展优先的价值理念，从制度建设层面统筹人与自然协调发展，保证生态系统的良性循环，要从生态价值观与方法论的高度，注重知行合一，促进生态、经济、社会的良性互动与和谐发展。总之，这一时期习近平的生态文明建设思想以扩展至经济、社会等诸多领域，并初具雏形。

习近平的生态文明建设思想完善成熟于党的十八来以来。2012 年 11 月，党的十八大首次将生态文明作为“五位一体”总布局的重要组成部分之一，此后，习近平站在中国特色社会主义“五位一体”战略布局的高度，多次在不同场合从不同角度、不同层面对我国生态文明建设提出一系列重要论述，生态文明建设思想已日益成为其治国理政内容的重要维度之一。他从全球人类命运共同体的角度系统阐释了中国发展生态文明的思路和方针政策，可以将其概括为“一种理念、两个国策、三种发展模式、四个改变、五种建设”，为中国生态文明建设指明了方向，也向世界展示了生态治理的中国智慧和中国方案。“一个理念”是要在全社会真正树立起尊重自然、顺应自然、保护自然的理念，为此就必须深入贯彻“两个国策”，即节约资源与保护环境。要实现人口、资源、环境的协调发展，必须有新的发展模式，即“绿色发展、低碳发展、循环发展”，同时要改变不合理的产业结构、不良的空间格局、不合理的生产方式及不合理的生活方式，进而实现经济、政治、文化、社会、生态“五种建设”的同步推进和有机融合，使中国走向生态文明建设的新时代。除此之外，习近平在外事活动中也多次阐述了其生态文明建设思想，在出席 2015 年巴黎气候变化大会开幕式时，习近平发表了题为“携手构建合作共赢、公平合理的气候变化治理机制”的主旨演讲，提出“应对气候变化是人类共同的事业”，世界各国应“携手努力，为推动建立公平有效的全球应对气候变

① 习近平：《生态兴则文明兴——推进生态建设打造“绿色浙江”》，载《求是》2003 年第 13 期。
② 习近平：《之江新语》，浙江人民出版社 2007 年版，第 48 页。

化机制、实现更高水平全球可持续发展、构建合作共赢的国际关系而努力”。[①] 由此可见，习近平的生态文明建设思想已从国内提升至世界范围内“人类命运共同体”的高度，在传播中国生态好声音的同时，也增加了中国生态文明建设的国际话语权。

## 三、习近平生态文明建设思想的主要内涵

第一，生态文明是人类社会进步的重要成果，符合人类文明历史发展趋势。从人类文明发展史看，几大文明古国的形成都依赖于其生态良好的大河平原，其衰落也都源于生态的严重破坏。“生态兴则文明兴，生态衰则文明衰”便是习近平对生态环境与人类文明关系的高度概括，也是从中国最广大人民群众的长远利益、人类共同利益的唯物主义立场出发阐述生态文明的时代意义，科学地总结了人类文明发展历史的演变轨迹及其规律，是对生态文明的历史属性的深刻阐释，体现出中国共产党人在实践过程中对人类生态文明发展趋势的理性把握和清醒认识，是对生态文明在人类文明形态中的准确历史定位。从广义角度看，生态文明既是一种价值观，又是一种社会文明形态，其在整个社会中的地位也越来越被重视，在党的十八大上，生态文明被纳入“五位一体”的中国特色社会主义事业总布局之中，习近平也多次强调生态文明建设和经济、政治、文化、社会建设处于同等重要的顶层位置，这符合人类文明历史发展的趋势，也是时代发展潮流的必然体现。因此，作为一个发展中大国，我们的生态文明建设必须符合时代潮流，顺应世界发展趋势，进而才能实现永续发展。良好的生态环境是人和社会持续发展的根本基础，面对严峻的挑战，只有走科学发展之路，才能实现经济社会发展和生态环境的共赢，这也是实现社会主义现代化的必由之路。

第二，提出了要正确处理生态环境保护与生产力和经济发展间的关系。习近平在中央政治局第六次集体学习时强调，要正确处理好经济发展同生态环境保护的关系，牢固树立保护生态环境就是保护生产力、改善环境就是发展生产力的理念。这一重要论断，是在深入理解马克思生产力理论的基础上，揭示了我国生态文明建设与生产力发展的辩证关系，发展了生产力理论，也为我国经济发展指明了方向。在综合国力竞争中，生态环境及其可持续发展能力的因素日益重要，经济发展对生态环境的依赖程度在现代社会愈发明显，可以说，良好的环境能吸引和凝聚起更多生产要素，进而促进生产力发展，因此我们要高度重视生态环境对生产力发展的决定性作用，积极营造良好的生态环境条件，努力提升生态环境质量，以此提升生态生产力。习近平还提出了“发展不能再走老路”，即是要求我们不能以牺牲环境为代价换取一时的经济增长，这样的发展是失败的，要充分发挥作为重要自然资源的“绿水青山”的经济效益、生态效益、社会效益，坚持经济发展与环境保护协同推进的现代化发展之路。也不能以 GDP 增长率论英雄，在

① 习近平：《携手构建合作共赢、公平合理的气候变化治理机制——在气候变化巴黎大会开幕式上的讲话》，载《光明日报》2015年12月1日。

对经济社会的发展评价过程中，应将生态环境建设摆在更加突出的位置，建立生态环境评价的负面清单，否则，一系列环境问题势必会在中国的经济发展过程中涌现，进而使中国特色社会主义事业因失去生态环境支撑而难以为继。

第三，注重坚持以人为本，提出了生态环境民生论。“生态”和“民生”分属两个不同领域，但有着共同的价值取向，习近平坚持人民主体思想，站在广大人民的立场上，强调良好的生态环境应是全体人民共同享有的公共产品，深刻地揭示出我国生态文明建设和其生态思想的最终目标，即为人民创造更好的生产生活环境。改革开放40年，我国在经济高速增长的同时也带来一系列环境问题，国家生态环境安全及人民生命健康都受到严重威胁，所以习近平指出，把生态文明建设放到更加突出的位置，这也是民意所在。要更加注重生态环境的公平性问题，注重区域发展、行业发展的协调性，加大精准扶贫力度，在此过程中融入生态发展新模式，以良好的生态环境满足人民日益增长的对美好生活的需要，提升人民生活质量。十九大报告中习近平总书记提到了我国主要矛盾的变化，环境问题日益成为影响人民生活的突出问题，良好、健康、可持续的生态产品成为广大群众的新期待、新需求，在温饱实现以后人们更加注重环保，而健康也成为全面建成小康社会的题中应有之义，生态环境的质量直接关乎我们党以人为本执政理念的实现，进而影响到党的执政根基。发展不应以牺牲环境为代价，我们要在山清水秀的环境中实现全体人民生活富裕的目标。总书记的上述思想，在中国生态文明建设实践基础上丰富和发展了马克思的民生思想，并将“民生”和“生态”有机结合在一起，立足于人民群众，彰显了以人为本的执政理念。

第四，注重制度建设，强调要实行最严格的制度和最严密的法治。目前，我国在很多领域有关体制、机制和法治的不健全、不完备是社会主义现代化建设遇到的重要问题之一，基于此，习近平指出，要实行最严格的制度、最严密的法治，为生态文明建设提供可靠保障。一方面是要实行最严格的制度，习近平指出要实行资源有偿使用制度和生态补偿制度，要健全自然资源资产产权，使自然资源拥有明确的所有者，所有者在获取使用自然资源权利的同时，也要承担起保护资源的重任，以改变自然资源资产“无主”的现象。同时也要建立严格的终身追究制度，主要是指对党政干部的责任追究，因为生态问题的出现有滞后性，为避免“拍屁股走人”的情况，所以对造成严重生态恶果的领导干部要终身追究。另一方面是要实行最严密的法治，对破坏生态环境的行为予以法律制裁，这既是针对过去在生态文明建设中存在的一些有法不依、执法不严、违法不究现象而言，也是相对于经济、政治、社会建设而言，对破坏生态环境的违法行为实行更严厉、更果断的法律惩治。习近平强调要充分发挥法治对生态文明建设的引领规范作用，要科学立法，保证生态文明建设的权威性、连续性，要严格执法，加强生态文明建设领域的执法监督与管理，要公正司法，捍卫生态文明建设制度体系的权威性。相较于制度建设的静态性特征，法治建设更强调动态管理，能更好地覆盖到社会运行管理的每一角落。

第五，强调以系统工程抓好生态文明建设。环境问题治理是一个全方位、全过程、多领域的综合性复杂系统工程，应在马克思有机体思想的基本框架下，牢固树立系统性思维，运用系统工程的基本方法，坚持全面整体看问题的基本观点，以重大民生实事为抓手，在环境治理、能源保护、生态安全等重点领域有所作为，加快推进生态文明建设步伐，创造良好的生产生活环境。习近平强调，要牢固树立“生态红线”观念，这是我们党保护生态环境的决心和意志的表现，也是习近平生态文明建设思想在国家层面的具体体现。生态红线就是在生态领域的控制线，是不能逾越的底线，生态环境部（原环保部）2014年印发《国家生态保护红线—生态功能红线划定技术指南（试行）》，这表明我们在生态建设的实践活动中越来越注重系统思维的运用，逐步开始从全国整体的角度布局、划定生态红线。习近平提出要从宏观上对国土空间开发布局进行整体优化，各地区也都应结合自身实际以及区域主体功能的定位制定发展规划，切实推动主体功能区战略的实施。习近平也提出了要关心海洋、认识海洋、经略海洋，珍爱海洋资源，培养更多海洋人才，在保护海洋生态环境的基础上发展海洋科学技术、提高海洋资源开发能力，着力推动我国海洋强国建设取得新成就。习近平上述“一盘棋”的总体思想是系统工程在生态文明建设领域的具体运用，是强化党的领导、国家意志和全民行动的具体指南。在产业发展、城市建设、产品生产等各个环节中，都应想方设法保证生态系统整体功能的稳定。这不仅是发展方式和理念的巨大转变，也是执政方式和理念的深刻变革。

第六，提出构建社会主义生态文化，以文化建设筑牢生态文明建设的根基。中国共产党是我国先进文化前进方向的代表，先进的生态文化也理应被涵盖在其中，并不断发扬光大以此引领我们生态文明建设的实践。近些年来，我国的生态形势愈发严峻，给人民群众的生活以及经济社会的可持续发展都造成了严重的影响，这也从根本上体现出了人民群众生态意识不强、我国生态文化建设落后的严峻现实。习近平指出，要以一种对子孙后代高度负责的态度培育和宣传生态文化，通过“润物细无声”的形式使生态文化在社会生活的每一个角落得以体现，使其扎根于全社会、全体公民的心中，发挥其潜移默化的作用。从本质上看，生态危机就是生态文化的危机，我国许多生态问题的出现，深层次原因就是多数民众还没有真正树立起生态文化的价值理念。基于此，我们应更加注重社会主义先进文化建设的全面性，积极构建健康向上的生态文化，提高全民生态意识。除此之外，如何通过更为丰富和有效的手段在全社会宣传弘扬生态文化也值得我们深入思考与探索，对此，习近平指出，各级各类媒体特别是新媒体要主动担负起宣传弘扬生态文化的任务，通过积极向上的舆论氛围及舆论导向的构建，使生态文化在全社会得以真正普及。要在全社会逐步形成一种自觉运用科学的生态思维方式和生态伦理观念看待、解决生态问题的新风尚，使生态保护成为人们的思想自觉与行为自觉，贯穿至日常生活和社会生产的方方面面，为生态文明建设实践提供文化支撑，调动全社会的力量共同构建美丽中国。

## 四、习近平生态文明建设思想的理论意义

习近平同志高度重视生态文明建设，他提出的一系列新战略、新论断、新理念、新思想构成了重大的理论创新，是建设社会主义生态文明的理论指南，为我国科学推进生态文明建设提供了强大的理论指引和思想武器。

首先，习近平生态文明建设思想体现了对人类生态文明发展趋势的积极探索。人类社会发展至今天，已经经历了数种文明形态，体现了人与自然关系的不同状态。在前文明时代，即原始文明的与渔猎社会，人类敬畏、服从自然，在农业社会，人与自然整体和谐，部分利用自然，到后期试图去改变自然；而到了工业社会，人类试图征服自然，成为自然的主宰。随着工业社会所带来的一系列环境问题，生态危机在全球蔓延，越来越多的国家掀起生态环境保护运动，人类也逐步进入到新的时代——生态文明时代，由自然的主宰变为自然的朋友。同时，从中国传统文化的角度看，儒家的“天人合一”思想、道家的“道法自然”思想、墨家的“兼相爱、交相利”思想和佛家的“众生平等”思想，本身都包含着丰富的生态思想，体现着突破时代的前瞻性，从这个角度看，今天我们所要建设的生态文明社会也正是对传统文化的借鉴。改革开放以来，中国的综合国力不断提高，我们在经济、政治、文化、社会建设不断取得进步的同时，也越来越关注生态问题。中国倡导坚持环境友好、合作应对气候变化，这既是生态文明建设的内在要求，也是社会主义制度的先进性和优越性在生态文明领域的直接体现，还是中国作为负责任大国的重要体现，更是人类命运共同体的题中应有之义。中国提出与世界各国一道共谋生态文明建设的新道路，备受世界关注，各国学者也都纷纷给予高度赞扬。习近平在治国理政过程中逐步形成的生态文明建设思想，体现了其作为坚定的马克思主义者对唯物史观以及人类历史发展规律的深刻把握，是对自然的尊重、对人民的尊重，是在新时代推进全人类生态文明发展和社会文明进程的新的伟大探索和实践，也彰显了以人为本的执政理念，是发展理念的重大创新。

其次，习近平生态文明建设思想体现了对马克思主义生态观的继承与创新。马克思和恩格斯非常关注生态问题，创立了丰富而深刻的生态文明理论。他们从实践出发，以异化劳动理论为基础，运用唯物史观的基本原理，全面剖析并科学阐释了人与自然、人与社会、社会与自然之间的辩证关系，构建了人自身、人与自然、人与社会的生态系统理论，并进一步指出了资本主义社会的环境问题和生态问题产生的根源，形成了实践的唯物主义人化自然观。马克思主义的生态观，包含了生态自然观、生态经济观、生态伦理观、生态环境观、生态社会观等一系列基本内容，它既是一种科学理论的创立，也是对现实的反思与批判，既揭示了生态问题产生的原因，又指明了解决环境问题、生态问题的有效途径。习近平同志在治国理政的实践中，始终坚持马克思主义的基本理论，在解决中国生态环境问题的实践中逐步形成了其生态文明建设思想，可以说是对马克思主

义生态观的继承与创新。比如，生态文明建设被纳入中国特色社会主义事业五位一体总布局之中，坚持了马克思的生态文明主体论，体现了通过实践实现人与自然统一的思想；绿色、循环、低碳发展思想和实现消费模式的绿色化转型思想，体现了对人与自然之间合理的物质交换思想的准确把握与创新；用系统工程抓好生态文明建设及“两个最严”——实行最严格的制度、最严密的法治思想，体现并继承发展了马克思异化劳动、唯物史观视角的生态批判论及解决生态问题的社会制度构想；尊重自然、顺应自然、保护自然，实现经济效益、社会效益、生态效益相统一的思想，体现了以自然的优先性和人的主体性相统一为特点的生态文明价值论；保护生态环境就是保护生产力，改善生态环境就是发展生产力的思想，体现并创新发展了马克思的自然生产力理论；树立红线观念，建立责任追究制度，则是对马克思“外部自然界的优先地位”思想的深刻反映。

再次，习近平生态文明建设思想体现了对生态文明建设规律认识的不断升华。中国共产党人在马克思主义中国化的过程中，不断升华着对生态文明建设规律的认识。毛泽东、邓小平、江泽民、胡锦涛等历届中央领导人在马克思主义生态观的指引下，结合特定时代生态文明发展实践，不断发展着中国化马克思主义生态观。进入新时代，习近平对我们党长期探索生态文明建设的经验进行总结，不断升华着我们党对生态文明建设规律的认识，站在更高远的视角上提出了其生态文明建设思想。新时代的生态文明建设，深刻体现着生态价值和人的价值高度统一的价值观与全面协调可持续的发展观之间的统一与融合，最终落脚点还是人类社会的永续发展；新时代的生态文明建设，融汇贯穿于中国特色社会主义经济、政治、文化、社会建设的全部领域，契合着社会主义本质理论，同时也更深层次地体现着在体制、机制、制度等方面的构建、完善与改革，为合理开发利用自然提供了现实可能性，表明社会主义较之于在生态文明建设方面的制度优势；新时代的生态文明建设，是一种以社会化的视角全面衡量审视生态危机，并在此基础上通过对制度建设的囊括提出解决方案的新思想，是对自然界发展规律、人类文明发展规律、经济运行发展规律、自然资源利用及保护规律的深刻把握提出的新认识，是对生态文明建设规律在更高层次的理性升华。习近平生态文明建设思想，是从顶层设计的高度、从人类命运共同体的角度来对待我们赖以生存的自然界，既反映了我们党对生态文明建设规律认识的理性升华，也为彻底解决生态环境问题提供了中国智慧和中国方案。

最后，习近平生态文明建设思想体现了我们党执政理念的与时俱进和丰富拓展。实现国家治理体系和治理能力的现代化，是全面深化改革的重要目标之一。随着生态环境的恶化，特别是党的十七大以来，生态文明建设逐步被纳入国家治理的重要领域，进而成为党的执政的重要主题之一，充分体现了中国共产党作为一个马克思主义的与时俱进的政党在执政理念领域的丰富、拓展和创新。在治国理政的实践中，习近平将生态文明建设的理念逐步纳入党的执政领域，成为习近平新时代中国特色社会主义思想的重要构成部分之一，进一步巩固了党的执政基础，拓展了党的执政视野，提升了党的执政水平。近年来，生态环境问题日益严重，如果我们党不能积极回应群众的关切并很好地解决这一问题，必然会导致群众对于执政党的信任危机，进而引发社会问题。生态环境问题对经济社会的可持续发展、国家的生态安全及国际形象、人民群众的健康幸福、国家的长治久安都有着直接的影响。从习近平的生态文明建设思想中，我们也可以很明确地感觉到其对于人民群众的殷切关怀，我们党越来越将生态利益作为重要的执政目标之一，同时也在实践中践行着“生态优先”的执政导向，可以说，在当前甚至未来更长一段时期内，生态环境问题都是我们党的执政重点之一，而生态环境的治理成效在我们党的执政标准中所占的比重也会越来越高。由此可见，我们党在实现和推进马克思主义中国化的历史进程中，特别注重对执政规律的把握和运用，体现在现实中就是党的执政理念越来越先进，越来越关切人民群众的呼应，越来越与时俱进和丰富拓展。

## 参考文献

[1]《马克思恩格斯全集》(第1卷)，人民出版社1956年版，第603页。

[2]《马克思恩格斯全集》(第42卷)，人民出版社1972年版，第167~168页。

[3] 习近平：《坚持节约资源和保护环境基本国策　努力走向社会主义生态文明新时代》，载《人民日报》2013年5月25日。

[4] 习近平：《知之深爱之切》，河北人民出版社2015年版，第138~140页。

[5] 习近平：《摆脱贫困》，福州人民出版社1992年版，第178~179页。

[6] 习近平：《生态兴则文明兴——推进生态建设打造“绿色浙江”》，载《求是》2003年第13期。

[7] 习近平：《之江新语》，浙江人民出版社2007年版，第48页。

[8] 习近平：《携手构建合作共赢、公平合理的气候变化治理机制——在气候变化巴黎大会开幕式上的讲话》，载《光明日报》2015年12月1日。

# 准确把握习近平生态文明思想的宽广视角

常红利*

**摘要：**学习贯彻习近平生态文明思想，要有宽广的视角。视角不同，所看到的问题和所得出的结论就会不同，学懂弄通习近平生态文明思想，特别要求我们要更加自觉树立历史眼光，坚持历史和现实相贯通，深刻领会“人与自然和谐共生”的历史内涵；增强大局观念、坚持国际和国内相关联，深刻领会“生态兴则文明兴，生态衰则文明衰”的国际视野；强化理论思维、坚持理论和实际相结合，深刻领会“绿水青山就是金山银山”的实践要求。

**关键词：**深刻领会　习近平生态文明思想　视角

“横看成岭侧成峰，远近高低各不同。”讲的是看问题的视角不同，所看到的问题和所得出的结论就会不同。党的十九大报告指出：“站立在九百六十多万平方公里的广袤土地上，吸吮着五千多年中华民族漫长奋斗积累的文化养分，拥有十三亿多中国人民聚合的磅礴之力，我们走中国特色社会主义道路，具有无比广阔的时代舞台，具有无比深厚的历史底蕴，具有无比强大的前进定力。”这段话描述的就是中国共产党人看问题应该有的视角。

2018 年 1 月 5 日，习近平总书记在学习贯彻党的十九大精神研讨班开班式上强调，学习贯彻党的十九大精神，“必须提高政治站位、树立历史眼光、强化理论思维、增强大局观念、丰富知识素养、坚持问题导向，从历史和现实相贯通、国际和国内相关联、理论和实际相结合的宽广视角，对一些重大理论和实践问题进行思考和把握”。对于思考和把握生态环境问题、进而学习贯彻习近平生态文明思想，我们尤其需要学懂弄通其宽广的视角。

---

* 常红利，北京印刷学院马克思主义学院院长助理。

## 一、树立历史眼光，坚持历史和现实相贯通，深刻领会“人与自然和谐共生”的丰富内涵

生态问题，就其表现来看，它是人与自然物质变换关系持续恶化的反映。研究生态问题，需要一定生态文明观的指导。而作为观念的生态文明观，“不外是移入人的头脑并在人的头脑中改造过的物质的东西而已。”① 所以，准确掌握生态文明观的由来和发展，必须把它放在人与自然关系长期演进的视角，以史为鉴、知古鉴今。习近平总书记说：“只有回看走过的路、比较别人的路、远眺前行的路，弄清楚我们从哪儿来、往哪儿去，很多问题才能看得深、把得准。”② 在生产实践中，人与自然物质变换关系的演进是一个自然历史过程，它从根本上决定着人与人物质变换的社会形式及其相应的生态文明观。

迄今为止，人类社会形式的演进经历了三个阶段。其中，“人的依赖关系（起初完全是自然发生的），是最初的社会形式，在这种形式下，人的生产能力只是在狭小的范围内和孤立的地点上发展着。”③ 马克思所讲的最初的社会形式可归为古代社会。在古代社会，自然界的广袤、深邃及其所表现出的力量让人类感到的是神秘和忐忑。马克思恩格斯指出：“自然界起初是作为一种完全异己的、有无限威力的和不可制服的力量与人们对立的、人们同自然界的关系完全像动物同自然界的关系一样，人们就像牲畜一样慑服于自然界，因而，这是对自然界的一种纯粹动物式的意识（自然宗教）。”

“以物的依赖性为基础的人的独立性，是第二大形式，在这种形式下，才形成普遍的社会物质交换，全面的关系．多方面的需要以及全面的能力的体系。”④ 马克思所讲到的第二大社会形式就是现代资本主义社会。这种社会是由劳动“资本逻辑”主导的社会。在劳动“资本逻辑”主导下，“资产阶级在它的不到一百年的阶级统治中所创造的生产力，比过去一切时代创造的全部生产力还要多，还要大。自然力的征服，机器的采用，化学在工业和农业中的应用，轮船的行驶，铁路的通行，电报的使用，整个大陆的开垦，河川的通航，仿佛用法术从地下呼唤出来的大量人口，——过去哪一个世纪料想到在社会劳动里蕴藏有这样的生产力呢。”⑤ 在现代资本主义社会，劳动“资本逻辑”对人与自然物质变换的作用就是“过度”，也就是过度生产、过度消费和过度排泄。这种“过度”不断破坏着人与自然之间的物质变换，其结果必然是全球性的生态危机。

---

① 《资本论》（中文第2版第1卷），人民出版社2004年版，第22页。
② 《习近平在十九大精神研讨班开班式上的讲话》，载《人民日报》2018年1月6日。
③④ 《马克思恩格斯全集》（中文第2版第1卷），人民出版社1995年版，第107页。
⑤ 《马克思恩格斯选集》，（中文第2版第1卷），人民出版社1995年版，第277页。

“建立在个人全面发展和他们共同的、社会的生产能力成为从属于他们的社会财富这一基础上的自由个性，是第三个阶段。第二个阶段为第三个阶段创造条件。”① 马克思所讲到的第三大社会形式包括社会主义社会和共产主义社会。从中国特色社会主义实践来看，党的十八大第一次把生态文明建设纳入“五位一体”总体布局，党的十九大又把“美丽”作为新时代中国特色社会主义的总目标并写进党章。在未来的共产主义社会，马克思指出：“这种共产主义，作为完成了的自然主义 = 人道主义，而作为完成了的人道主义 = 自然主义，它是人和自然界之间、人和人之间的矛盾的真正解决，是存在和本质、对象化和自我确证、自由和必然、个体和类之间的斗争的真正解决。”② 可见，社会主义社会和共产主义社会都是具有鲜明生态特征的社会。在人与自然关系方面，中国特色社会主义从“人与自然和谐共生”的视角反思生态环境问题并积极寻找治本之策，代表了这一阶段最新的生态文明观。

“坚持人与自然和谐共生”，是党的十九大确立的一条基本方略，也是社会主义生态文明观的核心理念，具有十分丰富的历史内涵。第一，建设生态文明是中华民族永续发展的千年大计。必须坚持节约资源和保护环境的基本国策，像对待生命一样对待生态环境，统筹山水林田湖草系统治理，实行最严格的生态环境保护制度，形成绿色发展方式和生活方式，坚定走生产发展、生活富裕、生态良好的文明发展道路，建设美丽中国，为人民创造良好生产生活环境，为全球生态安全做出贡献。第二，人与自然是生命共同体，人类必须尊重自然、顺应自然、保护自然。人类只有遵循自然规律才能有效防止在开发利用自然上走弯路，人类对大自然的伤害最终会伤及人类自身，这是无法抗拒的规律。第三，我们要建设的现代化是人与自然和谐共生的现代化，既要创造更多物质财富和精神财富以满足人民日益增长的美好生活需要，也要提供更多优质生态产品以满足人民日益增长的优美生态环境需要。第四，必须坚持节约优先、保护优先、自然恢复为主的方针，形成节约资源和保护环境的空间格局、产业结构、生产方式、生活方式，还自然以宁静、和谐、美丽。我们必须以时不我待只争朝夕的精神投入生态实践，努力开创新时代中国特色社会主义生态文明新局面。

## 二、增强大局观念、坚持国际和国内相关联，深刻领会“生态兴则文明兴，生态衰则文明衰”的国际视野

习近平总书记反复强调：“要树立大局意识，善于从大局看问题，放眼世界，放眼未来，也放眼当前，放眼一切方面；要善于观大势、谋大事，把握工作主动权；要加强战略思维，增强战略定力。”③ 树立大局意识，就是从长远看当前、从全局看局部、从

① 《马克思恩格斯全集》（中文第2版第1卷），人民出版社1995年版，第107页。
② 《资本论》，（中文第2版第3卷），人民出版社2004年版，第297页。
③ 《习近平谈治国理政》（第2卷），外文出版社2017年版，第221页。

整体看部分。努力占据观察事物、分析问题的制高点，从总体上把握事物发展趋势和方向，进而增强战略定力和统筹协调能力。

实现中华民族伟大复兴是新时代中国共产党的历史使命，而民族复兴最显著的标志则是文明的全面提升和兴旺发达。从战略大局把握生态文明，就必须把生态建设放在古今中外文明兴衰的视角来认识。早在2003年，在《生态兴则文明兴——推进生态建设打造“绿色浙江”》一文中，时任浙江省委书记的习近平就明确提出：“生态兴则文明兴，生态衰则文明衰。”放眼全球，无论从世界还是从中华民族的文明历史看，生态环境的变化都直接影响着文明的兴衰演替。

## （一）“生态衰则文明衰”

对此，习近平总书记曾多次引用过恩格斯在《自然辩证法》中写的这段名言：“美索不达米亚、希腊、小亚细亚以及其他各地的居民，为了得到耕地，毁灭了森林，但是他们做梦也想不到，这些地方今天竟因此而成为不毛之地，因为他们使这些地方失去了森林，也就失去了水分的积聚中心和贮藏库。阿尔卑斯山的意大利人，当他们在山南坡把那些在山北坡得到精心保护的枞树林砍光用尽时，没有预料到，这样一来，他们把本地区的高山畜牧业的根基毁掉了；他们更没有预料到，他们这样做，竟使山泉在一年中的大部分时间内枯竭了，同时在雨季又使更加凶猛的洪水倾泻到平原上。”这段话应该是对古代社会“生态衰则文明衰”最著名的总结。而事实上，如果我们把视角放的更加久远一点，四大文明古国兴起的重要原因又何尝不是“生态兴则文明兴”呢?!

## （二）“生态兴则文明兴”

现代社会西方文明的兴起与当地独特而适宜的生态环境有着密切的关系。但20世纪，发生在西方国家的“世界八大公害事件”对生态环境和公众生活造成巨大影响。其中，洛杉矶光化学烟雾事件，先后导致近千人死亡、75%以上市民患上红眼病。伦敦烟雾事件，1952年12月首次暴发的短短几天内，致死人数高达4 000，随后2个月内又有近8 000人死于呼吸系统疾病，此后1956年、1957年、1962年又连续发生多达12次严重的烟雾事件。日本水俣病事件，因工厂把含有甲基汞的废水直接排放到水俣湾中，人食用受污染的鱼和贝类后患上极为痛苦的汞中毒病，患者近千人，受威胁者多达2万人。对此，美国作家蕾切尔·卡逊的《寂静的春天》一书对这些状况作了详细描述。自20世纪60年代伊始，《寂静的春天》一书唤醒了沉睡了几百年的蕴含在民众中的生态意识，掀起了一场轰轰烈烈并延续至今的生态革命。

### （三）在我国，“生态兴则文明兴，生态衰则文明衰”规律同样也为5000多年中华民族的文明历史所验证

据史料记载，现在植被稀少的黄土高原、渭河流域、太行山脉也曾是森林遍布、山清水秀，地宜耕植、水草便畜。由于毁林开荒、乱伐滥砍，这些地方生态环境遭到严重破坏。塔克拉玛干沙漠的蔓延，湮没了盛极一时的丝绸之路。河西走廊沙漠的扩展，毁坏了敦煌古城。科尔沁、毛乌素沙地和乌兰布和沙漠的蚕食，侵占了富饶美丽的蒙古草原。楼兰古城因屯垦开荒、盲目灌溉，导致孔雀河改道而衰落。河北北部的塞罕坝围场，早年树海茫茫、水草丰美，但从同治年间开围放垦，致使千里松林几乎荡然无存，出现了几十万亩的荒山秃岭。

值得注意的是，新中国成立以后，河北塞罕坝林场的建设者们听从党的召唤，在“黄沙遮天日，飞鸟无栖树”的荒漠沙地上艰苦奋斗、甘于奉献，创造了荒原变林海的人间奇迹。2017年12月5日，联合国环境规划署宣布，中国塞罕坝林场建设者获得2017年联合国环保最高荣誉——“地球卫士奖”。“星星之火可以燎原”，在中国特色社会主义新时代，在习近平生态文明思想指引下，中华大地上会涌现出越来越多的“塞罕坝”，“一代接着一代干，驰而不息，久久为功，努力形成人与自然和谐发展新格局，把我们伟大的祖国建设得更加美丽，为子孙后代留下天更蓝、山更绿、水更清的优美环境。”①

从宽广的国际视野认识掌握“生态兴则文明兴，生态衰则文明衰”规律，对于实现中华民族伟大复兴中国梦具有重大而深远的意义。恩格斯深刻指出：“我们不要过分陶醉于我们人类对自然界的胜利。对于每一次这样的胜利，自然界都对我们进行报复。每一次胜利，起初确实取得了我们预期的结果，但是往后和再往后却发生完全不同的、出乎预料的影响，常常把最初的结果又消除了。”对此，我们一定要增强忧患意识，严守生态底线，充分认识到没有美丽中国目标的实现，就没有文明的提升；没有文明的提升，就没有中华民族的伟大复兴。

## 三、强化理论思维、坚持理论和实际相结合，深刻领会“绿水青山就是金山银山”的实践要求

恩格斯指出：“一个民族想要站在科学的最高峰，就一刻也不能没有理论思维。”②强化理论思维，不是要脱离实践、崇尚空谈冥想，而是要更加紧密地联系实际，更加自觉地树立求实思维，更加自觉地树立实践第一的思想。在马克思主义生态文明思想史

① 《习近平谈治国理政》（第2卷），外文出版社2017年版，第397页。
② 《马克思恩格斯全集》（中文第2版第3卷），人民出版社1995年版，第467页。

上，“两山”理念就是习近平总书记强化理论思维，坚持理论与实际相结合提出的最具有原创性和社会影响力的理念典范。

## （一）“两山”理念的提出

早在20世纪80年代，习近平在河北正定工作的时候，就提出“宁肯不要钱，也不要污染”的观点；2005年8月，习近平在浙江担任省委书记，在安吉县考察工作时，首次提出“两山”理念，他强调，“我们过去讲，既要绿水青山，又要金山银山。其实，绿水青山就是金山银山。”

2006年，习近平以笔名“哲欣”在《浙江日报》上发表文章，系统总结了人们对绿水青山和金山银山这“两座山”之间关系的认识过程。他说，在实践中对这“两座山”之间关系的认识经过了三个阶段：第一个阶段是用绿水青山去换金山银山，不考虑或者很少考虑环境的承载能力，一味索取资源。第二个阶段是既要金山银山，但是也要保住绿水青山，这时候经济发展和资源匮乏、环境恶化之间的矛盾开始凸显出来，人们意识到环境是我们生存发展的根本，要留得青山在，才能有柴烧。第三个阶段是认识到绿水青山可以源源不断地带来金山银山，绿水青山本身就是金山银山，我们种的常青树就是摇钱树，生态优势变成经济优势，形成了浑然一体、和谐统一的关系。这个阶段是一个更高的境界，体现了科学发展观的要求，体现了发展循环经济、建设资源节约型和环境友好型社会的环境理念。以上三个阶段是经济增长方式转变的过程，是发展观念不断进步的过程，也是人和自然不断调整、趋向和谐的过程。这是习近平对“两山”理念的第二次比较完整的表述。

2013年，习近平出访哈萨克斯坦，在纳扎尔巴耶夫大学发表演讲时说：“我们追求人与自然的和谐、经济与社会的和谐，通俗地讲，就是要‘两座山’：既要绿水青山，也要金山银山。宁要绿水青山，不要金山银山，而且绿水青山就是金山银山。”这被公认为是习近平对“两山”理念最经典、最系统的一次论述。2017年10月，党的十九大召开。“必须树立和践行绿水青山就是金山银山的理念”写入党的十九大报告和党章。这标志着“两山”理念成为习近平新时代中国特色社会主义思想的重要组成部分。

## （二）“两山”理念的内涵、意义

“两山”理念深刻反映了自然规律对人类经济活动的要求，正确揭示了经济发展和环境保护的辩证关系，具有丰富的内涵和重大的意义。“既要绿水青山，也要金山银山”指的是我们既要保护好生态环境，也要发展好经济，二者相互依存、缺一不可；“宁要绿水青山，不要金山银山”指的是在二者不可兼得的特定条件下一定要把生态环境保护放在优先位置，绝不能以牺牲生态环境为代价换取经济的一时发展；“绿水青山就是金山银山”指的是保护和发展具有内在统一、相互促进和协调共生的关系，保护生态环境的过程就是保护自然价值和增值自然资本的过程、就是保护经济社会发展潜力和后劲的过程，保护好生态环境可以源源不断地带来经济发展。

“两山”理念告诉我们，要把生态环境保护放在更加突出位置，环境就是民生，青山就是美丽，蓝天也是幸福。要着力推动生态环境保护，像保护眼睛一样保护生态环境，像对待生命一样对待生态环境。生态文明建设事关中华民族永续发展和“两个一百年”奋斗目标的实现，保护生态环境就是保护生产力，改善生态环境就是发展生产力。

## （三）坚持“两山”理念

“两山”理念要求我们，要坚持和贯彻新发展理念，正确处理好经济社会发展和生态环境保护的关系，像保护眼睛一样保护生态环境，像对待生命一样对待生态环境，把解决突出生态环境问题作为民生优先领域。坚决打赢蓝天保卫战是重中之重，要以空气质量明显改善为刚性要求，强化联防联控，基本消除重污染天气，还老百姓蓝天白云、繁星闪烁。要深入实施水污染防治行动计划，保障饮用水安全，基本消灭城市黑臭水体，还给老百姓清水绿岸、鱼翔浅底的景象。要全面落实土壤污染防治行动计划，突出重点区域、行业和污染物，强化土壤污染管控和修复，有效防范风险，让老百姓吃得放心、住得安心。要持续开展农村人居环境整治行动，打造美丽乡村，为老百姓留住鸟语花香田园风光。

“两山”理念要求我们要充分认识形成绿色发展方式和生活方式的重要性、紧迫性、艰巨性，加快建立健全以生态价值观念为准则的生态文化体系，以产业生态化和生态产业化为主体的生态经济体系，以改善生态环境质量为核心的目标责任体系，以治理体系和治理能力现代化为保障的生态文明制度体系，以生态系统良性循环和环境风险有效防控为重点的生态安全体系。要通过加快构建生态文明体系，确保到2035年，生态环境质量实现根本好转，美丽中国目标基本实现。到21世纪中叶，物质文明、政治文明、精神文明、社会文明、生态文明全面提升，绿色发展方式和生活方式全面形成，人与自然和谐共生，生态环境领域国家治理体系和治理能力现代化全面实现，建成美丽中国。

“两山”理念还要求我们不断提高环境治理水平。要充分运用市场化手段，完善资源环境价格机制，采取多种方式支持政府和社会资本合作项目，加大重大项目科技攻关，对涉及经济社会发展的重大生态环境问题开展对策性研究。要实施积极应对气候变化国家战略，推动和引导建立公平合理、合作共赢的全球气候治理体系，彰显我国负责任大国形象，推动构建人类命运共同体。

# 《资本论》研究

## 试析当代西方学者的《资本论》研究*

邰丽华**

**摘要**：长期以来，国内学界对西方学者的《资本论》研究，大多涉及人物、主要观点或流派的简要评介，关于研究特点、主要局限与发展趋势等总括性研究成果相对薄弱；纵观150余年西方社会的《资本论》研究，"整体性否定""沟通与融合"及"超越式改造"三种倾向混杂共存、交互影响、彼此制约；西方学者在研究《资本论》的过程中，存在着研究立场虚假中立、理论结论颠覆性强、研究方法多元冲突等局限；关注西方社会《资本论》研究的最新成果和发展态势，有助于我们拓宽《资本论》研究的视域，创新《资本论》的研究方法，掌握《资本论》研究的话语体系，融入国际社会《资本论》研究的主流。

**关键词**：西方马克思主义　《资本论》研究　基本趋向　主要局限

## 一、引　言

1867年《资本论》第一卷德文第一版问世，至今150年的历史长河中，马克思及其理论学说在西方世界几经沉浮，偏见和争议不断，低谷与高潮迭起。西方社会的《资

---

* 本文属于北京高校中国特色社会主义理论研究协同创新中心（中国政法大学）的阶段性工作成果，发表于《毛泽东邓小平理论研究》2017年第9期。人大报刊复印资料《马克思列宁主义研究》2018年第2期全文转载。

** 邰丽华，中国政法大学教授。

本论》研究，出现了很多有影响的人物、观点和流派。相比较之下，我国由于特殊的社会、历史和政治等方面的原因，《资本论》研究领域的国际话语权缺失，与国外学界沟通与交流不足，中西方相互隔绝的状态持续时间较长。20世纪80年代后，伴随着经济体制改革的不断深入，思想文化领域的开放进程也日益增强，西方社会《资本论》的研究成果开始引起我国理论界的关注。但是，国内学者对西方社会《资本论》的追踪研究，呈现分散化、碎片式、个体性的特点，对从事研究的具体人物、理论观点或学说流派的评介性著述较多；而有关国外《资本论》研究的特点、趋势、问题与不足等总括性研究相对薄弱。魏埙、严正、裴小革等部分国内学者从时间维度出发，分别以19世纪末和20世纪初、大萧条和第二次世界大战、东欧剧变以及21世纪初美国次贷危机和欧债危机等特殊历史节点为背景，将第一卷问世至今西方学者的《资本论》研究史划分为不同阶段，并试图归纳不同历史时期西方社会关于《资本论》研究的不同特点。“分期论”是从总体上关注国外《资本论》研究最新动态的有益尝试。但是，这一研究仍然不能全面、准确、客观和动态地反映当代西方学者《资本论》研究的最新进展，无法从整体上把握和预测西方社会《资本论》研究的总体特征和未来发展趋势。

笔者试图从总体上概括西方学者关于《资本论》研究的新特点与新动态，进而提出了“趋向论”的观点，即将西方学者一个半世纪以来的《资本论》研究进程概括为“整体性否定”“沟通与融合”和“超越式改造”三个主要趋向。所谓“整体性否定”，是西方学者就《资本论》的理论基础、逻辑结构和理论结论而言，有关《资本论》过时论、对立论、错误论等观点都属于这一范畴；所谓“沟通与融合”，是指一些西方学者分别从研究方法、研究主题或理论观点入手，一方面将《资本论》与主流经济学进行“沟通与融合”，另一方面“沟通与融合”马克思经济学与非主流经济学；所谓“超越式改造”，主要指西方学者通过“改造”《资本论》的一些重要概念术语、基本原理和研究方法，以期达到所谓“超越”《资本论》的目标和宗旨。需要强调的是，在不同的历史阶段，西方学者有关《资本论》研究的上述三种趋向呈现混杂共存、交相影响的态势，不存在相互对立或彼此排斥的关系。当“整体性否定”的趋向占据主要地位时，为《资本论》辩护的声音仍然强烈；当“沟通与融合”的趋向明显时，所谓《资本论》过时论、无用论、错误论等整体性否定的研究并未绝迹；当“超越式改造”成为《资本论》研究的新潮流时，仍然有些西方学者坚持不懈地对《资本论》进行“整体性否定”或者“沟通与融合”的努力。

纵观150余年《资本论》在西方社会研究和传播的历史，我们不难发现，《资本论》及其体现的马克思主义基本原理，无论是作为社会思潮，抑或是理论体系，还是社会问题改革方案，或者是所谓意识形态工具，在西方社会的影响均不容小觑。随着社会的发展和时代的变迁，《资本论》必将日益焕发新的生机与活力。因此，在国外马克思主义研究领域，密切追踪西方学者《资本论》研究的最新成果，深入解读和不断挖掘《资本论》的理论意义和现实价值，有助于拓宽《资本论》的研究对象，丰富研究内容，改进研究方法，促进马克思主义和中国特色社会主义政治经济学的发展与创新。但是，在充分肯定西方学者关于《资本论》研究最新进展的同时，对其中存在的问题与局限，必须要有清醒的认识。

## 二、西方学者《资本论》研究的主要局限

一个半世纪以来，围绕着对《资本论》的肯定与坚持、批判与否定、沟通与融合以及改造与超越等议题，西方学者展开了长期而持久的对话，取得了一系列重要成果。西方社会的《资本论》研究，构成西方马克思主义的重要组成部分，也对国内学界的《资本论》研究产生重大影响。长期以来，由于西方学者围绕着《资本论》的研究视域与话语、研究主题与内容、研究体系与方法等方面取得的系列突破，推动了马克思主义理论的发展与传播。但是，西方学者的《资本论》研究，在研究立场、理论观点、研究方法等方面的问题与局限，值得探讨与反思。

### （一）西方学者关于《资本论》的研究立场虚假中立

在《资本论》诞生后很长一段时间，不管是持赞同态度或者反对意见，大多数西方研究者或者来自不同的党派，或者归属于不同的社会组织，他们的共性之处是阶级立场坚定，理论观点的意识形态色彩鲜明。针对当时日益加剧的政治、经济和社会等一系列现实矛盾，这些西方人士即使理论观点或解决方案相互冲突或彼此对立，但是，他们的政治立场和理想信念也始终如一。如恩格斯作为马克思忠诚的朋友和遗嘱执行人，为《资本论》的编辑出版做出了巨大的贡献。其站在马克思主义的立场上，穷其一生捍卫和发展马克思主义理论的努力，在马克思主义发展史上留下了浓墨重彩的一笔。莫里斯·多布、路易斯·阿尔都塞、德拉·沃尔佩等以其共产党员的身份，在马克思理论的发展与创新的问题上同样功不可没；另一方面，作为马克思理论坚定的反对者，庞巴维克曾担任奥匈帝国财政部长，凯恩斯出任过财政大臣，哈耶克有政府机构任职的经历，并曾具有费边社会主义的倾向。他们的官方身份和理论偏好，在反马克思主义的立场上同样丝毫不动摇。他们对《资本论》的彻底否定，同时凸显了西方主流意识形态排斥异己的典型特点。

20 世纪 20 ~ 30 年代之后，《资本论》研究者中的官方或政党人员开始减少，大学教授逐渐增多，学术化马克思主义的现象日益明显。这一趋势在 20 世纪 40 ~ 50 年代、东欧剧变以及进入新世纪后均有所加强。研究者个人身份和经历发生变化的同时，他们的研究视域和研究立场也在悄然发生着改变。当下西方社会《资本论》研究中出现的“去经济学化”① 现象，即主要从哲学、历史学、美学、社会学、政治学、生态学以及

① 郤丽华：《西方马克思主义“去经济学化”现象反思》，载《当代经济研究》2013 年第 1 期。

文学艺术等学科专业的视角解读《资本论》，淡化了马克思理论中所蕴含的阶级特征和意识形态色彩，是西方学者追求研究立场中立性的突出表现。如近年有西方学者明确提出，《资本论》的理论与实践存在着一定的差距，马克思的经济危机理论包含一些自相矛盾之处，而解决这些问题的唯一选择，就是应采取中间性的研究立场，“即介于把社会主义看作是一种逻辑的必然性的马克思主义决定论和认为矛盾已经被永远消除、资本主义从而可永远延续下去的马克思主义怀疑论之间的立场。”① 阿格尔认为，只有从中间性的研究立场出发，《资本论》才是一部有价值的著作。

西方社会关于《资本论》研究立场的颠覆性转变，对意识形态问题的刻意回避，一方面，说明西方学者的《资本论》研究“只是一种非政治意义的运动”，② 知识分子在其中发挥批判的重要作用，但是“这些批判却没有任何方向”；③ 另一方面，西方学者宣称的去意识形态化和价值中立，本身就代表了西方的立场，是西方主流意识形态不自觉的流露。因为“所谓的中立性研究立场只不过是一种姿态，在这种姿态的背后，却隐藏着与劳动价值论以及建立在劳动价值论基础上的马克思经济学理论相对抗、为资本主义制度辩护、欺骗和麻痹广大劳动群众、从而实现为统治阶级的利益服务的最终目标。”④ 20 世纪 80 年代末以来，以美国为首的发达资本主义国家主要在亚洲、东欧、非洲和拉丁美洲倡导和推行的自由化、市场化和私有化改革，正是新自由主义基于所谓中立的研究立场，探索经济学理论普世意义的徒劳之举。

## （二）西方学者关于《资本论》的理论观点颠覆性强

当代西方学者的《资本论》研究成果，有以下三个突出特点：一是学科门类多，很多文章或著作涉及哲学、经济学、社会学、历史学、政治学、生态学、美学等不同学科领域；二是话题范围广，他们对女权主义、生态环境、全球化、落后国家的不发达等问题有浓厚的兴趣，并试图从《资本论》中寻找相关解释；三是注重政策的时效性。如美国次贷危机和欧债危机爆发后，马克思和《资本论》再次引起西方社会的关注。运用马克思主义的视角探讨经济危机的产生根源、作用机制及治理措施，并致力于为政府决策提供政策建议，成为很多西方学者热衷的方向。

当代西方学者“超越式改造”《资本论》的过程，不可避免地出现了概念范畴混乱，逻辑结构断裂、理论观点片面、研究结论颠覆等缺陷。如保罗·巴兰和保罗·斯威齐提出用“经济剩余”取代“剩余价值”⑤ 的观点。经他们改造后的剩余价值范畴，历史暂时性的内涵丧失殆尽，经济剩余成为永恒的话题。其所谓“实际的经济剩余”“潜在的经济剩余”和“计划经济剩余”三种划分，说明在前资本主义、资本主义和共产

---

① 本·阿格尔著，慎之等译：《西方马克思主义概论》，中国人民大学出版社 1991 年版，第 19 ~20 页。

②③ 戴维·麦克莱伦：《当代西方马克思主义流派》，载《北京大学学报（哲学社会科学版）》1997 年第 1 期。

④ 郜丽华、陈翔云：《劳动价值论屡遭非议的深层原因探析》，载《政治经济学评论》2010 年第 4 期。

⑤ 保罗·巴兰、保罗·斯威齐著，蔡中兴等译：《增长的政治经济学》，商务印书馆 2000 年版。

主义等不同的社会形态中，经济剩余同样无可避免。马克思的剩余价值理论及人类社会更替的构想，理论意义丧失殆尽，现实危害层出不穷。加拿大学者迈克尔·A. 莱博维奇则颠覆性地改造了相对剩余价值理论。他认为，由于提高劳动生产率而实现的相对剩余价值，完全可以由工人和资本家共同获得，二者所获份额的多少取决于双方通过阶级斗争的力量博弈。莱博维奇关于相对剩余价值概念的重造，既颠覆了马克思关于资本家与工人之间剥削与被剥削关系的揭示，同时也背离了工资与利润此消彼长的古典经济学传统。①

2000 年之后，迈克尔·佩罗曼、大卫·哈维等开始反思马克思关于资本原始积累的论述。他们提出，在人类社会发展到今天，“马克思所提及的有关原始积累的所有特征仍然强有力地存在着”,② 而马克思将原始积累限定为资本主义史前时期的做法非常奇怪，具有简单化和非系统性的嫌疑。大卫·哈维于是提出了原始积累的替代性概念即“剥夺性积累”。他认为，剥夺性积累的本质是掠夺、诈骗和盗窃，金融资本和信贷体系成为剥夺性积累的重要手段，剥夺性积累的范围可以涵盖经济、政治、文化和生态领域以及生物资源和智力产品范围。事实上，根据大卫·哈维的分析，即使在资本主义诞生初期，以掠夺、诈骗和盗窃作为本质特征的剥夺性积累，也是属于不折不扣的违法犯罪行为。而马克思论述的原始积累，将最初一段时间的无序和混乱排除之后，14 世纪以来西方国家资本原始积累的典型做法，如对农村居民的驱逐、对流浪人员的打击、对工作时间和工资率的规定以及雇工与雇主违约责任的追究等，无一不是在政府的主导和法律框架下运行的结果。因此，哈维关于剥夺性积累违法犯罪本质的揭示，与马克思从合法性角度论证的资本原始积累相比，是理论的颠覆。

### （三）西方学者关于《资本论》的研究方法多元冲突

马克思及《资本论》对资本主义本质的深刻揭示，对人的全面发展的宏伟设想，对人类社会命运的前景展望，改变了 150 余年以来世界历史的发展进程，对人类的社会制度、人们的生产生活和思想观念均产生了重要而深刻的影响。在推动马克思主义理论发展与创新的过程中，相比于一些具体理论或观点，《资本论》研究方法的重要性日益凸显。在马克思主义发展史上，经典作家多次对《资本论》的研究方法大力推崇。如马克思明确表示，他的理论可能会有一些缺陷或不尽如人意的地方，但研究方法却是整个德国社会科学的辉煌。恩格斯也一再强调马克思研究方法的重要性，指出马克思主义并非教义，而是认识世界和改造世界的方法。作为西方马克思主义的代表人物，卢卡奇将马克思的研究方法上升到“正统”的地位，甚至认为“马克思主义问题中的正统仅仅是指方法”。③ 海尔布隆纳则从探索社会研究新方法的角度，称赞马克思以卓越才智

---

① 郜丽华：《莱博维奇“超越”〈资本论〉思想探究》，载《政治经济学报》2015 年第 1 期。

② 大卫·哈维：《新帝国主义》，社会科学文献出版社 2009 年版，第 118 页。

③ 卢卡奇：《历史与阶级意识》，商务印书馆 1999 年版，第 48 页。

首创的批判性研究方法，一方面有助于“探索社会发展历程的内在动力”，另一方面改变了人们的思维方式，从而使自己有幸“在世界上名垂青史”，成为一位“权威性的人物”。①

唯物史观作为马克思研究方法的核心特征，在当代西方《资本论》研究领域基本达成共识。西方学者承认，马克思进行政治经济学批判运用的众多研究方法，“无不是以唯物史观为基础，将唯物辩证法贯穿始终”。而唯物辩证法既是马克思的研究方法区别于国民经济学和古典哲学思维方法的本质所在，“更是其政治经济学批判科学性的表征。”② 但令人遗憾的是，当代西方社会关于《资本论》的研究成果，却大量充斥着个人主义和主观主义研究方法，放弃或背离唯物辩证法的现象非常突出。如约翰·罗默运用新古典主义经济学的边际分析方法，对马克思的再生产和剥削、利润率下降、劳动价值论以及经济危机等理论进行数学模型化构建，一方面实现了“通过建立一些特定的模型”来表达其对“马克思主义经济理论的各方面的理解”，③ 另一方面却以放弃劳动价值论为代价；又如，莱博维奇提出，在资本主义条件下，劳动者的社会需要不能完全得到满足，他们未被满足的社会需要越多，贫困化程度越重，对社会的不满情绪越激烈，资本主义被替代的可能性就越大。因此，关于资本主义发展与变迁的逻辑主线，可以用人类需要的首要性替代马克思的生产力决定论；海尔布隆纳则提出了资本主义“本质”与“逻辑”的分析框架，其中“本质”是指资本主义的根本推动力，即由财富与权利相统一的“资本积累的欲望”，这种欲望根源于资本家自我保护的动机，“是最强烈、最奔放的本能反应。”④

西方学者对西方主流经济学研究方法的借鉴，对人类主观需要、本能或欲望的强调，从人性角度对人类社会发展动力的分析，在一定程度上实现了《资本论》和马克思主义经济学研究方法的多元化，为马克思主义的丰富、发展与创新提供了方法论基础。但是，西方学者的《资本论》研究方法，其中唯物主义与唯心主义、动态研究与静态研究、主观分析与客观分析等方法之间的冲突与对立，给西方马克思主义研究者之间的沟通与交流带来严重困难，由此导致他们的理论观点和研究结论出现冲突与对立。

## 三、主要结论及反思

西方学者的《资本论》研究，持续的时间跨度长，涉及的学科派别广，理论观点各异，热点、难点和焦点频仍，争论分歧偏见不断。笔者关于“整体性否定”“沟通与融合”“超越式改造”三种趋向的概括，试图从总体上揭示当代西方学者《资本论》研

① 罗伯特·L. 海尔布隆纳：《马克思主义支持与反对》，东方出版社2014年版，第4页。
② 胡岳岷、付文军：《美、捷、日学者解构〈资本论〉的方法视野述评》，载《经济学家》2016年第12期。
③ 约翰·E. 罗默：《马克思主义经济理论的分析基础》，汪立鑫等译，上海人民出版社2007年版，第11页。
④ 罗伯特·L. 海尔布隆纳：《资本主义的本质与逻辑》，东方出版社2013年版，第42页。

究的主要特点和发展趋势，对于当下国外马克思主义研究领域普遍存在“分散化”“碎片式”“个体性”的研究现状，有一定程度上的补白作用，但是仍不可能全面、完整、准确、即时和动态地反映国外的最新研究成果。本文从立场、观点和方法的角度，提出当今西方学者的《资本论》研究，存在研究立场虚假中立、理论观点颠覆性强、研究方法多元冲突等问题，只是对西方学者《资本论》研究的主要局限的粗浅归纳，其中既有作者学识水平的制约，也包含对国外最新文献资料的搜集、理解和引用等方面的不足。但是，从拓宽研究视域、创新研究方法、融入国际学术主流、掌握话语体系的目标出发，当代西方学者《资本论》的最新研究动态值得持续关注。

## 参考文献

［1］戴维·麦克莱伦：《当代西方马克思主义流派》，载《北京大学学报（哲学社会科学版）》1997年第1期。

［2］本·阿格尔著，慎之等译：《西方马克思主义概论》，中国人民大学出版社1991年版。

［3］大卫·哈维著，初立忠等译：《新帝国主义》，社会科学文献出版社2009年版。

［4］保罗·巴兰、保罗·斯威齐著，蔡中兴等译：《增长的政治经济学》，商务印书馆2000年版。

［5］卢卡奇著，杜章智等译：《历史与阶级意识》，商务印书馆1999年版。

［6］罗伯特·L. 海尔布隆纳著，马林梅译：《资本主义的本质与逻辑》，东方出版社2013年版。

［7］罗伯特·L. 海尔布隆纳著，马林梅译：《马克思主义支持与反对》，东方出版社2014年版。

［8］约翰·E. 罗默著，汪立鑫等译：《马克思主义经济理论的分析基础》，上海人民出版社2007年版。

［9］胡岳岷、付文军：《美、捷、日学者解构〈资本论〉的方法视野述评》，载《经济学家》2016年第12期。

［10］郃丽华：《莱博维奇“超越”〈资本论〉思想探究》，载《政治经济学报》2015年第1期。

［11］郃丽华：《西方马克思主义“去经济学化”现象反思》，载《当代经济研究》2013年第1期。

［12］郃丽华、陈翔云：《劳动价值论屡遭非议的深层原因探析》，载《政治经济学评论》2010年第4期。

# 《资本论》的当代价值*

## ——纪念《资本论》第一卷德文第一版出版150周年

张 旭**

**摘要:**《资本论》发表以来的150年里，世界发生了一系列重大变化，但《资本论》所揭示的基本原理和规律，至今依然是我们认识资本主义及其在当代发展的基本遵循。《资本论》不仅揭示了资本主义的野蛮性，也揭示了其历史的进步性，必须全面客观地认识资本主义的产生、运行和发展。进入21世纪，当代资本主义发展呈现出许多新特点，使资本主义发展陷入了新的困境，并导致了众多的全球性问题。历史发展一再表明，不消除资本主义固有的基本矛盾，资本主义就没有未来。同时，《资本论》在分析资本主义生产关系中所运用的唯物辩证法，同样适用于我们推进新时代中国特色社会主义经济建设和中国特色社会主义政治经济学理论体系的构建。这是《资本论》留给当代的最大的价值。

**关键词:**《资本论》 当代资本主义 中国特色社会主义政治经济学

马克思的思想体系是人类思想史上的一座令人仰止的高峰，而《资本论》无疑是最耀眼的巅峰。这部被誉为“工人阶级的圣经”的经典著作从问世至今，就在沉默、否定、赞同、争论等不同声音中，被译成几十种文字，出版了上百种版本，成为人类文明向前发展的行动指南。1868年3月，恩格斯在为“民主周报”所做的《资本论》第1卷书评中开宗明义地指出:“自地球上有资本家和工人以来，没有一本像我们面前这本书那样，对于工人具有如此重要的意义。资本和劳动的关系，是我们现代全部社会体系所赖以旋转的轴心，这种关系在这里第一次作了科学的说明，而这种说明之透彻和精辟，只有一个德国人才能做到”。① 这个人就是马克思。他攀登到最高点，把现代社会关系的全部领域看得明白而且一览无遗。《资本论》作为马克思一生最伟大的著作，是人类思想库中的瑰宝，是马克思主义理论光辉灿烂的科学巨著。150年来，尽管经受了各种诘难，但是其思想的光辉不仅从来没有被淹没，而是随着时代的发展，日益迸发出耀眼的光芒。

---

* 原文发表于《马克思主义研究》2017年第10期，此次发表进行了深度修改。

** 张旭，中国人民大学马克思主义学院教授，博士生导师。

① 《马克思恩格斯全集》(第16卷)，人民出版社1964年版，第263页。

## 一、对资本主义的产生、运行和发展的揭示

资本主义的产生和发展，是人类社会发展中的重大阶段。科学地认识资本主义如何产生、如何运行、如何发展是科学判断人类社会发展规律的基础。马克思作为一个革命家而不是一个莽撞的行动者，他是用思想力量摧毁资本主义制度存在的全部理论基础，用理论武装起来的无产阶级及其革命行动摧毁资本主义的制度本身。

马克思在《资本论》第1卷序言中明确指出："我要在本书研究的，是资本主义生产方式以及和它相适应的生产关系和交换关系"。[①]"一个社会即使探索到了本身运动的自然规律——本书的最终目的就是揭示现代社会的经济运动规律，——它还是既不能跳过也不能用法令取消自然的发展阶段。但是它能缩短和减轻分娩的痛苦"。[②]"资本主义的生产方式和积累方式，从而资本主义的私有制，是以那种以自己的劳动为基础的私有制的消灭为前提的，也就是说，是以劳动者的被剥夺为前提的"。[③]马克思所分析的资本主义制度的客观基础不仅依然存在，而且比19世纪具有了更加完全的形态。只要资本仍然存在，马克思的分析就始终有其历史价值，更具有当代价值。

马克思从资本主义物质生产出发，从分析商品生产和商品交换一般性入手，进而指出商品及其商品生产和交换对资本主义的极端重要性，并由此剖析资本主义经济运行的全过程，深刻地揭示了当时两大阶级对立的经济根源是资产阶级无偿占有无产阶级创造的剩余价值。科学地揭示出资本主义生产的全部秘密，揭示出这个历史上一定的生产关系发生、发展和衰落的规律。为了攫取剩余价值，资产阶级找到了特殊的商品——劳动力，由于劳动力商品的使用过程同时也是价值的创造过程，包括创造出被资本家无偿占有的剩余价值的过程，构成了资产阶级对无产阶级的剥削。以此为基础，马克思考察了资本历史发展的大趋势：随着资本的集中，"随着那些掠夺和垄断这一转化过程的全部利益的资本巨头不断减少，贫困、压迫、奴役、退化和剥削的程度不断加深，而日益壮大的、由资本主义生产过程本身的机制所训练、联合和组织起来的工人阶级的反抗也不断增长。资本的垄断成了与这种垄断一起并在这种垄断之下繁盛起来的生产方式的桎梏。生产资料的集中和劳动的社会化，达到了同它们的资本主义外壳不能相容的地步。这个外壳就要炸毁了。资本主义私有制的丧钟就要响了。剥夺者就要被剥夺了。"[④]恩格斯对此给予了高度评价："这个问题的解决是马克思著作的划时代的功绩。……科学社会主义就是以这个问题的解决为起点，并以此为中心的。"[⑤]

《资本论》既批判了资本的野蛮性，揭示了其历史性局限性，也充分肯定了资本的

① 《马克思恩格斯文集》（第5卷），人民出版社2009年版，第8页。
② 《马克思恩格斯文集》（第5卷），人民出版社2009年版，第9～10页。
③ 《马克思恩格斯文集》（第5卷），人民出版社2009年版，第887页。
④ 《马克思恩格斯文集》（第5卷），人民出版社2009年版，第884页。
⑤ 《马克思恩格斯文集》（第9卷），人民出版社2009年版，第212页。

历史作用。马克思对资本主义做出过迄今为止的思想家们最高的评价："现代资产阶级本身是一个长期发展过程的产物，是生产方式和交换方式的一系列变革的产物"。"资产阶级在历史上曾经起过非常革命的作用"。[①]"资产阶级，由于开拓了世界市场，使一切国家的生产和消费都成为世界性的了"。"资产阶级，由于一切生产工具的迅速改进，由于交通的极其便利，把一切民族甚至最野蛮的民族都卷到文明中来了"。"资产阶级在它的不到一百年的阶级统治中所创造的生产力，比过去一切世代创造的全部生产力还要多，还要大"。[②]

马克思在将"资本社会"与"前资本"社会加以历史区分时指出："这些古老的社会生产有机体比资产阶级的社会生产有机体简单明了得多，但它们或者以个人尚未成熟，尚未脱掉同其他人的自然血缘联系的脐带为基础，或者以直接的统治和服从的关系为基础。"[③] 马克思在创作《资本论》时也指出，都是认为"资产阶级赖以进行统治的社会条件是历史的最后产物，是历史的极限"，因而完全"不懂得资产阶级制度本身的伟大和暂时存在的必然性"。[④] 马克思指出，资本在人类历史上是有历史使命的，这就是一方面创造出一个普遍的劳动体系，另一方面，也创造出一个利用自然属性和人的属性的普遍有用性体系，极大地促进生产力和人的一般能力的发展，构建起人们之间的普遍联系，改造了人的需要。资本"不断地驱使劳动生产力向前发展……来为发展丰富的个性创造出物质要素"；[⑤] 资本"培养社会的人的一切属性，并且把他作为具有尽可能丰富的属性和联系的人，因而具有尽可能广泛需要的人生产出来——把他作为尽可能完整的和全面的社会产品生产出来（因为要多方面享受，他就必须有享受的能力，因此他必须是具有高度文明的人）——，这同样是以资本为基础的生产的一个条件"。[⑥] 当今世界，资本仍然以各种形式广泛存在于市场经济之中，如何有效地限制资本的负面作用，发挥资本的积极作用，使资本更好地服务于社会主义市场经济，成为一个需要不断深入研究的课题。

## 二、对当代资本主义新变化的预示

有人说，《资本论》是对19世纪资本主义的一种解读，已经过时了。自《资本论》问世150年来，资本主义仍然没有消亡，资本主义甚至呈现出了许多新的特点。英国当代新马克思主义者特里·伊格尔顿指出："作为有史以来对资本主义制度最彻底、最严厉、最全面的批判，马克思主义大大改变了我们的世界。由此可以断定，只要资本主义

① 《马克思恩格斯文集》（第2卷），人民出版社2009年版，第33页。
② 《马克思恩格斯文集》（第2卷），人民出版社2009年版，第35~36页。
③ 《马克思恩格斯文集》（第5卷），人民出版社2009年版，第97页。
④ 《马克思恩格斯全集》（第28卷），人民出版社1973年版，第509页。
⑤ 《马克思恩格斯文集》（第8卷），人民出版社2009年版，第69页。
⑥ 《马克思恩格斯文集》（第8卷），人民出版社2009年版，第90页。

制度还存在一天，马克思主义就不会消亡”。[①] 事实上，只要资本所依赖的雇佣劳动关系依然存在，资本就存在；雇佣劳动关系的进一步发展，资本就进一步发展。当今世界，雇佣劳动关系早已突破了单个资本和单一国家的范围，成为普遍的世界现象，但对此进行的马克思主义的分析尚显不足。如何看待资本主义在20世纪以及21世纪早期的发展，成为迫切需要解决的理论问题和实践课题。

资本主义在经过自由资本主义的发展阶段后，在19世纪末20世纪初发展到了其新的阶段——帝国主义阶段。这个阶段的显著特征是垄断，即帝国主义是资本主义的垄断阶段，具体表现是：生产和资本的集中产生了在经济生活中起决定作用的垄断组织；银行资本和工业资本已经融合起来，在“金融资本”基础上形成了金融寡头；资本输出取代了商品输出的主导地位；瓜分世界的资本家国际垄断同盟已经形成；最大资本主义国家已经把世界领土瓜分完毕。[②] 这是由列宁在《帝国主义是资本主义的最新阶段》中已经阐明了。20世纪最后一个10年间，世界上第一个社会主义国家苏联解体，世界社会主义的主要阵营发生剧变，世界共产主义运动遭到空前打击。社会主义已经“历史的终结”的言论甚嚣尘上。但是，中国成为社会主义实践的代表性国家依然行进在社会主义的道路上。进入21世纪，世界各国的经济危机不断出现，尤其是2008年发端于美国的“次贷危机”席卷全球，由一国的金融危机逐渐蔓延成为全球性的经济危机。世界资本主义的发展陷入了新的困境，呈现出新的特征：

第一，生产的社会化程度进一步加深，生产全球化的发展将全世界比19世纪和20世纪更紧密地联结在了一起。这一点已经成为全球共识。但是，伴随着生产全球化的是资本的进一步集中，是大垄断集团对全球生产和经营的更严格的控制。而且伴随着跨国公司的发展和国际兼并，世界范围内的生产经营越来越集中在少数大资本集团手中。它们借助庞大的资本力量，控制技术、控制生产、控制流通、控制原料……甚至通过对物质生产和信息技术的控制，开始控制舆论，控制人们的思想意识。

第二，金融的全球化程度进一步加深，金融全球化的发展不断促进着金融资本在全球发展中的控制力，成为全球发展的核心。金融组织借助其强大的金融资本和现代信息技术进步所获得的便捷控制力，疯狂掠夺生产过程中所创造的利润，严重威胁着人类生存的物质生产基础，全球虚拟经济的膨胀，使广大发展中国家进一步固化为物质生产的奴隶。发达资本主义国家借助其形成了的金融控制力和军事控制力，对广大发展中国家及其人民和本国的中产阶级周期性地“剪羊毛”，成为真正的更加野蛮的“食利者”。

第三，贸易的全球化程度进一步加深，等价交换背后的不平等状况更加严重。生产和金融的全球化必然导致贸易的全球化。随着贸易全球化的发展，发达资本主义国家享受了自由贸易的好处却不愿承担相应的国际责任，通过商品交换契约“等价交换”表面上的平等，输出热钱和通货膨胀缓解和转嫁其国内危机。使广大发展中国家在“平等贸易”的前提下日益沦为发达资本主义国家的现代殖民地，沦为“殖民地经济”，在国

① 特里·伊格尔顿：《马克思为什么是对的》，北京新星出版社2011年版，第8页。

② 《列宁专题文集（论资本主义）》，人民出版社2009年版，第175～176页。

际分工格局和国际价值链中始终处于国际分工的低端、底端，而这一分工格局却难以得到改变。中国力图通过自力更生、自主创新突破这一格局的努力，受到以美国为代表的大资本国家集团的打压，通过贸易制裁、价值观渗透、军事威胁等来力图巩固世界范围内的雇佣劳动关系。不仅是资本雇佣劳动，而是大资本国家集团雇佣发展落后的国家。

第四，资本主义生产方式本身的危机不仅没有消除，而且愈发频繁、烈度加大地发生。自20世纪30年代的大危机以来，资本主义经济危机并没有通过资本主义自身的调节机制而消除，而是更加频繁地发生。而且更多的是以金融危机为导火索，这也验证了马克思关于竞争和信用的发展加剧资本主义危机的判断。“实际的资产者最深切地感到资本主义社会充满矛盾的运动的，是现代工业所经历的周期循环的各个变动，而这种变动的顶点就是普遍危机”。① 自20世纪末到21世纪初，一国的、区域的和全球性的危机已经发生了十几次，2008年的危机至今仍然在延续。事实不断地证明，不消除资本主义的基本矛盾，准确地说不消灭资本，周期性的危机就不会消除。

第五，全球分配的不平等加剧，分配的失衡使全球处于撕裂状态。“消费资料的任何一种分配，都不过是生产条件本身分配的结果；而生产条件的分配，则表现生产方式本身的性质。例如，资本主义生产方式的基础是：生产的物质条件以资本和地产的形式掌握在非劳动者手中，而人民大众所有的只是生产的人身条件，即劳动力。既然生产的要素是这样分配的，那么自然就产生现在这样的消费资料的分配”。② 只要资本主义生产方式依然存在，分配的不平等就会不断加大。最新的研究结果也证明了这一点：“自从20世纪70年代以来，收入不平等在发达国家显著增加，尤其是在美国，其在21世纪头十年的收入集中度回到了（事实上略微超过了）20世纪的第二个十年。”③

第六，技术的进步不仅没有消除资本主义的困境，反而使资本主义内部越来越难以持续。20世纪40年代以来的第三次科技革命，极大地提高了劳动生产率，也极大地拓展了资本主义的发展空间。20世纪80年代以来的信息技术的井喷式发展和商业化，使全球被信息网紧密联结在一起。随着围绕信息技术而不断向纵深发展的大规模集成电路、智能制造、人工智能等的普遍应用，导致了生产的技术组织方式发生了深刻变革，资本积累的能力提高了，也产生了超过资本增殖平均需要的、因而是过剩的或追加的工人人口。“社会的财富即执行职能的资本越大，它的增长的规模和能力越大，从而无产阶级的绝对数量和他们的劳动生产力越大，产业后备军也就越大。……工人阶级中贫苦阶层和产业后备军越大，官方认为需要救济的贫民也就越多。这就是资本主义积累的绝对的、一般的规律”。④

同时需要注意的是，要维护资本的利益，资本就必须维护资本雇佣劳动的关系。所

① 《马克思恩格斯文集》（第5卷），人民出版社2009年版，第23页。
② 《马克思恩格斯文集》（第3卷），人民出版社2009年版，第436页。
③ 托马斯·皮凯蒂：《21世纪资本论》，中信出版社2014年版，第19页。
④ 《马克思恩格斯文集》（第5卷），人民出版社2009年版，第742页。

以，科技的发展并不以技术替代劳动为目的，而是以技术的发展加强对劳动的雇佣强度为目的。一些学者认为人工智能的发展会替代劳动，是不懂马克思主义得到的结论。机器（包括人工智能）如果全部代替了雇佣劳动，价值增殖就不存在了，雇佣劳动关系就不存在了，资本也就不存在了。认为科学技术的发展会自动地消灭资本雇佣劳动关系，是一厢情愿的幻想。

第七，资本主义信用制度的发展，使资本虚拟化，出现了虚拟经济，各国经济的金融化日益严重。马克思指出，资本主义生产方式的一个重要特征就是信用制度发展。随着商业和只是着眼于流通而进行生产的资本主义生产方式的发展，信用制度的这个自然基础也在扩大、普遍化、发展。大体来说，货币在这里只是充当支付手段，也就是说，商品不是为取得货币而卖，而是为取得定期支付的凭证而卖。“信用制度的另一方面，生息资本或货币资本的管理，就作为货币经营者的特殊职能发展起来”。[①] 于是整个资本主义生产就建立在信用或虚拟资本运动的基础上了。“信用制度固有的二重性质是：一方面，把资本主义生产的动力——用剥削他人劳动的办法来发财致富——发展成为最纯粹最巨大的赌博欺诈制度，并且使剥削社会财富的少数人的人数越来越减少；另一方面，造成转到一种新生产方式的过渡形式”。[②]

当代资本主义出现了很多新变化，也带来了更多的问题。对内通过福利制度缓解社会矛盾，对外通过与发展中国家的不对等交换，将自身矛盾和环境污染输出到其他国家，出现了众多的全球性问题。“如果说资本主义生产方式是发展物质生产力并且创造同这种生产力相适应的世界市场的历史手段，那么，这种生产方式同时也是它的这个历史任务和同它相适应的社会生产关系之间的经常的矛盾”。[③] 因此，资本主义必然灭亡和社会主义必然胜利是不可避免的。《资本论》给予我们的，“就是获得关于现代资本主义社会的科学认识和方法论，掌握合理的批判精神，掌握科学的见解和方法。这样才能排除世俗论、庸俗论和奴隶论，认识到现代工资劳动者的立场和劳动者阶级在人类史上的历史使命、阶级使命和阶级意识，从而站在社会进步和改革的一面”[④]。

## 三、对构建中国特色社会主义政治经济学理论体系的提示

《资本论》科学勾画了未来社会的前途和远景，给当代社会主义国家的发展提供了强大的理论支持。马克思在《资本论》第一草稿，即《1857～1858 年经济学手稿》中，从分析一般商品货币关系，考察个人与社会关系的历史发展，提出了社会分期三形式学说。他指出：“人的依赖关系（起初完全是自然发生的），是最初的社会形式，在这种

① 《马克思恩格斯文集》（第 7 卷），人民出版社 2009 年版，第 453 页。
② 《马克思恩格斯文集》（第 7 卷），人民出版社 2009 年版，第 500 页。
③ 《马克思恩格斯文集》（第 7 卷），人民出版社 2009 年版，第 279 页。
④ 宫川彰：《解读〈资本论〉（第 1 卷）》，中央编译出版社 2011 年版，第 17 页。

形式下，人的生产能力只是在狭小的范围内和孤立的地点上发展着。以物的依赖性为基础的人的独立性，是第二大形式，在这种形式下，才形成普遍的社会物质变换、全面的关系、多方面的需要以及全面的能力的体系。建立在个人全面发展和他们共同的、社会的生产能力成为从属于他们的社会财富这一基础上的自由个性，是第三个阶段。第二个阶段为第三个阶段创造条件。"① 当代的社会主义制度都是建立在经济文化落后的国家，因此还不能跨越商品经济阶段，必须通过大力发展商品经济，夯实物质基础，才能更好地发挥社会主义制度的优越性，才能在与资本主义的竞争中获得成功。

同时，《资本论》在揭示资本主义本质的同时，也细致地考察了商品经济的运行过程，是一部"发达商品经济论"。排除马克思在《资本论》中对资本主义制度特殊性的分析，则是既有商品经济的微观运行，又有商品经济的宏观条件，还有对商品经济运行的风险控制，这些都可以成为社会主义市场经济的有益借鉴。马克思在《资本论》中对资本主义流通过程的分析所形成的资本循环理论、资本周转理论、社会总资本再生产和流通理论，给我们深入认识现代货币经济和构建中国特色现代化经济体系提供了科学工具。马克思对资本运动总过程的分析形成的平均利润和生产价格理论、商业利润和利息理论、地租理论等，对于我们更好地理解市场经济运动及其内部关系，正确处理不同企业的产权关系，都能够提供很好的借鉴。

特别需要强调指出的是，在我们关注《资本论》对资本主义经济制度和经济关系的研究的过程和结论的同时，必须高度重视《资本论》的方法。《资本论》的方法概括地说就是唯物辩证法。马克思说："人们对《资本论》中应用的方法理解得很差，这已经由对这一方法的各种相互矛盾的评论所证明"②。例如，有人说马克思是"形而上学地研究经济学""是整个英国学派的演绎法"；有人说他用的是批判的分析法；也有人说他的研究方法是"严格是实在论"，而叙述方法是"黑格尔的诡辩"等。对于人们的种种议论，马克思在《资本论》第一卷第二版跋中作了回答，其中特别详细引证了俄国资产阶级经济学家考夫曼对《资本论》方法的评论。这段评论包括以下几个要点：(1）马克思特别注意研究资本主义社会经济发展的规律以及这个规律在社会生活中表现出来的各种后果；(2）马克思把社会运动看作受不以人的意志为转移反而决定人的意志的客观规律支配的自然史过程；（3）马克思否定抽象规律，特别强调每个历史时期都有它自己的规律，生产力的发展水平不同，生产关系和支配生产关系的规律也就不同；(4）马克思研究的科学价值在于阐明支配着一定社会有机体的产生、生存、发展和死亡以及为另一更高的有机体所代替的特殊规律。"马克思的这本书确实具有这种价值"。③ 马克思非常满意考夫曼的上述评论，指出考夫曼所描述的"正是辩证方法"。把唯物辩证法应用到政治经济学中来，是马克思的首创，也是马克思经济学。列宁指出："就本来的意义说，辩证法是研究对象的本质自身中的矛盾"。马克思就是运用矛盾分

① 《马克思恩格斯文集》（第8卷），人民出版社2009年版，第52页。
② 《马克思恩格斯文集》（第5卷），人民出版社2009年版，第19页。
③ 《马克思恩格斯文集》（第5卷），人民出版社2009年版，第20~21页。

析方法，来研究资本主义经济，揭露资本主义矛盾，揭示无产阶级与资产阶级的根本对立，揭示未来社会的基本特征和生产组织形式。

恩格斯曾经这样评论马克思的《政治经济学批判》第一分册："经济学研究的不是物，而是人和人之间的关系，归根到底是阶级和阶级之间的关系；可是这些关系总是同物结合着，并且作为物出现。诚然，这个或那个经济学家在个别场合也曾觉察到这种联系，而马克思第一次揭示出这种联系对于整个经济学的意义，从而使最难的问题变得如此简单明了，甚至资产阶级经济学家现在也能理解了"。① 马克思透过"人们之间的物的关系和物之间的社会关系"② 来研究人与人之间的社会关系或生产关系，是马克思经济学与以往经济学不同的一个特点和优点，开创了政治经济学研究上的革命。

由于资本主义制度的自我调节并没有消除其固有的基本矛盾，而只是通过经济的、政治的、文化的、军事的等各种方式输出或转嫁了矛盾，只是资本主义基本矛盾由广大发展中国家承担。为了始终存在这样一个资本主义基本矛盾的承担者，在这个意义上或范围内，大资本国家集团才允许发展中国家有一定程度的发展，以提高发展中国家承担大资本国家集团将资本主义基本矛盾输出或转嫁的能力。所以说，政治经济学家们应该用《资本论》的方法和原则，加强对当代资本主义的研究，得出科学的、有时代价值的成果，增强政治经济学的解释力和改造世界的能力。

通过40年的改革开放，我国已经成为世界第二大经济体，如何在理论上不断拓展新视野、做出新概括，成为广大经济理论工作者的历史使命。科学的理论需要有科学的方法。而科学的方法就是马克思在《资本论》中所运用的唯物辩证法。习近平指出："马克思主义中国化形成了毛泽东思想和中国特色社会主义理论体系两大理论成果，追本溯源，这两大理论成果都是在马克思主义经典理论指导之下取得的。《资本论》作为最重要的马克思主义经典著作之一，经受了时间和实践的检验，始终闪耀着真理的光芒。加强《资本论》的教学与研究具有重要意义，要学以致用，切实发挥理论的现实指导作用，进一步深化、丰富和发展中国特色社会主义理论体系"。"要深入研究世界经济和我国经济面临的新情况新问题，为马克思主义政治经济学创新发展贡献中国智慧。"马克思在《资本论》中所运用的方法，应该也必须成为我们构建中国特色社会主义政治经济学理论体系的方法。当前，经济理论界掀起了构建中国特色社会主义政治经济学理论体系的热潮，取得了一批理论成果。我们应该继续以马克思的方法，深化中国特色社会主义政治经济学理论体系的概括和研究，为新时代中国特色社会主义经济建设提供可靠、科学、持续的理论支撑。同时，也需要在这一方法指导下，根据中国处于新时代的历史方位，积极进行理论创新，探索构建和完善习近平新时代中国特色社会主义经济思想，为实现中华民族伟大复兴的中国梦做出积极有效的理论成果。

---

① 《马克思恩格斯文集》（第2卷），人民出版社2009年版，第604页。
② 《马克思恩格斯文集》（第5卷），人民出版社2009年版，第90页。

## 参考文献

[1]《马克思恩格斯文集》(第2、3、5、7、8卷),人民出版社2009年版。
[2] 熊彼特:《从马克思到凯恩斯十大经济学家》,商务印书馆1965年版。
[3] 顾海良:《马克思“不惑之年”的思考》,中国人民大学出版社1993年版。
[4] 张旭:《马克思经济学体系研究》,中国人民大学出版社2002年版。
[5] 宫川彰:《解读〈资本论〉(第1卷)》,中央编译出版社2011年版。
[6] 特里·伊格尔顿:《马克思为什么是对的》,北京新星出版社2011年版。
[7] 托马斯·皮凯蒂:《21世纪资本论》,中信出版社2014年版。

# 马克思产权思想探析

傅辉煌*

**摘要：** 尽管马克思没有使用“产权”一词，但他在《资本论》《政治经济学批判》《1844年经济学哲学手稿》等书稿中对产权思想进行了多方面的阐述。马克思从经济和法律两个层面阐述了产权的含义，指出产权变迁的根本动力在于生产力，并从劳动的主客体角度解释了产权的起源。马克思还进一步对所有权和实际占有权的统一与分离的历史过程进行了分析，并据此阐明了股份公司的本质。

**关键词：** 马克思　产权　所有权　占有权

## 一、西方学者对马克思产权思想的高度评价

产权理论常常被认为是科斯等学者于20世纪30年代提出的，但实际上，这只是西方现代产权理论的源头。早在一个世纪之前，马克思、恩格斯就已经形成了丰富的产权思想，对产权的诸多方面进行了阐述，只是没有使用“产权”一词。

对于马克思、恩格斯在产权思想方面的贡献，西方现代产权理论的很多代表性人物都给予了高度评价。他们认为，马克思不仅是第一个拥有产权理论的人，而且论述深刻，对后人产生了深远的影响。诺斯（1981）在他的经典著作《经济史中的结构与变迁》中高度赞赏了马克思对产权理论的贡献：“在详细描述长期（制度）变迁的各种现存理论中，马克思的分析框架是最有说服力的，这恰恰是因为它包括了新古典分析框架所遗漏的所有因素：制度、产权、国家和意识形态。马克思强调在有效率的经济组织中产权的重要作用，以及在现有的产权制度与新技术的生产潜力之间产生的不适应性。这是一个根本性的贡献。”① 与诺斯一样，拉坦（Ruttan）也认为马克思对制度变迁的研究很深入：“马克思比他的同时代学者更深刻地洞见了技术与制度变迁之间的历史关系。”② 埃格特森（1989）在其著作《经济行为与制度》中写道：“人们都认为马克思

---

* 傅辉煌，西安财经学院经济学院讲师。

① 道格拉斯·C. 诺斯著，陈郁、罗华平等译，《经济史中的结构与变迁》，上海三联书店1994年版，第68页。

② V. W. 拉坦：《诱致性制度变迁理论》，载于：R. 科斯、A. 阿尔钦、D. 诺斯等：《财产权利与制度变迁——产权学派与新制度学派译文集》，上海三联书店1994年版，第329页。

是第一位具有产权理论的社会科学理论家”,[①] 并引证了配杰威齐1982年一篇论文中的一段话,“的的确确许多社会科学家包括亚当·斯密都重视产权,马克思却第一个断言,规范产权是因为人们要解决他们所面临的资源稀缺问题,而且产权结构会以其特定而可预见的方式来影响经济行为。”[②] 配杰威齐(1990)后来在其著作中也高度评价了马克思的产权理论:“尽管产权的重要性已为马克思之前的社会主义者所承认,但是马克思第一次提出了产权理论。……他能够根据商品的生产和分配来理解产权的重要性,能够承认产权是内生于系统的,并且能够感觉到财产关系通过特定的可预见的方式影响着人类行为。这样,马克思为更好地理解经济过程做出了贡献。”[③]

## 二、马克思关于产权概念及其演进动力的阐述

### (一)马克思的产权概念

马克思的产权概念,包含了经济和法律两个属性,产权首先是人与人之间因财产而形成的经济关系,这是生产关系的一部分,属于客观存在的经济范畴;而为了保护权利主体的利益而形成的对产权的法律规定,则是经济关系在法律范畴上的反映,是法权,属于上层建筑范畴。

在对资本主义社会的私有财产权利进行分析时,马克思指出:“私有财产作为外化劳动的物质的、概括的表现,包含着这两重关系:工人同劳动、自己的劳动产品和非工人的关系”,[④]“工人同劳动”及“工人的劳动产品和非工人”之间的关系都属于经济范畴,显见,马克思首先是将产权关系作为经济关系,它反映到法律范畴,才是法律关系。在论述商品交换过程时,马克思指出,交换的双方都必须是自己商品的私有者,只有有了这个契约关系,商品所有权的让渡才可能得以实现。而“这种具有契约形式的(不管这种契约是不是用法律固定下来的)法权关系,是一种反映着经济关系的意志关系。这种法权关系或意志关系的内容是由这种经济关系本身决定的”。[⑤]

### (二)马克思关于产权演进根本动力的阐述

马克思的产权理论,是基于他的唯物主义历史观的,将产权的演进作为生产力和生产关系的矛盾运动在经济运行中的表现之一。马克思的唯物史观经典表述如下:

①② 思拉恩·埃格特森:《经济行为与制度》,商务印书馆2004年版,第35页。

③ 斯韦托扎尔·平乔维奇:《产权经济学——一种关于比较体制的理论》,经济科学出版社1999年版,第23页。

④ 马克思:《1844年经济学哲学手稿》,《马克思恩格斯全集》(第42卷),人民出版社1979年版,第102页。

⑤ 马克思:《资本论》(第1卷),《马克思恩格斯全集》(第23卷),人民出版社1972年版,第102页。

“人们在自己生活的社会生产中发生一定的、必然的、不以他们的意志为转移的关系，即同他们的物质生产力的一定发展阶段相适合的生产关系。这些生产关系的总和构成社会的经济结构，即有法律的和政治的上层建筑树立其上并有一定的社会意识形式与之相适应的现实基础。物质生活的生产方式制约着整个社会生活、政治生活和精神生活的过程。不是人们的意识决定人们的存在，相反，是人们的社会存在决定人们的意识。社会的物质生产力发展到一定阶段，便同它们一直在其中活动的现存生产关系或财产关系（这只是生产关系的法律用语）发生矛盾。于是这些关系便由生产力的发展形式变成生产力的桎梏。那时社会革命的时代就到来了。随着经济基础的变更，全部庞大的上层建筑也或慢或快地发生变革。……无论哪一个社会形态，在它们所能容纳的全部生产力发挥出来以前，是绝不会灭亡的；而新的更高的生产关系，在它存在的物质条件在旧社会的胎胞里成熟以前，是绝不会出现的。”①

马克思还明确指出：“私有财产是生产力发展一定阶段上必然的交往形式，这种交往形式在私有财产成为新出现的生产力的桎梏以前是不会消失的，并且是直接的物质生活的生产所必不可少的条件。”② 由于马克思所用的德语“Eigentum”包括财产、财产权利、所有权甚至所有制等多个意思，此处虽翻译成“私有财产”，但根据马克思下的定义，仍可看出此处并非讲作为物的“财产”，而应理解为财产权利，也即产权。

生产关系是由生产力状况决定的，它随着生产力的发展而向前发展的，作为生产关系的一部分——财产权利关系必然也随之向前发展，而作为上层建筑的法权，也将随着二者的矛盾运动而发展。在马克思的理论体系中，产权演进的最终动力、根本动力还是生产力。

## 三、马克思、恩格斯关于产权起源的阐述

马克思从劳动的主客体角度来解释产权和产权的起源，他将个人作为自然存在的劳动的主体、有机体，认为个人将劳动的客体——自然客观条件作为归他所有的无机体：“财产最初无非意味着这样一种关系，人把他的生产的自然条件看作是属于他的，看作是自己的，看作是与他自身的存在一起产生的前提；把它们看作是他本身的自然前提，这种前提可以说仅仅是他身体的延伸。其实，人不是同自己的生产条件发生关系，而是人双重地存在着：主观上为他自身而存在着，客观上又存在于自己生存的这些自然无机条件之中。”③

① 马克思：《〈政治经济学批判〉序言》，《马克思恩格斯全集》（第13卷），人民出版社1962年版，第8~9页。

② 马克思、恩格斯：《德意志意识形态》，《马克思恩格斯全集》（第3卷），人民出版社1960年版，第410~411页。

③ 马克思：《政治经济学批判（1857~1858年草稿）[手稿前半部分]》，《马克思恩格斯全集》（第46卷）（上），人民出版社1979年版，第491页。

## （一）公有产权的起源

对于公有产权的起源，马克思认为公有产权是人类社会的第一种产权关系，他考察了资本主义之前的几种所有制，其中包括亚细亚的所有制形式即原始的公社所有制形式。以土地公有为典型，他在分析中指出，“游牧……是生存方式的最初的形式，部落不是定居在一个固定的地方，而是在哪里找到草场就在哪里放牧，……所以，部落共同体，即天然的共同体，并不是共同占有（暂时的）和利用土地的结果，而是其前提”。① 土地给共同体提供劳动资料和集体居所，成为共同体的基础，而作为共同体的成员，人就把自己看成为土地的所有者或占有者。但是，在原始公有制的框架下，财产的实际占有仍然可能表现为公共占有和私人占有两种形式，只是后者属于特殊的、个别的情况。“通过劳动过程而实现的实际占有是在这样一些前提下进行的，这些前提本身并不是劳动的产物，而是表现为劳动的自然的或神授的前提。这种以同一基本关系（即土地公有制）为基础的形式，本身可能以十分不同的方式实现出来。”②

## （二）私有产权的起源

对于私有产权的起源，马克思指出，私有产权是随着共同体的解体而形成的，是生产力发展的结果：“主体的一定存在以作为生产条件的共同体本身为前提的所有一切形式（它们或多或少是自然形成的，但同时也都是历史过程的结果），必然地只和有限的而且是原则上有限的生产力的发展相适应。生产力的发展使这些形式解体”。③ 他更进一步分析了，在资本主义制度下，私有产权达到了它的顶峰。在资本主义社会中，工人沦为“最贱的商品”，④ 社会分化为有产者阶级和没有财产的工人阶级。工人生产的产品越多，他就越发沦为廉价的商品，就越是贫困。劳动的产品已经成为一种异己的、不依赖生产者的力量，和劳动相对立。劳动被对象化、外化在产品中，成为异化劳动。“通过异化的、外化的劳动，工人生产出一个跟劳动格格不入的、站在劳动之外的人同这个劳动的关系。工人同劳动的关系，生产出资本家（或者不管人们给雇主起个什么别的名字）同这个劳动的关系。从而，私有财产是外化劳动即工人同自然界和自身的外在关系的产物、结果和必然后果”。⑤ “私有财产的关系潜在地包含着作为劳动的私有财产的关系和作为资本的私有财产的关系，……资本和劳动的这种对立一达到极限，就必然

---

① 马克思：《政治经济学批判（1857~1858年草稿）［手稿前半部分］》，《马克思恩格斯全集》（第46卷）（上），人民出版社1979年版，第472页。

② 马克思：《政治经济学批判（1857~1858年草稿）［手稿前半部分］》，《马克思恩格斯全集》（第46卷）（上），人民出版社1979年版，第472~473页。

③ 马克思：《政治经济学批判（1857~1858年草稿）［手稿前半部分］》，《马克思恩格斯全集》（第46卷）（上），人民出版社1979年版，第497页。

④ 马克思：《1844年经济学哲学手稿》，《马克思恩格斯全集》（第42卷），人民出版社1979年版，第89页。

⑤ 马克思：《1844年经济学哲学手稿》，《马克思恩格斯全集》（第42卷），人民出版社1979年版，第100页。

成为全部私有财产关系的顶点、最高阶段和灭亡”。①

恩格斯则从家庭形式的演化角度分析了私有产权的起源。当以血缘关系为基础的部落慢慢由具有独立经济意义的家庭取代时，私有产权就逐渐在原始公有制中诞生了。他认为，家庭必须发展到能够拥有自己的经济意义，原始的公有制才能被私有产权所代替。他根据摩尔根的理论，从血缘家庭、普那路亚家庭、对偶家庭三个阶段对家庭演进进行了划分，但哪怕是对偶家庭，依然“还很脆弱，还很不稳定，不能使人需要有或者只是愿意有自己的家庭经济，因此它根本没有使早期传下来的共产制家庭经济解体”。②从原始部落发展到对偶家庭，在恩格斯看来是自然力的结果，但要再发展到更高级的、能作为社会的独立经济单位的家长制和一夫一妻制，则必须有社会力的推动，社会力包括两个方面，一个就是生产力的进步，另一个就是妇女对婚姻观念的进步，尤其是前者。生产力的进步带来了财富的增加，进一步带来了新增财富的归属问题：“新的财富归谁所有呢？最初无疑是归氏族所有。然而，对畜群的私有制，一定是很早就已发展起来了。很难说，亚伯拉罕组长被所谓摩西一经的作者看作畜群的占有者，……我们不应该把他设想为现代意义上的财产所有者。其次，没有疑问的是，在成文历史的最初期，我们就已经到处都可以看到畜群乃是一家之长的特殊财产”。③ 对于“特殊财产”一词，《马克思恩格斯全集》第 21 卷编者在此加了脚注：“在 1884 年版中不是‘特殊财产’，而是‘私有财产’。”可见，此处的“特殊财产”可以理解为私有财产，而且从上文中也可以推断出来，因此，这一段话可以理解为恩格斯对私有产权的萌芽的解释。

## 四、马克思关于所有权与实际占有权的阐述

马克思的产权思想，是将产权作为一个权利束来进行研究的，最典型的分析就是他对所有权与占有权的分析。对马克思的产权思想进行总结，可以发现所有权和占有权经过了分离、统一、分离、统一、再分离的历史过程。

### （一）所有权与实际占有权的统一和分离

在原始公社制度下，所有权和占有权是分离的，所有权归公社共同享有，而占有权则在公社成员个体手中。“在亚细亚的（至少是占优势的）形式中，不存在个人所有，只有个人占有；公社是真正的实际所有者”。④

① 马克思：《1844 年经济学哲学手稿》，《马克思恩格斯全集》（第 42 卷），人民出版社 1979 年版，第 106 页。

② 恩格斯：《家庭、所有制和国家的起源》，《马克思恩格斯全集》（第 21 卷），人民出版社 1965 年版，第 60 页。

③ 恩格斯：《家庭、所有制和国家的起源》，《马克思恩格斯全集》（第 21 卷），人民出版社 1965 年版，第 65 ~ 66 页。

④ 马克思：《政治经济学批判（1857 ~ 1858 年草稿）［手稿前半部分］》，《马克思恩格斯全集》（第 46 卷）（上），人民出版社 1979 年版，第 481 页。

在奴隶社会中，所有权和占有权实现了统一。虽然从奴隶的角度看来，奴隶对自身都没有所有权，但正是因此，奴隶是被奴隶主当作一种与物无异的、“与牲畜并列的，或者是土地的附属物”，[①] 是属奴隶主所有的无机自然条件。奴隶主阶层既是生产资料和劳动力的所有者，又是其占有者。

到了封建社会，“地主—农民”经济关系明显显示了所有权与占有权的分离。地主作为土地所有者，拥有了对土地的所有权，他将土地租给农民，在租约期间，农民作为土地上的直接生产者，是土地的直接占有者，而地主就没有占有权。在对地租的分析中，马克思指出，“在劳动地租、产品地租、货币地租（只是产品地租的转化形式）这一切地租形式上，支付地租的人都被假定是土地的实际耕作者和占有者”，[②] 支付地租的人显然就是租地的农民。

而发展到资本主义社会，情况又有了变化。在资本主义萌芽初期，小生产者经济处于主导地位时，所有权和占有权又出现了明显的统一。在兼具资本家和雇佣工人双重身份的小生产者情形中，他既是生产资料的所有者，同时自己从事生产，使用那些生产资料，又是生产资料的实际占有者。马克思也明确指出，对于独立农民和手工业者也即小生产者，“生产者——劳动者——是自己的生产资料的占有者、所有者”。[③]

但当资本主义制度发展成熟，已经形成了典型的“资本——雇佣劳动”社会结构时，所有权和占有权再度分离。资本主义制度下，生产资料归资本家所有，而雇佣工人除了自己的劳动之外一无所有，只有出卖自己的劳动，为资本家进行生产。在生产过程中，实际使用和操作生产资料，也即直接占有生产资料的是雇佣工人。所有权和占有权分属社会的两级——资本家和雇佣工人。

## （二）股份公司的两权分离

马克思对股份公司也有专门的论述。他明确指出，原本以私人集中占有为前提的资本，“直接取得了社会（即那些直接联合起来的个人的资本）的形式，而与私人资本相对立，并且它的企业也表现为社会企业，而与私人企业相对立。这是作为私人财产的资本在资本主义生产方式本身范围内的扬弃”。[④]

他对股份公司这种财产制度下所有权和管理权的分离也作了明确阐述。原本执行职能的资本家成为别人的资本的管理者，是一种特殊的雇佣劳动，他获取的薪金只是某种熟练劳动的工资，而资本所有者则转换为单纯的所有者，即单纯的货币资本家。在股份公司制度下，“职能已经同资本所有权相分离，因而劳动也已经完全同生产资料的所有

① 马克思：《政治经济学批判（1857～1858年草稿）［手稿前半部分］》，《马克思恩格斯全集》（第46卷）（上），人民出版社1979年版，第488页。

② 马克思：《资本论》（第3卷），《马克思恩格斯全集》（第25卷）（下），人民出版社1974年版，第904页。

③ 马克思：《剩余价值理论》，《马克思恩格斯全集》（第26卷）（Ⅰ），人民出版社1972年版，第440页。

④ 马克思：《资本论》（第3卷），《马克思恩格斯全集》（第25卷）（上），人民出版社1974年版，第493页。

权和剩余劳动的所有权相分离”。①

综上，马克思并非没有产权理论，恰恰相反，他的产权思想对于后人具有重要的意义。马克思对私有财产的分析中体现出了他对产权概念的科学定义：产权首先是人与人之间因财产而形成的经济关系，属于客观存在的经济范畴；对产权的法律规定即法权，只是经济关系在法律范畴上的反映；作为生产关系的一个部分，产权演进的根本动力在于生产力。公有产权是最初的人类劳动的自然前提，私有产权是随着共同体的解体而形成的，是生产力发展的结果。马克思还对所有权和实际占有权的统一与分离进行了分析，并通过对股份公司两权分离的分析，说明了股份公司的本质是私人财产的资本在资本主义生产方式本身范围内的扬弃。

① 马克思：《资本论》（第3卷），《马克思恩格斯全集》（第25卷）（上），人民出版社1974年版，第493页。

# 国际贸易与劳动力价格均等化：基于马克思经济理论的批判性考察*

王智强**

**摘要：**西方经济学的成本函数与新古典生产函数具有庸俗性，建立在这两种函数之上的要素价格均等化理论是不科学的，它未考虑价值层面贸易引起的剩余价值国际转移。本文结合国际层面的价值转形理论考察了贸易对劳动力价格国际差异的影响。理论分析表明：随着贸易程度的提高，资本有机构成高的发达国家的剩余价值转入量增加，从而工资上涨，资本有机构成低的发展中国家则相反；如果贸易通过剩余价值国际转移对工资差距的正影响小于通过劳动力需求的负影响，那么发展中国家与发达国家的工资差距缩小，反之则相反。经验分析表明：剩余价值国际转移量对工资有正效应；贸易提高了发达国家的工资，扩大了发展中国家与发达国家的工资差距。

**关键词：**H－O－S定理　批判　国际贸易　劳动力价格　剩余价值国际转移

## 一、引　　言

奥林继承并发展了赫克歇尔的基本思想创立了要素禀赋论，该理论与李嘉图的比较优势理论同为西方贸易理论的基础。要素禀赋论认为，贸易能够引起国家间要素绝对价格或相对价格趋向均等（奥林，1986），萨缪尔森进一步证明，贸易使国家间要素价格完全均等（Samuelson，1948）。依此观点，随着经济全球化的深入，发展中国家与发达国家的工资差距应不断缩小，然而实际情况并非如此。从图1可以看出，在1995～2014年间，发达国家工资同发展中国家工资的比值在减小，但两种国家的工资差距仍有扩大的趋势。

* 本文系北京高校中国特色社会主义理论研究协同创新中心（首都师范大学）“马克思主义与当代中国文化建设”的阶段性成果，项目编号：PXM2017_014203_500008。

** 王智强，首都师范大学马克思主义学院讲师。

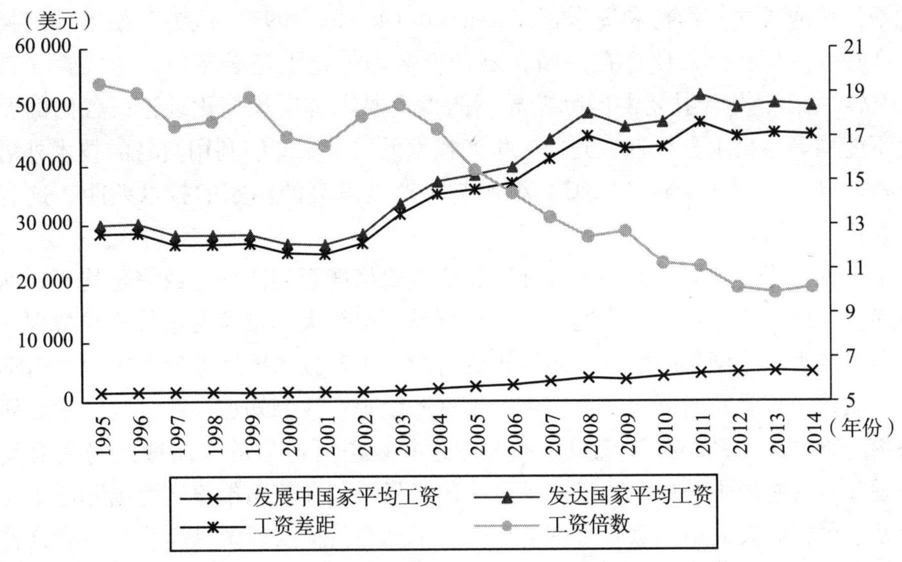


**图1 1995～2014年发展中国家与发达国家的平均人均工资**

资料来源及说明：发展中国家包括中国、印度、南非、墨西哥、菲律宾等20个国家，发达国家包括美国、德国、英国、法国、日本等21个国家；各国的人均工资等于以美元计价的劳动报酬总额同就业人口的比，以美元计价的劳动报酬总额等于以本币计价的劳动报酬总额除上以本币计价的GDP再乘上以美元计价的GDP，就业人口等于劳动力总人口乘以（1－失业率）；相关数据分别来自联合国数据中心和世界银行数据库。

一些西方经济学者认为，现实与理论相违背并未对要素价格均等化理论形成挑战，这是因为，要素价格均等化理论建立在一些假设之上：（1）不存在贸易壁垒、垄断等阻碍商品价格均等化的因素；（2）各国的生产技术相同；（3）国家间同种要素同质，然而，在现实中这些假设条件往往不存在。奥林（1986）承认，尽管贸易可以缩小要素价格国际差异，但由于运输费用和其他贸易障碍的存在，要素价格不能完全均等化。马库森（Markusen，1981）指出，如果存在垄断，贸易将无法实现要素价格均等化，大国的在生产垄断性商品中密集使用的要素价格相对较高。除贸易壁垒和垄断因素外，生产技术国际差异也是要素价格均等化难以成立的重要原因。对于资本相对丰裕的国家，如果资本密集型行业生产技术高，那么该国的利息率相对较高；如果劳动密集型行业生产技术高，那么该国的工资率相对较高（Bardhan，1965）。克鲁格曼（2013，中译本）认为，一般地，生产技术高的国家，其工资率和利息率均高于生产技术低的国家。还有一些学者从要素异质性角度对要素价格均等化理论提出了质疑。梅特卡夫和斯蒂德曼（Metcalfe & Steedman，1973）通过一个简单的数学例子说明，如果存在异质性资本品（capitalgoods），那么要素均等化理论的主要结论将不再成立，梅因沃林（Mainwaring，1976）利用斯拉法的生产价格体系给出了一般性的证明。特雷夫莱（Trefler，1993，1995）支持“里昂惕夫悖论”，他认为现实中不存在要素价格均等化的实现机制，并且，各国要素的生产率存在差异，这种差异引起要素价格国际差异。

然而，也有些学者持不同意见，他们通过研究发现，当放松一些假设条件时，要素均等化理论仍能成立。肯普和奥卡瓦（Kemp & Okawa，1997）认为，如果各国拥有相同的生产技术，那么，即使存在垄断，要素价格均等化也是必然的。汤普森（Thompson，1997）指出，生产技术的国际差异不能否定要素价格均等化理论，各国的要素价格即使不能均等也会十分接近。此外，生产技术低的国家能够利用贸易的技术外溢效应（Pissarides，1997；Acemoglu，2003）缩小与生产技术高的国家的技术差距，这有利于实现要素价格均等化。

综上可见，当上述假设条件不存在时，要素价格能否趋向均等或完全均等，西方经济学者尚存争议，不过可以肯定的是，国际贸易不会扩大国家间要素价格。根据一些西方经济学者的观点，国家间工资差距的扩大可能与生产技术国际差异和国家间劳动异质性有关。然而，贸易真的不会扩大国家间工资差距吗？我们知道，西方经济学者研究的是反映物与物之间关系的经济现象，不关注这些现象所掩盖的本质即人与人之间的关系，在国际贸易领域也是如此，奥林、萨缪尔森只看到在使用价值层面国际分工与贸易能够给发达国家和发展中国家带来利益，却看不到在价值层面贸易所引起的剩余价值国际转移。西方著名马克思主义经济学者伊曼纽尔（1988）在批判李嘉图的国际贸易理论时指出，在商品按照国际生产价格交换中，剩余价值从发展中国家向发达国家转移。[①] 其实，李嘉图本人也隐约地感觉到了这一点，但由于缺乏转形理论，他未能将其揭示出来（丁重扬、丁堡骏，2013）。这些学者对李嘉图的批判也适用于奥林和萨缪尔森。

既然奥林、萨缪尔森和李嘉图一样没有看到价值层面的剩余价值国际转移，那么他们所提出的要素价格均等化理论就难免存在局限性，甚至有可能不再成立。如果考虑剩余价值国际转移，国际贸易会不会扩大国家间要素价格（确切地应为劳动力要素价格）差异呢？本文将在批判要素价格均等化理论的基础上考察这一问题。本文余下部分的内容安排如下：第二部分简要回顾要素均等化理论；第三部分指出要素均等化理论的西方资产阶级经济理论基础，并对其进行批判；第四部分分析国际贸易通过劳动力需求与剩余价值国际转移对国家间劳动力价格变动的影响；第五部对第四部分的理论分析进行实证检验；最后，总结全文并提出政策建议。

本文的主要贡献有如下三点：第一，对 H－O－S 定理的西方经济理论基础进行批判，指出了该定理的局限性；第二，利用理论分析与经验分析相结合的方法，考察了资本有机构成国际差异导致的剩余价值国际转移对劳动力价格国际差异的影响；第三，研究结论表明，如果考虑剩余价值国际转移，国际贸易会扩大发展中国家与发达国家之间的工资差距，这进一步说明 H－O－S 定理是不科学的。本文的研究对于我国以及其他发展中国家辩证地看待西方传统贸易理论，积极转变对外发展方式具有重要意义。

---

① 需要说明的是，伊曼纽尔认为，剩余价值国际转移的主要原因是工资与剥削率的国际差异，而国内学者（李翀，2007；丁堡骏，2013）则认为是资本有机构成的国际差异。

## 二、H－O－S定理

要素禀赋论认为，由于生产要素禀赋不同，各国生产商品的便利条件存在较大差异，由此引起的商品相对价格差异是开展国际贸易的首要条件；在国际贸易中，一国应该“进口那些含有较大比例生产要素昂贵的商品，而出口那些含有较大比例生产要素便宜的商品”；① 贸易的结果是商品价格的均等化，要素的相对价格与绝对价格也有均等化的趋势。② 奥林利用根据瓦尔拉—卡塞尔均衡模型建立的相互依存的均衡价格理论对此做了说明。

简单起见，我们以A、B两国利用K、L两种要素生产C、F两种商品为例进行说明。两国生产的两种商品的价格由如下模型决定：

$$a_{jK}r^i + a_{jL}w^i = p_j^i \qquad (1)$$

其中，i代表A、B两国（下同），j代表F、C两种商品（下同），a表示两国相同的技术系数，即生产单位F或C商品所消耗的K或L要素的数量，r表示要素K的价格，w表示要素L的价格，p代表商品价格。

假定：①F商品生产为K要素密集型，C商品生产为L要素密集型，即$\frac{a_{FK}}{a_{FL}} > \frac{a_{CK}}{a_{CL}}$；②A国的L相对丰裕，B国的K相对丰裕。由（1）式和假设条件①可得，$\frac{p_F^i}{p_C^i}$是关于$\frac{r^i}{w^i}$的单调增函数，由假设条件②可得，$\frac{r^A}{w^A} > \frac{r^B}{w^B}$，于是$\frac{p_F^A}{p_C^A} > \frac{p_F^B}{p_C^B}$。按照奥林的观点，A国在商品C生产方面具有比较价格（成本）优势，因而应该出口C，同理，B国应该生产并出口F。这样，一方面，在国际竞争的作用下，F或C在A、B两国有相同的价格，并且F与C的相对价格介于$\frac{p_F^A}{p_C^A}$和$\frac{p_F^B}{p_C^B}$之间；另一方面，对于A国，国际贸易能够增加相对丰裕要素L的需求，从而提高要素L的价格，同时，能够减少相对稀缺要素K的需求，从而降低要素K的价格，对于B国则正好相反，这也就是说，$r^A$与$r^B$、$w^A$与$w^B$、$\frac{r^A}{w^A}$与$\frac{r^B}{w^B}$趋于均等。③

奥林强调，要素价格均等化是一种趋势，不可能完全实现。他指出，“生产要素价

① 奥林：《地区间贸易和国际贸易》，商务印书馆1986年版，第23页。

② 奥林：《地区间贸易和国际贸易》，商务印书馆1986年版，第41页。

③ 西方经济学认为生产要素包括土地、资本与劳动三大基本范畴，但一般只考虑资本与劳动两种要素，为了便于比较分析，本文的模型未纳入土地要素。一般性的数学说明可参见奥林《地区间贸易和国际贸易》附录I。

格的完全相同几乎是难以想象的,"① "开展贸易的后果,使生产能最好地适应工业要素的地理分布,但这种适应并不能导致地区间生产要素价格的完全相同。"② 然而,奥林的这一论断受到了萨缪尔森的质疑与批评,萨缪尔森证明,如果不存在贸易壁垒与运输成本,两个国家同种要素同质,且生产技术水平相同,那么商品贸易必然导致要素价格的完全均等化。③

由生产者一般均衡条件可知,

$$\frac{MP_{FK}^{i}}{MP_{FL}^{i}}=\frac{MP_{CK}^{i}}{MP_{CL}^{i}}=\frac{r^{i}}{w^{i}} \tag{2}$$

其中,MP表示要素的边际生产力。在完全竞争市场,实现帕累托最优的均衡产量需要满足:

$$\frac{p_{F}^{i}}{p_{C}^{i}}=\frac{MC_{F}^{i}}{MC_{C}^{i}} \tag{3}$$

其中,MC表示边际成本。并且:

$$\frac{MC_{F}^{i}}{MC_{C}^{i}}=\frac{MP_{CK}^{i}}{MP_{FK}^{i}}=\frac{MP_{CL}^{i}}{MP_{FL}^{i}} \tag{4}$$

由于MP大于零,MP的一阶导数小于零,因此,由(2)式、(3)式、(4)式可以确定出$\frac{p_{F}^{i}}{p_{C}^{i}}$与$\frac{L_{j}^{i}}{K_{j}^{i}}$、$\frac{r^{i}}{w^{i}}$与$\frac{L_{j}^{i}}{K_{j}^{i}}$的唯一对应关系。进一步可得,如果$\frac{p_{F}^{A}}{p_{C}^{A}}=\frac{p_{F}^{B}}{p_{C}^{B}}$,那么$\frac{r^{A}}{w^{A}}=\frac{r^{B}}{w^{B}}$。④

萨缪尔森的证明实质上是对要素价格均等化理论的完善,因此,该理论在西方经济学界也被称为H-O-S定理。

## 三、H-O-S定理批判

奥林和萨缪尔森放弃劳动价值论,采用西方经济学的理论方法论证要素价格均等化。然而,西方经济学继承的是资产阶级古典经济学的庸俗思想,是对经济表象的描述,因此要素价格均等化理论的科学性难免要受到质疑。

①② 奥林:《地区间贸易和国际贸易》,商务印书馆1986年版,第32页。

③ P. Samuelson, International Factor - Prices Equalization Once Again, Economic Journal, 59 (234): 181 - 197, 1949.

④ 具体证明过程可参见:P. Samuelson, International Factor - Prices Equalization Once Again, Economic Journal, 59 (234): 181 - 197, 1949; P. Samuelson, Summary on Factor - Price Equalization, International Economic Review, 8 (3): 286 - 295, 1967.

事实上,根据(1)式和假设条件(a)也可推得此结论,因为$\frac{p_{F}^{i}}{p_{C}^{i}}$是关于$\frac{r^{i}}{w^{i}}$的单调增函数,所以,如果商品的相对价格相等,那么要素的相对价格必然相等。

## （一）H－O－S定理的西方经济理论基础

要素禀赋论遵循的依然是李嘉图的比较优势原理，即“两利相权取其重，两弊相权取其轻”的原则。从价格角度来看，李嘉图的比较优势原理可理解为一国应该出口比较价格低的商品，要素禀赋论的核心观点，即一国应该出口密集使用本国相对丰裕要素所生产的商品，是李嘉图比较价格规律的普遍化。需要说明的是，李嘉图的价格由耗费的劳动时间决定，而奥林的价格则由所谓的生产费用决定。李嘉图运用劳动价值理论阐述了国际贸易中的比较优势原理，然而，受瓦尔拉、马歇尔等西方资产阶级经济学者的影响，奥林放弃了劳动价值论，利用西方经济学的理论分析国际贸易问题。① 根据西方经济学的理论，在完全竞争市场，厂商获取的最大利润为零，即 $pq=c(q)$，其中，c表示成本，q表示产量。生产厂商的成本函数为 $c(q)=rK(q)+wL(q)$，于是有 $pq=rK+wL$，两边同除以q即可得（1）式，根据第二部分的分析，（1）式是奥林阐明要素禀赋论与要素价格均等化的重要基础。

在分析国际贸易问题上，萨缪尔森将西方经济学运用的可谓是淋漓尽致，他曾说，“当我们的学科能在国际贸易问题上侃侃而谈时，就能给人留下好的印象。”② 萨缪尔森对要素价格完全均等化的证明充分反映了这一点。结合表示商品产出量与要素投入量之间关系的一次齐次型新古典生产函数 $q=q(K,L)$ 与成本预算线，利用边际分析法与一般均衡分析法，可以得出：无论生产何种商品，生产者为实现成本既定时产量最大，或产量既定时成本最小，必须保证资本与劳动的边际生产力之比等于资本与劳动的价格之比，也就是（2）式。根据利润函数 $\pi=pq-c(q)=pq(K,L)-rK-wL$ 与完全竞争市场的利润最大化条件，可推出（3）式以及 $p^i_F MP^i_{LF}=p^i_C MP^i_{LC}=w^i$、$p^i_F MP^i_{KF}=p^i_C MP^i_{KC}=r^i$，进一步可得（4）式。由（2）式、（3）式、（4）式确定$\frac{p^i_F}{p^i_C}$与$\frac{L^i_j}{K^i_j}$、$\frac{r^i}{w^i}$与$\frac{L^i_j}{K^i_j}$的唯一对应关系，利用了新古典生产函数一阶导数大于零、二阶导数小于零的性质。③

## （二）H－O－S定理理论基础的批判

通过上述分析不难看出，无论是奥林还是萨缪尔森对要素价格均等化理论的论证，都建立在西方经济学理论的基础上，确切地说，以成本函数与新古典生产函数为基础，借用数学中求最优解的方法，证明他们想要的结论。当他们在为自己得出的结论感到惊

① 奥林在《地区间贸易和国际贸易》第一版序言中指出，“为这样的权威如瓦尔拉、门格尔、杰文斯、马歇尔、克拉克、费希尔、帕累托、卡塞尔所发展的相互依赖理论来取代古典的劳动价值论，那么就有理由放弃劳动价值论分析国际贸易问题。”

② 阿普尔亚德，菲尔德：《国际经济学》（国际贸易分册），机械工业出版社2014年版，第118页。

③ P. Samuelson, International Factor－Prices Equalization Once Again, Economic Journal, 59（234）: 189－192, 1949.

奇和满足时，殊不知他们所论证的基础——成本函数与新古典生产函数是不科学的，是资产阶级庸俗经济思想的体现。

### 1. 成本函数批判

成本函数在西方经济学的教科书和论文中比比皆是，然而，没有一位作者对它的由来、经济含义以及合理性进行过考察，他们无一例外地把成本函数当作有效的工具加以使用。如果对成本函数加以考察便不难发现，成本函数是萨伊三位一体公式的数学表达，而三位一体公式的庸俗思想又源自斯密教条。

在《国民财富的性质和原因的研究》第一篇第六章，亚当·斯密阐述了马克思称之为斯密教条①的思想，他指出，“无论在什么社会，商品价格归根到底都分解成为那三个部分（工资、利润、地租——笔者注）或其中之一”;② “工资、利润和地租，是……一切可交换价值的三个根本源泉”。③ 这里斯密显然犯了一个错误，他利用一种不断重复分解的方法将不变资本从商品价值中抹去，④ 混淆了价值产品与产品价值概念。斯密犯错误的根源在于，由于缺乏劳动二重性，他只看到在劳动过程中抽象劳动创造的可变资本和剩余价值，而未看到具体劳动转移的并保留在新商品总价值中的不变资本。斯密教条为“庸俗经济学大开了方便之门”。

萨伊继承并“发展”了斯密教条，提出了三位一体公式。萨伊指出，“不论借出的是劳动力、资本或土地，由于它们协同创造价值，因此它们的使用是有价值的，而且通常得有报酬。对借用劳动力所付的代价叫做工资。对借用资本所付的代价叫做利息。对借用土地所付的代价叫做地租。”⑤ 从这里我们可以看到，萨伊抛弃了斯密教条里的科学成分，彻底将其庸俗化。虽然斯密未认识到商品价值中的不变资本价值部分，未提出剩余价值范畴同利润、地租等具体形式加以区分，但是，他承认利润、地租是“工资产品中的扣除部分，……这个扣除部分是由剩余劳动，即工人劳动的无酬部分构成。”⑥ 而萨伊则认为，利息、地租是对资本、土地在价值创造中所做出的贡献的报酬，是在价值创造中使用资本、土地应支付的费用。于是，利息、地租这些具体的“剩余价值形式，就幸运地被排除了”。⑦ 萨伊把工资、利息、地租既看作是价格的组成，又看作是生产费用，于是得出了生产费用就是价格的荒谬结论，⑧ 而这种荒谬结论却被奥林与萨缪尔森不加批判地用来分析要素价格均等化问题。

---

① 在《资本论》（第2卷），马克思指出，“亚当·斯密的教条是：每一个单个商品……的价格或交换价值，都是由三个组成部分构成，或者说分解为：工资、利润和地租。”

② 亚当·斯密：《国民财富的性质和原因的研究》，商务印书馆2009年版，第44页。

③ 亚当·斯密：《国民财富的性质和原因的研究》，商务印书馆2009年版，第46页。

④ 参见斯密在《国民财富的性质和原因的研究》第1篇第六章关于谷物价格和面粉价格组成的论述。马克思将其批判为“恶性循环和无穷无尽的推论”“一个空洞的遁词”。

⑤ 萨伊：《政治经济学概论》，商务印书馆2009年版，第79页。

⑥ 《马克思恩格斯文集》（第6卷），人民出版社2009年版，第15页。

⑦ 《马克思恩格斯文集》（第7卷），人民出版社2009年版，第921～922页。

⑧ 马克思在《资本论》第3卷第49章的一个脚注中指出，“根据萨伊先生的说法，生产费用是由地租、工资和利润构成的。”萨伊在《政治经济学概论》第2篇第3章的一个脚注中讲到，“生产费用就是斯密所谓产品自然价格”。

由以上分析我们可以清楚地看到，西方经济学的成本函数，即生产费用角度的萨伊三位一体公式，将利息、地租等剩余价值的具体形式看作成本，而抹去了真正属于成本的不变资本部分，它充分反映出庸俗经济学的思维混乱，是西方资产阶级经济学者掩饰资本主义制度剥削性质的结果。西方经济学把利润、地租看作成本，必然得出在资源配置最优状态下，生产厂商获取零利润的谬论。

**2. 新古典生产函数批判**

新古典生产函数在西方经济学有着举足轻重的地位，在微观与宏观领域均有广泛的应用，主要体现在分析资源如何配置以及产品如何分配方面。新古典生产函数反映的是要素投入量与产品产出量之间的实物量关系，进一步反映的是各种要素的边际投入量与产品的边际产出量之间的实物量关系。生产厂商按照要素边际产量等于要素价格的原则配置资源，可以实现利润最大化，按照同样的原则分配产品，既可以保证要素按照各自的贡献获取应得的报酬，又可以实现产品恰好分配完毕，没有剩余。利用新古典生产函数，西方经济学“巧妙”地证明了萨伊的三位一体公式，从而达到说明资本主义制度完美性，掩盖资本主义制度剥削性的目的。

然而，新古典生产函数自身存在着不可克服的缺陷。

首先，由于新古典生产函数反映的是一种物与物的关系，因而它无法说明资本主义的生产方式。实物形式上的生产是一切社会形态共同具有的，不能体现某一个特定历史社会形态的生产关系，如果仅从实物关系上理解，而不考察社会关系，那么新古典生产函数也可理解为奴隶社会、封建社会的物质生产。新古典生产函数中的资本不过是生产商品所用到的原料、厂房、设备等生产资料，并不是真正意义上的资本，马克思指出，“资本不是物，而是一定的、社会的、属于一定历史社会形态的生产关系，……资本是已经转化为资本的生产资料，这种生产资料本身不是资本。”① 新古典生产函数无法说明，在资本主义生产过程中，资本与劳动的关系、劳动的二重性作用以及不变资本和可变资本在剩余价值创造中的作用。

其次，即使新古典生产函数能够反映资本主义的生产，它仍然会面临一个难以解决的问题，即资本的度量问题。产品与劳动投入都有自己的度量单位，然而，由于资本包括多种生产资料，因而无法用一个单位度量。对此，新剑桥学派的著名经济学家罗宾逊夫人批评道，“生产函数一向是错误教育中一个有力的工具。教给经济理论的学员的是 O = f(L，C)，这里的 L 是劳动的一个量值，C 是资本的一个量值，O 是商品产出率。学员所接受的教导是，所有工人都是一样的，L 是用人时计的劳动来衡量的；还教给他于选择产量单位时所涉及的某些关于指数的问题；然后就急急忙忙去探讨下一个问题，希望借此可以使他来不及想到 C 是用什么单位来衡量的。”② 既然资本无法用一个单位

① 《资本论》（第 3 卷），人民出版社 2004 年版，第 922 页。

② 琼·罗宾逊：《经济学论文集》，商务印书馆 1984 年版，第 85 页。

来度量，那么现代边际主义价格理论中的生产函数就不能成立。①

最后，为了证明萨伊的三位一体公式，第一，要素在产品创造中的贡献即要素的边际产量和要素价格必须相等。然而，仔细考察我们会发现这个等式是不合理的。劳动、资本、土地的边际产量属于使用价值层次，而工资、利息、地租属于价值层次，让两种不可通约的量保持一定的比例关系，显然是荒谬的。正如马克思所批判的，“如果在一个方面摆上一个使用价值，在另一个方面摆上一个价值，而且是一个特殊的价值部分，那是愚蠢的做法。”② 第二，假定新古典生产函数为一次齐次型，只有这样才能保证产品恰好按照要素贡献分配完毕。然而，一次齐次生产函数的假设比较严格，不具有一般性，一些经济学者也对这个假设提出了质疑与批评。③

## 四、国际间剩余价值转移与劳动力价格变动：理论分析

根据马克思的经济理论，工资不是劳动的价格而是劳动力的价格，利息不是资本的价格而是为获取货币资本的使用权而向其所有者支付的报酬，地租不是土地的价格而是土地所有者凭借垄断所有权获取的超额利润。因此，要素价格这一提法本身就不准确，严格地讲，我们所能分析的只有国际贸易对国家间劳动力要素价格即工资的影响。奥林、萨缪尔森运用西方经济理论论证要素价格均等化的结果是，他们仅能从反映物与物之间关系的使用价值层面阐述国际贸易能够同时给发达国家和发展中国家带来利益，而无法从反映人与人之间关系的价值层面说明贸易所引起的剩余价值国际转移。如果考虑剩余价值国际转移，国家间劳动力价格就不一定趋向均等。

在简单商品经济，商品价值由具体劳动转移的不变资本价值和活劳动创造的可变资本价值与剩余价值三部分组成；在发达商品经济阶段，等量资本为获取等量利润而展开的竞争使价值转化为生产价格。假定不变资本包含 n 种生产资料，那么，商品的生产价格可表示为：

$$p_j^i = \left(\sum_{h=1}^{n} a_{jh} r_h^i + a_{jL} w^i\right)(1 + \gamma^i) \tag{5}$$

其中，a 表示生产单位商品所消耗的作为不变资本的商品或劳动力商品的量，r 为作为不变资本的商品的价格，w 为劳动力商品的价格，γ 表示一般利润率，是剩余价值总额同资本总额的比值。

我们沿用本文第二部分的两个假设条件，按照要素禀赋论的观点，A 国生产并出口 C，B 国生产并出口 F。当今世界已处于发达商品经济阶段，资本在国际范围内充分流

---

① 白暴力：《“三要素创造价值学说”现代形式的理论缺陷》，载《北京师范大学学报·人文社会科学版》2002 年第 4 期，第 53 页。

② 《资本论》（第 3 卷），人民出版社 2004 年版，第 925 页。

③ 参见：白暴力：《“三要素创造价值学说”现代形式的理论缺陷》，载《北京师范大学学报·人文社会科学版》2002 年第 4 期；蒋中一：《数理经济学的基本方法》，商务印书馆 1999 年版，第 541 页。

动，资本在国际范围内展开的竞争使国别生产价格转化为国际生产价格。结合（5）式，国际生产价格形成过程可表述为：

$$\begin{cases}(p_C^A)' = (\sum_{h=1}^{n} a_{Ch} r_h^A + a_{CL} w^A)(1+\gamma^G) \\ (p_F^B)' = (\sum_{h=1}^{n} a_{Fh} r_h^B + a_{FL} w^B)(1+\gamma^G) \\ \gamma^G = \dfrac{(\sum a_{Ch} r_h^A + a_{CL} w^A)\gamma^A + (\sum a_{Fh} r_h^B + a_{FL} w^B)\gamma^B}{(\sum a_{Ch} r_h^A + a_{CL} w^A) + (\sum a_{Fh} r_h^B + a_{FL} w^B)}\end{cases} \tag{6}$$

其中，$\gamma^G$ 表示世界平均利润率，$(p_C^A)'$、$(p_F^B)'$分别表示 A 国生产的 C 商品、B 国生产的 F 商品的国际生产价格。

$\frac{(p_F^B)'}{(p_C^A)'}$应介于$\frac{p_F^A}{p_C^A}$与$\frac{p_F^B}{p_C^B}$之间，否则 A、B 两国将不会进行分工与贸易，此时，$a_{FL}(w^B - w^A) < \sum a_{Fh}(r_h^A - r_h^B)$。容易证明，在物质财富层面，分工与贸易使 A、B 两国都获利，即两国获取的使用价值均比分工与贸易前多。然而，在抽象财富层面，资本有机构成低的 A 国总吃亏。因为 $\gamma^A > \gamma^G > \gamma^B$，所以，$\phi^A = (\sum a_{Ch} r_h^A + a_{CL} w^A)(\gamma^G - \gamma^A) < 0$，$\phi^B = (\sum a_{Fh} r_h^B + a_{FL} w^B)(\gamma^G - \gamma^B) > 0$,① 并且 $\phi^B = -\phi^A$，这说明，在国际生产价格形成过程中，部分剩余价值从 A 国转移向 B 国（王智强、李明，2017）。

奥林和萨缪尔森由于放弃了劳动价值论，因而只能从描述经济表面现象的供求、均衡角度说明国家间要素价格的变动，看不到也无法说明国际贸易通过剩余价值国际转移对要素价格变动的影响。如他们所言，国际贸易有助于提高劳动密集型的发展中国家的劳动力需求，从而提高其工资，有助于降低资本密集型的发达国家的劳动力需求，从而降低其工资，于是两种国家之间的工资差距缩小。然而，国际贸易通过剩余价值国际转移会对工资差距产生截然相反的影响。

发达国家资本有机构成高，在国际贸易中为剩余价值转入国，剩余价值转入有助于提高发达国家工人工资。为了尽可能地调动工人的劳动积极性，许多发达国家的企业实行利润分享制，在这种情况下，企业从国外转移的利润越多，工人分享到的利润就越多。另外，发达国家的企业为了“联合”本国工人，也会从额外利润中拿出一部分用于提高工资，正如列宁指出的，“从这种超额利润中，资本家可以拿出一部分（甚至是不小的一部分）来收买本国工人。”② 发展中国家资本有机构成低，在国际贸易中为剩余价值转出国，国内的企业因部分剩余价值转出而遭受损失，为了尽可能地弥补损失它们不得不压低工人工资，因此，剩余价值国际转出会妨碍发展中国家工人工资的提高。总体而言，在发达国家与发展中国家的资本有机构成差异既定时，随着国际贸易程度的

① $\phi$ 表示剩余价值国际转移量，$\phi>0$ 意味着剩余价值转入，$\phi<0$ 意味着剩余价值转出。
② 《列宁选集》（第 2 卷），人民出版社 2012 年版，第 713 页。

提高，发达国家转入的剩余价值增加，即 $\phi$ 增加，从而工资提高；发展中国家转出的剩余价值增加，即 $\phi$ 减少，从而工资下降。

我们用 $w=w(d,\ \phi)$ 表示工资是关于劳动力需求和剩余价值国际转移量的函数，d 与 $\phi$ 分别是国际贸易（用 $\tau$ 表示）的函数。由上述分析可知，对于资本密集型的发达国家 B，$\frac{\partial w}{\partial d}>0$，$\frac{\partial d}{\partial \tau}<0$，$\frac{\partial w}{\partial \phi}>0$，$\frac{\partial \phi}{\partial \tau}>0$；对于劳动密集型的发展中国家 A，$\frac{\partial w}{\partial d}>0$，$\frac{\partial d}{\partial \tau}>0$，$\frac{\partial w}{\partial \phi}>0$，$\frac{\partial \phi}{\partial \tau}<0$。求 $w^B-w^A$ 关于 $\tau$ 的全微分可得：

$$\frac{d(w^B-w^A)}{d\tau}=\left(\frac{\partial w^B}{\partial d^B}\frac{\partial d^B}{\partial \tau}-\frac{\partial w^A}{\partial d^A}\frac{\partial d^A}{\partial \tau}\right)+\left(\frac{\partial w^B}{\partial \phi^B}\frac{\partial \phi^B}{\partial \tau}-\frac{\partial w^A}{\partial \phi^A}\frac{\partial \phi^A}{\partial \tau}\right) \tag{7}$$

（7）式右边第一项即商品贸易通过劳动力需求对工资差距的影响小于零，表示商品贸易具有缩小 A、B 两国工资差距的效应；（7）式右边第二项即商品贸易通过剩余价值国际转移对工资差距的影响大于零，表示商品贸易具有扩大 A、B 两国工资差距的效应。如果（7）式右边第一项的绝对值大于第二项的绝对值，那么 A、B 两国的工资趋向均等化；如果相等，那么两国的工资差距保持不变；如果小于，那么两国的工资差距会不断扩大。因此，即使商品贸易能够通过影响劳动力需求，增加劳动力相对丰裕国家的工资，降低劳动力相对稀缺国家的工资，两种国家的工资能否趋向均等还要取决于劳动力需求与剩余价值国际转移对工资差距的综合影响。

# 五、实证检验

## （一）模型的构建

下面，我们重点考察剩余价值国际转移量对工资的直接影响，并通过考察发达国家与发展中国家贸易对工资的最终影响，间接说明贸易通过劳动力需求与剩余价值国际转移对工资差距的影响。① 由于国际贸易通过剩余价值国际转移量最终影响工资，因此，将剩余价值国际转移量与国际贸易放在同一个模型中会引起比较严重的共线性，并且，国际贸易对工资的间接效应也会因为剩余价值转移额的控制而受到影响。鉴于此，本文分别构建两个模型：

$$w_{it}=\alpha+\beta\phi_{it}+\varphi X_{it}+\mu_i+\lambda_t+\varepsilon_{it} \tag{8}$$

① 受篇幅所限，本文不再考察国际贸易对发达国家与发展中国家剩余价值国际转移量的影响，利用本文已有的数据对两者进行一元回归（双向固定效应），结果如下：发达国家国际贸易与剩余价值国际转移量的回归系数为 0.313，t 值为 39.91，拟合优度为 0.713，观测值为 960；发展中国家的结果依次为：－0.574、－21.21、0.394、920。本文不再考察国际贸易对发达国家与发展中国家劳动力需求的影响，关于这方面的研究可参见，Konings 等（1995），Greenaway（1999），Spilerman（2009），Helpman 等（2011）；Milner & Wright（1998），杨玉华（2007），盛斌、马涛（2009），魏浩（2013）。

$$w_{it} = \alpha + \beta\tau_{it} + \varphi X_{it} + \mu_i + \lambda_t + \varepsilon_{it} \tag{9}$$

其中，$\alpha$ 代表常数项，$\beta$ 代表解释变量的回归系数，X 代表由控制变量构成的向量，$\phi$ 代表由控制变量回归系数构成的向量，需要控制的影响工资的其他因素如：技术水平、[①] 劳动者受教育程度（用大学入学率度量）、劳动力中男女参与比例、外商直接投资、经济增长率、失业率、国民储蓄率、难民人数等，$\mu$ 为国家固定效应，$\lambda$ 为年份固定效应，$\varepsilon$ 为扰动项，i 代表国家，t 代表年份。

## （二）数据的选取与处理

本文研究样本的数据来自 1991～2015 年世界银行数据库与联合国数据中心，其统计对象涵盖世界 107 个国家或地区，其中发达国家 47 个，发展中国家 60 个。[②] 除少数几个国家的数据完整外，其余国家的数据均存在不同程度的缺失，为了保证样本量，本文未对数据进行平衡性处理。

工资通过以美元计价的劳动报酬总额除以就业人口得到，国际贸易用贸易总额度量。如何度量资本有机构成差异引起的剩余价值国际转移是本文的关键。将马克思在《资本论》第三卷阐述的价值向生产价格转化理论运用到国际层面可知，当各国的剩余价值率相同时，第 i 国的剩余价值国际转移比例即转移的剩余价值同创造的剩余价值之比为：

$$\eta_i = \frac{\dfrac{\sum m^d}{\sum(c+v)}(c_i + v_i) - m_i^d}{m_i^d} = \frac{\dfrac{c_i}{v_i} - \dfrac{\sum c}{\sum v}}{1 + \dfrac{\sum c}{\sum v}} \tag{10}$$

其中，c 为不变资本，v 为可变资本，$m^d$ 为一国创造的剩余价值。由（10）式可知，一国的资本有机构成越是高于世界平均资本有机构成，该国转入的剩余价值就越多。根据马克思在《资本论》第一、三卷的论述，资本有机构成和劳动生产率严格正相关，[③] 因此，在无法获取各国资本有机构成数据的情况下，本文将 $\eta_i = \frac{(f_i - \bar{f})}{(1 + \bar{f})}$ 作为资本有机构成差异所引起的剩余价值国际转移比例的度量指标，将 $\phi_i = \frac{\eta_i}{1+\eta_i} m_i^t$ 作为剩余价值国际

① 学术界普遍用 R&D 支出占 GDP 比作为技术变量的度量指标，但世界银行公布的这一数据缺失严重，因此本文用和 R&D 占 GDP 比相关性强的高科技出口占制成品比度量。

② 本文按照世界银行 2015 年的最新收入分组标准划分国家发展程度，将高收入国家（人均国民收入高于 12 736 美元）列为发达国家，将中低收入国家（人均国民收入低于 12 736 美元）列为发展中国家。

③ 马克思指出，“劳动生产率的增长，表现为劳动的量比它所推动的生产资料的量相对减少”；“随着劳动的社会生产力的发展，为了推动同量的劳动力所需要的总资本量越来越大”；“社会劳动生产力的发展，表现为可变资本同总资本相比相对减少”。

转移量的度量指标。① 所有变量的方差膨胀因子（VIF）均小于10（最大值为2.26，平均值为1.42），这表明变量间不存在严重的多重共线性。表1为主要变量的描述性统计。

表1　主要变量的描述性统计

| 变量 | 含义 | 观测值 | 均值 | 标准差 | 最小值 | 最大值 |
|---|---|---|---|---|---|---|
| w（美元） | 人均工资 | 1 905 | 14 814 | 18 570 | 39.81 | 123 471 |
| ϕ（美元） | 剩余价值国际转移量 | 1 905 | 0 | 1 | -14.10 | 4.96 |
| τ（美元） | 国际贸易额 | 2 172 | 0 | 1 | -0.47 | 9.87 |
| htr（%） | 高科技出口占制成品比 | 1 731 | 11.86 | 11.93 | 0 | 74.99 |
| her（%） | 大学入学率 | 1 727 | 41.49 | 23.93 | 0.50 | 119.78 |
| mvw | 劳动力男女参与比例 | 1 944 | 70.07 | 16.08 | 13.29 | 108.18 |
| fdi（美元） | 外国直接投资 | 2 096 | 0 | 1 | -1.07 | 18.50 |
| gog（%） | GDP 增长率 | 2 178 | 3.54 | 4.76 | -41.80 | 54.16 |
| une（%） | 失业率 | 1 915 | 8.85 | 6.03 | 0.29 | 39.30 |
| cor（人） | 难民人数 | 1 839 | 23 011 | 72 794 | 1 | 730 650 |
| sav（%） | 储蓄率 | 1 872 | 22.24 | 8.94 | -22.11 | 64.72 |

说明：剩余价值国际转移量、国际贸易额、外国直接投资为标准化结果。

## （三）计量结果及分析

### 1. 剩余价值国际转移对工资的影响

表2为选用混合OLS模型和FE模型进行估计得到的结果。② 从中可以看出，无论采用哪种方法进行估计，剩余价值国际转移量与工资的回归系数均为正且高度显著，控制变量的加入未对估计结果产生实质性影响。这说明剩余价值国际转移量与工资存在正向关系，即：资本有机构成高的发达国家从其他国家转入的剩余价值多，因而工资相对较高，资本有机构成低的发展中国家则相反；一国从其他国家转入的剩余价值增加，或转出的剩余价值减少，该国的工资就会提高，反之则降低。

为了说明剩余价值国际转移量与人均工资正向关系的稳健性，我们采取如下三种方法。第一，按国家发展程度进行分类回归，回归结果如表3的（1）~（4）列所示。第

① f代表社会劳动生产率，用就业人口人均GDP度量，$\bar{f}$ 用加权平均法计算得到。$m^t$ 为一国实现的剩余价值，即转移的剩余价值与创造的剩余价值之和，用以美元计价的营业利润总额度量，等于以本币计价的营业利润总额除上以本币计价的GDP再乘上以美元计价的GDP。

② 根据Baltagi（2001，2010）的观点，对于非平衡面板，Swamy-Arora（方差分析法（ANOVA）的一种）的回归系数估计结果相对较好，MLE（最大似然估计）的标准误估计结果相对较好，就本文所选取的样本而言，两者的估计结果与FE的估计结果差异非常小。受篇幅所限，本文只报告FE的估计结果。

二，在全样本下，将剩余价值国际转移量的滞后二期作为解释变量进行回归，回归结果如表3的（5）~（6）列所示。可以看出，无论是发达国家还是发展中国家，剩余价值国际转移量与工资均显著正相关，对于所有国家，剩余价值国际转移量的滞后二期与工资显著正相关。第三，分别采用系统GMM与差分GMM方法进行估计，得到的结果未发生本质性变化，估计结果见附表1。这说明剩余价值国际转移量对工资的正效应具有稳健性。

**表2　　剩余价值国际转移量与人均工资的回归结果：全样本**

| 变量 | 混合OLS模型 | | | FE模型 | | |
|---|---|---|---|---|---|---|
| | (1) | (2) | (3) | (4) | (5) | (6) |
| φ | 0.278***<br>(12.63) | 0.137***<br>(6.80) | 0.136***<br>(7.24) | 0.180***<br>(9.35) | 0.141***<br>(6.69) | 0.145***<br>(7.32) |
| htr | | 0.250***<br>(10.73) | 0.155***<br>(7.05) | | -0.008<br>(-0.40) | 0.028<br>(1.42) |
| edu | | 0.387***<br>(15.39) | 0.353***<br>(14.92) | | -0.005<br>(-0.18) | -0.027<br>(-0.98) |
| mvw | | 0.129***<br>(5.12) | 0.137***<br>(5.77) | | 0.275***<br>(6.12) | 0.190***<br>(4.24) |
| fdi | | | 0.143***<br>(8.19) | | | 0.044***<br>(4.82) |
| gog | | | -0.234***<br>(-9.06) | | | -0.040***<br>(-3.29) |
| une | | | -0.124***<br>(-5.17) | | | -0.024<br>(-1.18) |
| cor | | | -0.135***<br>(-4.69) | | | -0.042**<br>(-2.53) |
| sav | | | 0.193***<br>(7.98) | | | -0.030*<br>(-1.84) |
| 常数项 | -0.000<br>(-0.00) | 0.080***<br>(3.53) | 0.007<br>(0.33) | -0.409***<br>(-8.13) | -0.358***<br>(-4.86) | -0.206**<br>(-2.01) |
| 国家固定 | 否 | 否 | 否 | 是 | 是 | 是 |
| 年份固定 | 否 | 否 | 否 | 是 | 是 | 是 |
| $R^2$ | 0.077 | 0.356 | 0.526 | 0.466 | 0.558 | 0.561 |
| 调整$R^2$ | 0.077 | 0.354 | 0.522 | 0.426 | 0.513 | 0.510 |
| N | 1 905 | 1 360 | 1 210 | 1 905 | 1 360 | 1 210 |

说明：* $p<0.1$，** $p<0.05$，*** $p<0.01$，括号里为t值，所有变量均做了标准化处理。

表2中，高科技出口占制成品比、劳动者受教育程度与人均工资的OLS估计结果显著正相关，而FE估计结果不显著，这说明高科技出口占制成品比、劳动者受教育程度与人均工资的关系不稳健。全样本下劳动力男女参与比例和人均工资显著正相关（见表2），但按国家发展程度进行分类回归的结果却不显著（见表3），甚至会出现显著负相关（见表4、表5），这说明劳动力男女参与比例和人均工资的关系不稳健。因此，无法判断高科技出口占制成品比从而生产技术对工资的影响，无法判断劳动者受教育程度和劳动力男女参与比例从而劳动异质性对工资的影响。这与本文第一部分评述的西方经济学者的争论相一致。

**表3　　按国家发展程度分类与全样本滞后二期的回归结果（FE）**

| 变量 | 发展中国家 | | 发达国家 | | 全样本 | |
|---|---|---|---|---|---|---|
| | (1) | (2) | (3) | (4) | (5) | (6) |
| φ | 0.012***<br>(2.87) | 0.027***<br>(6.32) | 0.253***<br>(4.79) | 0.274***<br>(4.95) | | |
| L2.φ | | | | | 0.183***<br>(7.64) | 0.138***<br>(5.64) |
| htr | | 0.004<br>(0.92) | | 0.103***<br>(3.58) | | 0.026<br>(1.27) |
| edu | | 0.101***<br>(11.47) | | -0.170***<br>(-4.84) | | -0.051*<br>(-1.72) |
| mvw | | 0.005<br>(0.41) | | -0.003<br>(-0.04) | | 0.263***<br>(5.28) |
| fdi | | 0.035***<br>(7.42) | | 0.017<br>(1.56) | | 0.038***<br>(4.02) |
| gog | | 0.000<br>(0.00) | | -0.048**<br>(-2.50) | | -0.045***<br>(-3.44) |
| une | | -0.014**<br>(-2.32) | | -0.036<br>(-1.41) | | -0.027<br>(-1.28) |
| cor | | -0.010***<br>(-2.88) | | 0.066*<br>(1.82) | | -0.036**<br>(-2.08) |

续表

| 变量 | 发展中国家 | | 发达国家 | | 全样本 | |
|---|---|---|---|---|---|---|
| | (1) | (2) | (3) | (4) | (5) | (6) |
| sav | | -0.001<br>(-0.19) | | 0.053 *<br>(1.80) | | -0.036 **<br>(-2.02) |
| 常数项 | -0.742 ***<br>(-45.89) | -0.583 ***<br>(-12.84) | 0.068<br>(1.00) | 0.163<br>(1.41) | -0.391 ***<br>(-7.72) | -0.195 **<br>(-2.14) |
| 国家固定 | 是 | 是 | 是 | 是 | 是 | 是 |
| 年份固定 | 是 | 是 | 是 | 是 | 是 | 是 |
| $R^2$ | 0.569 | 0.764 | 0.660 | 0.711 | 0.464 | 0.562 |
| 调整 $R^2$ | 0.527 | 0.718 | 0.633 | 0.676 | 0.421 | 0.509 |
| 观测值 | 945 | 479 | 960 | 731 | 1 692 | 1 130 |

说明：* 同表2。本文也将滞后一期的解释变量与被解释变量进行了回归，结果与滞后二期的完全一致，限于篇幅未报告估计结果。

### 2. 国际贸易对工资差距的影响

从表4可以看出，就发展中国家而言，当未加控制变量或加入部分控制变量时，剩余价值国际转移量与工资的回归系数为正且在1%的水平上显著，如（1）、（2）、（4）、（5）列所示；然而，随着控制变量个数的增加，回归系数变为负值且显著，如（3）、（6）、（7）列所示。这说明发展中国家的国际贸易对工资的最终影响不稳健，因此，我们无法判断发展中国家的国际贸易通过剩余价值国际转移对工资的影响与通过劳动力需求对工资的影响的大小。

**表4　　发展中国家国际贸易与人均工资的回归结果**

| 变量 | 混合 OLS 模型 | | | FE 模型 | | | |
|---|---|---|---|---|---|---|---|
| | (1) | (2) | (3) | (4) | (5) | (6) | (7) |
| τ | 0.037 ***<br>(5.57) | 0.029 ***<br>(4.77) | -0.039 *<br>(-1.73) | 0.016 ***<br>(4.13) | 0.009 **<br>(2.46) | -0.054 ***<br>(-4.47) | |
| L2. τ | | | | | | | -0.028 **<br>(-2.47) |
| htr | | -0.002<br>(-0.36) | -0.007<br>(-1.36) | | 0.006<br>(1.29) | 0.005<br>(1.03) | 0.003<br>(0.62) |

续表

| 变量 | 混合 OLS 模型 | | | FE 模型 | | | |
|---|---|---|---|---|---|---|---|
| | (1) | (2) | (3) | (4) | (5) | (6) | (7) |
| edu | | 0.073 ***<br>(11.82) | 0.068 ***<br>(11.31) | | 0.090 ***<br>(10.89) | 0.101 ***<br>(11.17) | 0.106 ***<br>(11.04) |
| mvw | | -0.019 ***<br>(-4.60) | -0.018 ***<br>(-4.14) | | 0.002<br>(0.20) | -0.002<br>(-0.53) | -0.004<br>(-1.25) |
| fdi | | | 0.092 ***<br>(3.62) | | | 0.011<br>(0.96) | 0.025 *<br>(1.96) |
| gog | | | -0.018 ***<br>(-3.33) | | | 0.081 ***<br>(5.73) | 0.046 ***<br>(4.27) |
| une | | | 0.024 ***<br>(5.44) | | | -0.014 **<br>(-2.11) | -0.015 **<br>(-2.20) |
| cor | | | -0.004<br>(-0.70) | | | -0.010 ***<br>(-3.00) | -0.010 ***<br>(-2.82) |
| sav | | | 0.002<br>(0.43) | | | -0.002<br>(-0.55) | -0.001<br>(-0.15) |
| 常数项 | -0.657 ***<br>(-143.04) | -0.613 ***<br>(-98.65) | -0.623 ***<br>(-97.85) | -0.734 ***<br>(-42.79) | -0.624 ***<br>(-12.95) | -0.612 ***<br>(-13.11) | -0.668 ***<br>(-18.69) |
| 国家固定 | 否 | 否 | 否 | 是 | 是 | 是 | 是 |
| 年份固定 | 否 | 否 | 否 | 是 | 是 | 是 | 是 |
| $R^2$ | 0.033 | 0.247 | 0.325 | 0.574 | 0.703 | 0.753 | 0.756 |
| 调整 $R^2$ | 0.032 | 0.242 | 0.313 | 0.532 | 0.650 | 0.704 | 0.706 |
| N | 920 | 519 | 479 | 920 | 519 | 479 | 446 |

从表 5 可以看出，就发达国家而言，未加控制变量的回归系数为正且在 1% 的水平上显著，加入控制变量后回归结果未发生本质性变化，将国际贸易的滞后二期作为解释变量进行估计，回归系数依然显著为正。这表明发达国家的国际贸易对工资的最终影响为正，即发达国家的国际贸易通过剩余价值国际转移对工资的正效应大于通过劳动力需求对工资的负效应。

综合表 4 与表 5 的结果我们不难发现，国际贸易可以促进发达国家的工资上涨，可能引起发展中国家工资下降，也可能促进发展中国家工资上涨。即使发展中国家的工资随着国际贸易的增加而上涨，其涨幅也小于发达国家，原因在于，对比表 4 与表 5 的

（1）、（2）、（4）、（5）列可以看到，发展中国家的国际贸易与工资的回归系数小于发达国家。因此，国际贸易逐渐扩大了发展中国家与发达国家的工资差距，也就是说，国际贸易通过剩余价值国际转移对工资差距的正效应大于通过劳动力需求对工资差距的负效应。①

**表 5　　　　发达国家国际贸易与人均工资的回归结果**

| 变量 | 混合 OLS 模型 | | | FE 模型 | | | |
|---|---|---|---|---|---|---|---|
| | （1） | （2） | （3） | （4） | （5） | （6） | （7） |
| τ | 0. 341 ***<br>（14. 15） | 0. 274 ***<br>（11. 12） | 0. 224 ***<br>（8. 54） | 0. 068 ***<br>（3. 25） | 0. 049 **<br>（2. 11） | 0. 072 ***<br>（3. 05） | |
| L2. τ | | | | | | | 0. 066 ***<br>（2. 61） |
| htr | | 0. 241 ***<br>（7. 41） | 0. 202 ***<br>（6. 81） | | 0. 035<br>（1. 19） | 0. 094 ***<br>（3. 23） | 0. 096 ***<br>（3. 17） |
| edu | | －0. 039<br>（－0. 93） | 0. 061<br>（1. 60） | | －0. 168 ***<br>（－4. 92） | －0. 181 ***<br>（－5. 08） | －0. 193 ***<br>（－5. 11） |
| mvw | | 0. 502 ***<br>（10. 77） | －0. 286 ***<br>（－8. 06） | | 0. 078<br>（1. 11） | －0. 046 **<br>（－2. 39） | －0. 051 **<br>（－2. 54） |
| fdi | | | 0. 003<br>（0. 13） | | | 0. 023 **<br>（2. 02） | 0. 024 **<br>（2. 19） |
| gog | | | 0. 527 ***<br>（12. 92） | | | －0. 034<br>（－0. 47） | 0. 021<br>（0. 27） |
| une | | | －0. 217 ***<br>（－5. 22） | | | －0. 029<br>（－1. 13） | －0. 036<br>（－1. 28） |
| cor | | | －0. 244 ***<br>（－4. 99） | | | 0. 064 *<br>（1. 72） | 0. 073 *<br>（1. 80） |
| sav | | | 0. 286 ***<br>（7. 96） | | | 0. 050 *<br>（1. 66） | 0. 056 *<br>（1. 69） |
| 常数项 | 0. 543 ***<br>（17. 10） | 0. 460 ***<br>（12. 71） | 0. 226 ***<br>（6. 35） | 0. 068<br>（0. 99） | －0. 037<br>（－0. 47） | 0. 113<br>（0. 97） | 0. 139<br>（1. 18） |

① 本文用贸易总额同 GDP 的比作为国际贸易的度量指标进行估计，得到的结果仍然支持这一结论，估计结果见附表 2。

续表

| 变量 | 混合 OLS 模型 | | | FE 模型 | | | |
|---|---|---|---|---|---|---|---|
| | (1) | (2) | (3) | (4) | (5) | (6) | (7) |
| 国家固定 | 否 | 否 | 否 | 是 | 是 | 是 | 是 |
| 年份固定 | 否 | 否 | 否 | 是 | 是 | 是 | 是 |
| $R^2$ | 0.173 | 0.347 | 0.553 | 0.655 | 0.695 | 0.704 | 0.706 |
| 调整 $R^2$ | 0.172 | 0.344 | 0.547 | 0.628 | 0.665 | 0.669 | 0.669 |
| N | 960 | 833 | 731 | 960 | 833 | 731 | 697 |

## 六、结论与建议

综上分析，西方经济学的成本函数与新古典生产函数具有庸俗性和不可克服的缺陷，建立在这两种函数之上的要素价格均等化理论是不科学的。奥林、萨缪尔森未能从反映人与人之间关系的价值层面说明贸易所引起的剩余价值国际转移。按照国际生产价格进行交换，剩余价值从资本有机构成低的发展中国家向资本有机构成高的发达国家转移。随着贸易程度的提高，发达国家转入的剩余价值增加，进而工资提高，发展中国家则相反。如果贸易通过剩余价值国际转移对工资差距的正影响小于通过劳动力需求对工资差距的负影响，那么，发展中国家与发达国家的工资趋向均等；反之则相反。基于107个国家1991～2015年非平衡面板数据的经验分析发现：剩余价值国际转移量对工资有正效应；贸易能够提高发达国家的工资，对发展中国家工资的影响不稳健；贸易扩大了发展中国家与发达国家的工资差距。

近些年特别是加入WTO以来，我国的对外贸易量快速增长。然而，我国的劳动生产率与资本有机构成较低，出口商品多以劳动密集型为主，因此，在国际贸易中，按照国际价值或国际生产价格进行等价交换，我国换回的劳动量往往小于耗费的劳动量，国内创造的部分剩余价值被转移到发达国家。这不仅不利于工资水平的提高，而且长期持续下去会出现低端锁定的依附型经济。鉴于此，本文提出两点对策建议。第一，应摆脱西方比较贸易理论的思想束缚，将“造不如买、买不如租的逻辑倒过来”，不断提高技术密集型、资本密集型产品在出口商品中的比重。第二，应“着力加强供给侧结构性改革，推动我国社会生产力水平实现整体跃升”；① 应加快经济发展方式转变，大力发展高新技术产业，提高社会人均资本量与商品科技含量，增加在对外贸易中实现的利润。

① 《全面贯彻党的十八届五中全会精神　落实发展理念推进经济结构性改革》，载《人民日报》2015年11月11日（001版）。

# 附录

附表 1　　剩余价值国际转移量与人均工资回归结果：差分 GMM 与系统 GMM

| 变量 | 差分 GMM | | | 系统 GMM | | |
|---|---|---|---|---|---|---|
| | (1) | (2) | (3) | (4) | (5) | (6) |
| sot | 0.114***<br>(14.59) | 0.073***<br>(3.35) | 0.131***<br>(4.43) | 0.088***<br>(54.81) | 0.073***<br>(8.99) | 0.082***<br>(5.87) |
| htr | | 0.023***<br>(4.17) | 0.027***<br>(3.94) | | 0.058***<br>(13.74) | 0.041***<br>(5.46) |
| her | | -0.063***<br>(-9.40) | -0.029***<br>(-2.92) | | 0.045***<br>(9.21) | 0.094***<br>(10.96) |
| mvw | | 0.077***<br>(4.37) | 0.078***<br>(3.99) | | 0.156***<br>(19.73) | 0.173***<br>(10.54) |
| fdi | | | 0.007***<br>(4.62) | | | 0.009***<br>(5.61) |
| gog | | | 0.004<br>(1.40) | | | -0.004<br>(-1.48) |
| une | | | -0.029***<br>(-3.83) | | | -0.059***<br>(-7.18) |
| cor | | | -0.005**<br>(-2.41) | | | -0.010***<br>(-3.31) |
| sav | | | -0.025***<br>(-5.05) | | | 0.003<br>(0.64) |
| L. w | 1.051***<br>(724.89) | 0.961***<br>(124.45) | 0.893***<br>(77.67) | 1.183***<br>(1901.26) | 1.087***<br>(244.60) | 0.987***<br>(117.76) |
| L2. w | -0.356***<br>(-260.91) | -0.293***<br>(-62.85) | -0.275***<br>(-49.64) | -0.401***<br>(-459.80) | -0.379***<br>(-64.72) | -0.317***<br>(-55.99) |
| L3. w | 0.164***<br>(175.70) | 0.100***<br>(24.47) | 0.118***<br>(19.89) | 0.228***<br>(232.85) | 0.222***<br>(50.90) | 0.196***<br>(34.47) |
| 常数项 | -0.036***<br>(-11.49) | -0.019*<br>(-1.77) | -0.040**<br>(-2.25) | -0.191***<br>(-51.26) | 0.115***<br>(30.45) | 0.152***<br>(11.73) |
| 国家固定 | 是 | 是 | 是 | 是 | 是 | 是 |
| 年份固定 | 是 | 是 | 是 | 是 | 是 | 是 |
| AR（1） | -3.066 | -3.291 | -3.678 | -3.334 | -3.429 | -3.840 |
| AR（2） | -1.307 | -1.404 | -1.659 | -0.468 | -0.133 | -1.523 |
| Sargan（P） | 0.966 | 0.546 | 0.111 | 0.706 | 0.529 | 0.119 |
| N | 1 481 | 1 019 | 945 | 1 586 | 1 181 | 1 088 |

说明：将被解释变量的一阶和二阶滞后项作为解释变量，误差项会存在显著的二阶自相关，因此采用三阶滞后项；所有变量均做了标准化处理，下表同。

**附表2　国际贸易与人均工资回归结果（FE）：按国家发展程度分类**

| 变量 | 发展中国家 | | | | 发达国家 | | | |
|---|---|---|---|---|---|---|---|---|
| | （1） | （2） | （3） | （4） | （5） | （6） | （7） | （8） |
| τ | -0.026***<br>(-2.66) | -0.057***<br>(-3.64) | -0.053***<br>(-3.35) | | 0.223***<br>(13.14) | 0.147***<br>(8.28) | 0.121***<br>(6.09) | |
| L2. τ | | | | -0.008<br>(-0.50) | | | | 0.133***<br>(6.93) |
| htr | | 0.007<br>(0.96) | 0.004<br>(0.61) | 0.004<br>(0.50) | | -0.022*<br>(-1.68) | 0<br>(-0.04) | 0.008<br>(0.62) |
| edu | | 0.115***<br>(8.84) | 0.124***<br>(9.30) | 0.136***<br>(9.81) | | 0.097***<br>(6.08) | 0.055***<br>(3.45) | 0.038**<br>(2.31) |
| mvw | | -0.102***<br>(-6.34) | 0.003<br>(0.60) | -0.001<br>(-0.13) | | -0.240***<br>(-7.54) | -0.025***<br>(-2.91) | -0.017**<br>(-2.02) |
| fdi | | | 0.026***<br>(4.14) | 0.026***<br>(4.00) | | | 0.016***<br>(3.47) | 0.015***<br>(3.26) |
| gog | | | -0.072***<br>(-4.10) | -0.045**<br>(-2.37) | | | -0.239***<br>(-7.39) | -0.221***<br>(-6.52) |
| une | | | 0.014<br>(1.54) | 0.015<br>(1.55) | | | -0.041***<br>(-3.57) | -0.027**<br>(-2.25) |
| cor | | | -0.021***<br>(-4.12) | -0.023***<br>(-4.42) | | | -0.029*<br>(-1.81) | -0.016<br>(-0.94) |
| sav | | | 0.003<br>(0.50) | 0.003<br>(0.58) | | | -0.091***<br>(-6.90) | -0.096***<br>(-6.85) |
| 常数项 | -0.751***<br>(-31.92) | -0.595***<br>(-8.50) | -0.559***<br>(-8.04) | -0.670***<br>(-12.88) | | 0.419***<br>(11.98) | 0.357***<br>(7.12) | 0.378***<br>(7.69) |
| 国家固定 | 是 | 是 | 是 | 是 | 是 | 是 | 是 | 是 |
| 年份固定 | 是 | 是 | 是 | 是 | 是 | 是 | 是 | 是 |
| $R^2$ | 0.378 | 0.585 | 0.625 | 0.635 | 0.456 | 0.585 | 0.580 | 0.575 |
| 调整 $R^2$ | 0.316 | 0.511 | 0.551 | 0.560 | 0.412 | 0.545 | 0.529 | 0.521 |
| N | 909 | 511 | 479 | 446 | 956 | 830 | 731 | 697 |

说明：* $p<0.1$，** $p<0.05$，*** $p<0.01$，括号里为t值，解释变量为国际贸易额同GDP之比。

# 马克思关于人的劳动的研究

王天义*

人类是劳动创造的。恩格斯指出："劳动创造了人本身"。劳动是人所特有的实践活动，它即是人的特质，也是人的品质。正如习近平同志所说，劳动是人类的本质活动，劳动光荣、创造伟大是对人类文明进步规律的重要诠释。必须牢固树立劳动最光荣、劳动最崇高、劳动最伟大、劳动最美丽的观念，让全体人民进一步焕发劳动热情、释放创造潜能，通过劳动创造更加美好的生活。

## 一、劳动的简单规定

"劳动首先是人和自然之间的过程，是人以自身的活动来中介、调整和控制人和自然之间的物质变换的过程。人自身作为一种自然力与自然物质相对立。为了在对自身生活有用的形式上占有自然物质，人就使他身上的自然力——臂和腿、头和手运动起来。当他通过这种运动作用于他身外的自然并改变自然时，也就同时改变他自身的自然。他使自身的自然中蕴藏着的潜力发挥出来，并且使这种力的活动受他自己控制。"①

能够制造和使用工具，并在一定的社会关系中进行劳动，是人与动物的本质区别。劳动是人按照自己预定的目的运用生产工具及其他劳动资料，来改变自然物以满足自己各种需要的生产活动，作为生产使用价值的有用劳动，它是不依一切社会形式为转移的

---

* 王天义，中共中央党校教授。

① 《马克思恩格斯文集》（第5卷），人民出版社2009年版，第207～208页。

人类生活的永恒的自然条件。所以，劳动是劳动者的正常生命活动。劳动处在不断完善和多样化的演进过程，人也随之不断发挥他的内在潜能，从广度和深度增进对自然界的利用和支配。在这种意义上说，是劳动创造了世界，劳动创造了人自身。

劳动过程由三个简单要素构成，即有目的的活动或劳动本身、劳动对象和劳动资料。劳动对象是在物质资料生产过程中人们将劳动加于其上的一切东西。马克思指出："土地（在经济学上也包括水）最初以食物，现成的生活资料供给人类，它未经人的协助，就作为人类劳动的一般对象而存在。"① 劳动对象分为天然存在的和经过劳动加工的两类。前者是那些通过劳动只是同土地脱离直接联系的东西，如水中的鱼、地下矿藏中的矿石等，后者是经过人类劳动而发生变化的物质，即原料。广义的劳动资料是指劳动过程中所需要的一切物质条件。狭义的劳动资料是指劳动者置于自己与劳动对象之间，用来把自己的活动传导到劳动对象上去的物或物的综合体。"在劳动过程中，人的活动借助劳动资料使劳动对象发生预定的变化。过程消失在产品中。它的产品是使用价值，是经过形式变化而适合人的需要的自然物质。劳动与劳动对象结合在一起。劳动对象化了，而劳动对象被加工了。在劳动者方面曾以动的形式表现出来的东西，现在在产品方面作为静的属性，以存在的形式表现出来。劳动者纺纱，产品就是纺成品。"②

## 二、物质性劳动和社会性劳动

劳动作为劳动过程的简单要素之一，就是人在对人类有用的形态上占有自然物的一种有目的的活动。这只是劳动的最一般、最抽象的规定性。在现实中，劳动还有它各种具体的规定性。属于劳动过程的技术方面和劳动产品的自然属性方面的，如是工业劳动还是农业劳动，是纺织劳动还是钢铁劳动，等等，与劳动过程和劳动产品的自然属性相关的劳动可以称为劳动的物质规定性或称物质性劳动。

劳动者在一起从事的共同劳动，我们称之为社会性劳动。社会性劳动又可分为两个层次，一是指的是由共同劳动体现的社会性，这种社会性劳动也叫共同劳动，这是社会性劳动一般，即社会形式的共同劳动；另一种指的是由人们在共同劳动中的相互关系体现的社会性，这种社会性劳动是在一定的社会制度下形成的并体现特定社会性质的劳动，这是社会性劳动特殊，即社会关系的共同劳动。传统经济学上讲的社会性劳动指的是社会性劳动特殊。我们这里侧重说明的是社会性劳动一般。

作为社会性劳动一般的共同劳动是以协作形式为基础进行的劳动。马克思指出："许多人在同一生产过程中，或在不同的但互相联系的生产过程中，有计划地一起协同劳动，这种劳动形式叫做协作。"③ 协作是共同劳动的初级形式，其内部没有分工，"但

① 《马克思恩格斯文集》（第5卷），人民出版社2009年版，第208～209页。
② 《马克思恩格斯文集》（第5卷），人民出版社2009年版，第211页。
③ 《马克思恩格斯文集》（第5卷），人民出版社2009年版，第378页。

即使劳动方式不变，同时使用人数较多的工人，也会在劳动过程的物质条件上引起革命。"① 因为，"容纳许多人做工的厂房、储藏原料等的仓库、供许多人同时使用或交替使用的容器、工具、器具等，总之，一部分生产资料，现在是在劳动过程中共同消费的。一方面，商品的交换价值，从而生产资料的交换价值，丝毫不会因为它们的使用价值得到某种更有效的利用有所增加。另一方面，共同使用的生产资料的规模会增大。"②"生产资料使用方面的这种节约，只是由于许多人在劳动过程中共同消费它们。即使许多人只是在空间上集合在一起，并不协同劳动，这种生产资料也不同于单干的独立劳动者或小业主的分散的并且相对地说花费大的生产资料，而取得了社会劳动的条件或劳动的社会条件这种性质。"③

与单个劳动相比，社会性劳动可以产生一种集体力。马克思指出："一个骑兵连的进攻力量或一个步兵团的抵抗力量，与每个骑兵分散展开的进攻力量的总和或每个步兵分散展开的抵抗力量的总和有本质的差别，同样，单个劳动者的力量的机械总和，与许多人手同时共同完成同一不可分割的操作（例如举起重物、转绞车、清除道路上的障碍物等）所发挥的社会力量有本质的差别。在这里，结合劳动的效果要么是单个人劳动根本不可能达到的，要么只能在长得多的时间内，或者只能在很小的规模上达到。这里的问题不仅是通过协作提高了个人生产力，而且是创造了一种生产力，这种生产力本身必然是集体力。"④

社会性劳动产生了管理职能。"一切规模较大的直接社会劳动或共同劳动，都或多或少地需要指挥，以协调个人的活动，并执行生产总体的运动—不同于这一总体的独立器官的运动—所产生的各种一般职能。一个单独的提琴手是自己指挥自己，一个乐队就需要一个乐队指挥。一旦从属于资本的劳动成为协作劳动，这种管理，监管和调节的职能就成为资本的职能。"⑤

## 三、体力劳动和脑力劳动

劳动过程从主体的角度看就是劳动力的支出过程。劳动力包括体力和脑力两个相互依存部分。人的体力是作为一个活的人体的存在，而人的活动是受人的大脑和意志所支配的，因此在人体中也就必然包含着人的智力。马克思指出："单个人如果不在自己的头脑的支配下使自己的肌肉活动起来，就不能对自然发生作用。正如在自然机体中头和手组成一体一样，劳动过程把脑力劳动和体力劳动结合在一起了。"⑥ 但是，体力和脑力是劳动力素质的两个不同的方面，因此，体力劳动和脑力劳动又是互相区别的。体力

① 《马克思恩格斯文集》（第5卷），人民出版社2009年版，第376~377页。
②③ 《马克思恩格斯文集》（第5卷），人民出版社2009年版，第377页。
④ 《马克思恩格斯文集》（第5卷），人民出版社2009年版，第378页。
⑤ 《马克思恩格斯文集》（第5卷），人民出版社2009年版，第384页。
⑥ 《马克思恩格斯文集》（第5卷），人民出版社2009年版，第582页。

劳动作用的范围受制于人的躯体，它的强弱主要以劳动者所能承担的劳动的强度大小和持续时间的长短来衡量，这主要取决于劳动者的体质，而劳动者的体力是不能传承的。而脑力劳动则不同，它主要取决于劳动者的科学文化知识和生产技能。人具有无限的认识能力，智力就具有无限的扩张力和创造性，它能打破人的体力的自然限制而独立发展，因而具有明显的传承性和积累性。脑力劳动同人的知识的积累量成正比。从科学技术发展史上看，生产工具和工艺的创造发明和进步，并非取决于劳动者体力的强弱，而是取决于他们智力的提高。

脑力劳动的特点。相对于体力劳动来说，脑力劳动是高质量的复杂劳动。它具有以下特点：第一，以体力劳动为主的工人，是直接操纵机器，直接作用于劳动对象，直接进行物质资料的生产。而以脑力劳动为主的科技管理人员，则是通过各项技术管理工作，如进行技术设计、编制工艺流程、推广新工艺、改进劳动组织等，间接地作用于劳动对象。第二，脑力劳动是倍加的体力劳动。脑力劳动属于复杂劳动，根据马克思关于复杂劳动是倍加的简单劳动的分析，在计算价值量时必须把复杂劳动折算为简单劳动。脑力劳动是复杂劳动，它可以折算成倍加的简单劳动。因为脑力劳动者“这种劳动力比普通劳动力需要较高的教育费用，它的生产要花费较多的劳动时间，因此它具有较高的价值。既然这种劳动力的价值较高，它也就表现为较高级的劳动，也就在同样长的时间内对象化为较多的价值。”① 第三，脑力劳动者的劳动，一般都是与发展科学技术相结合的，因此，马克思指出，在资本主义社会里，“对脑力劳动的产物——科学——的估价，总是比它的价值低得多，因为再生产科学所必要的劳动时间，同最初生产科学所需要的劳动时间是无法相比的。”② 这就是说，对知识的创造和对知识的运用是不一样的，把知识运用于生产，要比对知识的创造容易得多。而把知识应用于生产之后，就可以大量地利用无代价的自然力为人类造福。第四，脑力劳动和体力劳动最初是结合着的。“单个人如果不在自己的头脑的支配下使自己的肌肉活动起来，就不能对自然发生作用。正如在自然机体中头和手组成一体一样，劳动过程把脑力劳动和体力劳动结合在一起了。”③ 但随着社会分工的发展和私有制的出现，脑力劳动和体力劳动分离开来，并处于敌对的对立状态中。在资本主义社会，智力变成支配体力的权力，剥削阶级往往利用他们有智力而对体力劳动者进行剥削。在脑力劳动和体力劳动相分离，智力变成支配体力劳动的情况下，人们往往把体力劳动者看成是被剥削者，而把经理和科技人员等脑力劳动者看成是与工人相对立的替资本家赚钱的帮凶。实际上，他们都是劳动力商品的出卖者，只不过前者出卖的主要是体力劳动的能力，后者出卖的是脑力劳动的能力而已。

脑力劳动发展的三个阶段。脑力劳动作为劳动的一种相对独立的形态，很早就出现了。古埃及为了控制和利用尼罗河水用于农业生产，产生了它的天文学；中国古代的四大发明，作为脑力劳动的结晶曾经为人类发展做出了重大贡献；中国、埃及、印度、波

① 《马克思恩格斯文集》（第5卷），人民出版社2009年版，第230页。
② 《马克思恩格斯全集》（第26卷），人民出版社1975年版，第377页。
③ 《马克思恩格斯文集》（第5卷），人民出版社2009年版，第582页。

斯等文明古国兴建宏伟建筑、建造大型水利和交通工程，显示了脑力劳动的巨大作用。但是，那时的社会生产还停留在以手工劳动为基础的小规模生产阶段，劳动者仅仅是凭借自己积累的直接经验掌握某种手艺和技能，这种手艺和技能从未超出手工制作方法的范围，而与劳动本身直接结合在一起，脑力劳动也没有发展成为同体力劳动相分离的一种独立的力量。

是工场手工业的分工，造就了终生从事某种简单操作的局部工人，作为脑力劳动结果的手工工艺和技能得到不断的积累和传授，包含着知识积累的新的生产工具不断出现，科学技术也开始在生产中得到运用。特别是由于社会需求的增加和市场的不断扩大，使减少生产商品所需要的社会必要劳动时间成为工场手工业者自觉的行动原则，这就更进一步促使手工工场开始使用机器。发明科学技术并把它尽快用于生产。这一切为机器大工业的出现准备了必要的科学和技术要素。但这时的社会生产从整体上来看依然是以手工劳动为基础的，生产过程依然从属于劳动者的手工技艺，科学技术还没有同直接劳动者相分离，脑力劳动也未能成为生产过程中独立的劳动形态，而且，在工场手工业阶段形成的专业工人的等级制度，也使工人的智力发展受到了抑制。

机器大工业的出现，生产过程要求以自然力代替劳动者的体力，以科学技术在生产中的应用代替劳动者的手工工艺，以系统地运用科学理论代替单纯的生产经验。生产过程广泛地应用科学技术，科学技术也由此直接与劳动相分离，成为生产过程的独立因素或职能，成为强大的生产力。科学技术是在长期的生产实践基础上形成的人的智力的结晶，专门从事科技劳动的知识型人才的大量涌现，使脑力劳动与体力劳动发生了分离，劳动者也随之区分为脑力劳动者和体力劳动者。在生产过程中直接操纵机器设备加工原材料，从事产品制造的劳动者，被称为体力劳动者；在生产过程之外以科学研究和发明创造为专门职业的科学家和发明家，以工艺技术的研究和应用，机器设备的设计和检修等为专门职能的设计师和工程师等，他们都属于脑力劳动者。此时的脑力劳动和体力劳动的分工，是生产劳动内部的分工，而不同于古代的奴隶制中的等级分工。这种脑力劳动属于生产劳动的范畴。

从以上脑力劳动发展的不同阶段，可以看出，脑力劳动的发展程度，是社会生产力发展水平的指示器，虽然脑力劳动及其成果的运用离不开直接生产过程，离不开这一过程的体力劳动，但是，体力劳动中智力因素的比重和作用的不断提高，则表现出社会生产力水平的不断提高和人类社会的不断进步。

## 四、从脑力劳动到知识性劳动

在脑力劳动的基础上产生了知识性劳动。知识是劳动经验的结晶。知识贮藏到劳动者的大脑形成智力。掌握科学技术知识的劳动者，具有较高的从事复杂劳动的能力，通过复杂劳动者所进行的复杂劳动，创造大量的社会财富。知识越丰富，科学技术就越进步，就越能使复杂劳动者在较少的劳动时间内创造更多的价值和财富。创造的财富多了，人们又可以有更多的时间，对知识进行再学习和研究，从事创造发明，从而又推动了科学技术知识的普及和进一步提高，……这样循环往复，既推动着知识的积累、科学技术进步，又推动着社会生产力的向前发展。在知识经济时代，整个社会的生产、分配、交换和消费都围绕着知识展开，知识、技术信息的交易占整个社会交易的主导部分，物质资源的稀缺性逐渐被知识的稀缺性所取代。此时，体力劳动在社会经济发展中的作用越来越小，以知识、技术、信息为特征的知识性劳动的作用越来越大，传统的旧劳动力的概念已经不能体现这种时代的特征，知识性劳动越来越成为社会经济发展的主导。

知识性劳动虽然存在于每一个个体，每一个个体可以掌握和运用各自的特殊技能和特殊知识，但是作为推动整个社会文明进步的是众多人的知识，即知识民主。前人强调知识的获得一般是个人行为（包括智力、知识和创新），而实际上应该是每一个人的行为，即每一个人都平等具有的行为，个人的作用在于引导每一个人知识的获取而不是代替每一个人对知识的获取。因此，我们讲的知识性应该是每一个人都具有的本能属性。问题的关键和价值也正在于启动、引导和激发人们这种内在的本能的知识性。整体社会知识体系不仅是由个人行为间的互动而形成，而且更是社会的每一个人在一般的社会行为规则中的相互影响和相互促进而形成和不断发展。

由此可见，在现时代，人的劳动有三重性：物质性、社会性和知识性，物质性劳动是基础，社会性劳动是主体，而知识性劳动是主导。

知识性劳动的成果表现为科学技术，科学技术是第一生产力。科学是第一生产力的论断来自马克思关于科学是生产力的界定。马克思认为，“生产力中也包括科学”① 在生产力中，马克思又区分了知识形式的生产力即科学技术和直接的生产力即物质生产力。知识形式的生产力，要具备一定的条件并通过适当的途径才能转化为物质形式的生产力。

科学是推动生产力发展的强大力量。在《资本论》中，马克思曾反复地论证“劳动生产力是随着科学和技术的不断进步而不断发展的。”② 他还指出：“生产力的这种发展，最终总是归结为发挥作用的劳动的社会性质，归结为社会内部的分工，归结为脑力劳动特别是自然科学的发展。”③“大工业把巨大的自然力和自然科学并入生产过程，必然大大提高劳动生产率。这一点是一目了然的”。④ 为什么科学技术并入生产过程就会大大提高劳动生产力呢？这是因为，科学技术在生产中的应用，使生产力的所有要素都发生重大变化。它在客观上要求劳动者要受过较好的教育和训练，具有较高的文化水平和技术操作能力；它直接生产工具，特别是机器和机器体系的不断改良和革新；它造成

① 《马克思恩格斯全集》（第46卷）（下），人民出版社1980年版，第221页。
② 《马克思恩格斯文集》（第5卷），人民出版社2009年版，第698页。
③ 《马克思恩格斯文集》（第7卷），人民出版社2009年版，第96页。
④ 《马克思恩格斯文集》（第5卷），人民出版社2009年版，第444页。

原材料利用的节约和新能源新材料的出现；它要求不断开拓新生产领域和新的生产部门。所有这些，都导致社会生产力的快速提高。

科学在直接生产过程中的应用将对生产具有决定性的意义。马克思指出："应该把科学称为生产的另一个可变要素，而且不仅指科学不断变化、完善、发展等方面而言。科学的这种过程或科学的这种运动本身，可以看作积累过程的因素之一。"① 恩格斯对马克思关于科学技术是生产力的论断曾给予高度评价。他在《马克思墓前的讲话》中指出，马克思"把科学首先看成历史的有力杠杆，看成是最高意义的革命力量。"②

科技发展和社会经济的历史充分证明了马克思关于科学技术是一种在历史上起推动作用的革命力量的论断的正确性。18 世纪下半叶，以蒸汽机的广泛应用为标志的第一次科技革命，使机器大工业代替了工场手工业，把生产力从手工劳动推进到机器时代，资产阶级在它统治不到 100 年的时间内创造出了比过去一切时代创造的生产力总和还要大的生产力；19 世纪 70 年代电磁学的出现和应用，引发了第二次科技革命，电气化代替了传统的蒸汽技术，产生了一系列新兴部门，把生产力推进到电气时代。20 世纪 50 年代以来，随着原子能、电子计算机和空间技术的发展和应用，标志着第三次科技革命的出现。当今世界，科学技术广泛而深入地渗透到社会经济的各个领域，越来越成为现代生产力中最活跃最重要的推动力量。

科学技术是第一生产力。科学技术是生产力，这是马克思主义历来的观点。而邓小平研究了世界发达国家和地区利用科学技术摆脱贫困、实现现代化的经验，分析了我国的具体国情，提出了科学技术是第一生产力的著名论断。

邓小平在 1978 年全国科学大会上指出："现代科学技术正在经历着一切伟大的革命。近 30 年来，现代科学技术不只是在个别的科学理论上、个别的生产技术上获得了发展，也不只是有了一般意义上的进步和改革，而是几乎各门科学技术领域都发生了深刻的变化，出现了新的飞跃，产生了并且正在继续产生一系列新兴科学技术。" 他接着说："当代的自然科学正以空前的规模和速度，应用于生产，使社会物质生产的各个领域面貌一新。特别是由于电子计算机、控制论和自动化技术的发展，正在迅速提高生产自动化的程度。同样数量的劳动力，在同样的劳动时间里，可以生产比过去多几十倍几百倍的产品。社会生产力有这样巨大的发展，劳动生产率有这样大幅度地提高，靠的是什么？最主要的是靠科学的力量、技术的力量。"③

随着世界科学技术的突飞猛进，1988 年，已经 84 高龄的邓小平仍然高度关注着世界科技发展的新动态，以创造性的思维提出了"科学技术是第一生产力"的论断。当年 9 月 5 日，他在会见捷克斯洛伐克总统胡萨克时说："马克思说过，科学技术是生产力，事实证明这话讲得很对。依我看来，科学技术是第一生产力。"④ 邓小平的这一论

---

① 《马克思恩格斯全集》（第 49 卷），人民出版社 1982 年版，第 495 页。
② 《马克思恩格斯全集》（第 19 卷），人民出版社 1963 年版，第 372 页。
③ 《邓小平文选》（第 2 卷），人民出版社 1994 年版，第 87 页。
④ 《邓小平文选》（第 3 卷），人民出版社 1993 年版，第 274 页。

断，揭示了科学技术在现代经济社会发展中的第一位的变革作用，把马克思主义关于科学技术是生产力的理论提高到了一个新的高度。

科学技术是第一生产力中的“第一”有两层意思：一是讲科学技术是生产力诸要素中的第一位的要素，在生产力的发展中起着主导和决定性的作用。在当代，科学技术成果迅速地转化为生产力，大批新的产品，新的工艺，新的产业，首先都来源于科技进步，来源于科学家的创新思维。邓小平指出：“现代科学为生产技术的进步开辟道路，决定它的发展方向。许多新的生产工具、新的工艺，首先在科学实验室里被创造出来。一系列新兴的工业，如高分子合成工业、原子能工业、电子计算机工业、半导体工业、宇航工业、激光工业等，都是建立在新兴科学基础上的。”① 二是讲科学技术对生产力的其他要素发生深刻影响。邓小平指出：“生产力的基本因素是生产资料和劳动力。科学技术同生产资料和劳动力是什么关系呢？历史上的生产资料，都是同一定的科学技术相结合的；同样，历史上的劳动力，也都是掌握了一定的科学技术知识的劳动力。我们常说，人是生产力中最活跃的因素。这里讲的人，是指有一定的科学知识、生产经验和劳动技能来使用生产工具、实现物质资料生产的人。石器时代、青铜器时代、铁器时代、17世纪、18世纪、19世纪，人们使用的生产工具，掌握和科学知识、生产经验和劳动技能，都大不相同。今天，由于现代科学技术的日新月异，生产设备的更新，生产工艺的变革，都非常迅速。许多产品，往往不要几年的时间就有新一代的产品来代替。劳动者只有具备较高的科学文化水平，丰富的生产经验，先进的劳动技能，才能在现代化的生产中发挥更大的作用。”② 在当今，科学技术不仅改变着生产资料，而且也改变着劳动者，改变着人自身。过去的劳动者以体力劳动为主，现在的劳动者是以脑力劳动为主。科技人员广泛加入直接生产活动之中，成为技术创新和新科技革命的先锋。这也是过去所没有的。江泽民在中国科协第四次全国代表大会的讲话中，对科学技术是第一生产力的内涵又作了进一步的阐释。他说：“当今世界，科学技术飞速发展并向现实生产力迅速转化，愈益成为现代生产力中最活跃的因素和最主要的推动力量。科学技术为劳动者所掌握，就会极大地提高人们认识自然、改造自然和保护自然的能力；科学技术和生产资料相结合，就会大幅度地提高工具的效能，从而提高使用这些工具的人们的劳动生产率，就会帮助人们向生产的深度和广度进军。”

发展科学技术关键在人才。科学技术靠人发明创造，也靠人掌握运用，才能变成现实生产力。科技竞争说到底是人才的竞争。科技人员是先进生产力的开拓者。后国际金融危机的时代，一场新的科技革命正在孕育，在这场新的革命中，其带头人不是熟练工人，也不是高级工匠，而是科学家和工程师。科技人员是科学文化知识的传播者。目前，和今后一个时期我国经济转型的一个主要任务就是经济增长由主要依靠能源资源投入向主要依靠科技进步、管理创新和劳动者素质提高上来。不论是科技进步，管理创新，还是劳动者素质提高的主导者和传播者都是首先创造、发明和掌握科学技术知识的科技人员。

① 《邓小平文选》（第2卷），人民出版社1994年版，第87页。
② 《邓小平文选》（第2卷），人民出版社1994年版，第88页。

发展科学技术基础在教育。教育是发展科学技术和培养人才的基础，是实现人的全面发展的根本途径。在快速推进现代化的中国，全面推进素质教育，形成全民学习、终身学习的学习型社会，促进人的全面发展，造就数以亿计高素质的智能型劳动者，数以千万计专门人才和一大批拔尖创新人才，是我国现代化的希望所在。

科技人才的灵魂在创新，创新要有制度来保障。科学的本质就是创新。科学技术的每一进步都是通过创新实现的。创新开发了劳动对象，改良了生产技术，提高了劳动者素质。创新的保障在制度。创新是人的主观能动性的体现。人的创新活动是在创新思维的启动和引领下完成的。没有创新思维，人们的创新活动就无法启动，创新成果就难以形成，创新智慧就难以展现。而要激发和调动人们的创新意识、创新热情和创新行动，就必须建立起能够支持和鼓励人们创新的制度。在社会主义市场经济条件下，唯有通过制度创新，才能为其他方面的创新打开通道并提供良好的制度保障。

总之，一部人类文明史，就是一部劳动创造史。劳动是个体与民族生存的最基本条件，衣食住行皆由劳动创造；分工协作皆以劳动创造为基础；生产交换分配消费皆以劳动及其成果为前提。劳动是充实人类社会最广泛的内容，语言因共同劳动而生发，艺术因共同劳动而兴成，伦理因共同劳动而规范，科技因共同劳动而创造。劳动是社会财富之源，也是人类幸福之源。人世间的美好梦想，只有通过辛勤劳动才能实现；发展中的各种难题，只有通过辛勤劳动才能破解；生命里的一切辉煌，只有通过辛勤劳动才能铸就。

尊重劳动是我们社会主义制度推崇的价值理念，也应该成为一个基础性的重要的社会共识。尊重劳动必须把劳动本身作为尊重的对象，任何积极有益的诚实的创造性劳动，都必须得到承认。只要付出了劳动，不论是体力劳动还是脑力劳动，不论其付出的量的大小，都必须得到尊重。只要劳动者为社会做出了贡献，不论劳动的结果产生的贡献的大小，都必须得到尊重。正如习近平指出的："在我们社会主义国家，一切劳动，无论是体力劳动还是脑力劳动，都值得尊重和鼓励；一切创造，无论是个人创造还是集体创造，也都值得尊重和鼓励。"全社会要尊重劳动、尊重创造、尊重知识、尊重人才。只有劳动和劳动者得到尊重，社会才能实现不断地进步。

中华民族是勤于劳动、勤于创造的民族。辛勤劳动既是中华民族饱经风霜而始终富有活力的根本秘诀，也是中华民族屹立千年而依然风华正茂的深层动力。正因为劳动创造，我们拥有了伟大的历史辉煌；也正因为劳动创造，我们拥有了伟大的今天成就。亿万人民的辛勤劳动创造了中华民族，造就了中华民族的辉煌历史，也必然造就出中华民族光明的未来。

# 劳动者共享改革发展成果的40年制度变迁*

杨云霞**

**摘要**：我国改革开放40年的历史，就是劳动者共享改革发展成果的历史，其实施依赖于相关劳动法律制度和政策的支撑。本文从制度变迁的角度，研究了我国劳动就业制度的变迁，分析了劳动者权利体系的不断完善，重点研究了劳动者参与企业民主管理和参与利益分享的制度变迁。研究这一问题，对于探索共享发展的历史脉络和发展趋势具有重要的理论价值；对于指导中国劳动关系的实践，实现在劳动关系中的共建共享具有重要的现实意义。

**关键词**：劳动者　改革发展成果　共享　制度变迁

让劳动者共享改革发展成果，是中国特色社会主义的本质要求，也是社会主义制度优越性的集中体现。在我国改革开放40年的发展变迁中，遵循马克思主义共享发展思想的指引，劳动者充分参与改革发展的历史进程，国家不断完善劳动者的权利体系、建立确保劳动者参与分享的机制，扩大劳动者共享改革发展成果的覆盖面和参与力度。本文通过40年制度变迁的研究，提出我国劳动者共享改革成果的演进历程及其发展趋势。

## 一、逐步建立了劳动者共享改革成果的权利支撑体系

劳动者共享改革的成果，是以劳动者权利体系作为其重要的制度支撑。在改革开放40年的发展变迁中，我国逐步实现了制度的从无到有、从个别制度到体系化制度的变迁。

### （一）劳动就业制度的变迁

我国传统的经济体制是计划经济体制，与此相对应的劳动就业体制是高度集中的劳动就业制度。在国家层面，表现为由城乡二元经济结构所决定的二元就业结构。在城市

---

* 国家社科基金“我国分享经济的劳动关系法律治理研究”（16XFX018）阶段性成果；中央高校基本科研业务费资助项目“从劳动产权法律制度的演进验证和发展马克思的分享经济思想”（3102017jc19002）阶段性成果。

** 杨云霞，西北工业大学马克思主义学院教授、博导。

就业中，是一种统包统配的固定就业制度，由行政配置劳动力资源的城镇就业制度。在城市就业中其表现为是一种等级就业制度，将工人与干部区别对待，其中工人由劳动部门安排就业，干部由人事部门管理调配，形成了一种基于身份的就业体制。

从计划经济体制向市场经济体制转型的过程中，我国就业制度发生了根本的转变。20 世纪 80 年代初，实行劳动部门介绍就业、自愿组织起来就业和自谋职业“三结合”的就业方针。1980 年，劳动合同制在三资企业中首先恢复，1986 年推行到全民所有制的新增职工范围，1987 年的劳动“优化组合”一直到 1991 年的破“三铁”，大范围地推动企业原有的固定工制度改革，1992 年的《全民所有制工业企业转换经营机制条例》规定：企业可以实行合同化管理或者全员劳动合同制。[①] 1994 年《劳动法》的颁布，在法律层面为普遍实行全员劳动合同制奠定了制度基础。从 1997 年开始，伴随着“减员增效”出现的下岗浪潮触及了劳动者的根本权益，使之失去了就业权，劳动者收益普遍急剧下降。[②] 中共十六届三中全会通过的《中共中央关于完善社会主义市场经济体制若干问题的决定》提出，要坚持劳动者自主择业、市场调节就业和政府促进就业的方针，为建立新型劳动就业体制指出了明确的方向。2007 年《促进就业法》的颁布，确立了政府和劳动者以及社会组织在就业中的职责，为促进就业，促进经济发展与扩大就业相协调确立了制度基础。在党的十九大报告中提出，就业是最大的民生，坚持就业优先战略和积极就业政策。

## （二）保障劳动者权利的制度变迁

在我国 1982 年《宪法》中，一方面，规定了社会主义制度，使得劳动者社会主体地位具有了所有制层面的依据；另一方面，宪法规定了“中华人民共和国公民有劳动的权利和义务。”这一规定被确立为劳动法的一项基本原则。1994 年颁布的《劳动法》《工会法》等法律中系统地规定了劳动者的个人权利和集体权利。如规定劳动者的个人权利主要包括以下几个方面：平等就业和选择职业的权利、获得劳动报酬的权利、获得休息休假的权利、获得劳动安全卫生保护的权利、接受职业培训的权利、享受社会保险和福利的权利、提请劳动争议处理的权利；劳动者的集体权利包括：结社权、集体谈判权、参与权等。劳动者权利体系的确立，为保障劳动者的收益、保障劳动者参与分享改革成果确立了制度基础。

在 21 世纪的前十年，我国劳动保障法制建设取得突破性进展。党和国家高度重视并大力加强劳动保障工作，不断把我国在劳动保障制度改革实践中的成功经验和做法用法律形式确定下来。国务院颁布了《工伤保险条例》《劳动保障监察条例》《残疾人就业条例》和《职工带薪年休假条例》，下发了《关于完善企业职工基本养老保险制度的决定》《关于解决农民工问题的若干意见》和《关于开展城镇居民基本医疗保险试点的

① 张明龙：《新中国 50 年劳动就业制度变迁纵览》，载《天府新论》2000 年第 1 期。
② 叶迎：《我国劳动力产权的制度变迁与劳动者权益维护》，载《生产力研究》2009 年第 13 期。

指导意见》，劳动和社会保障部通过了《集体合同规定》。特别是2007年以来，全国人大常委会审议通过了《劳动合同法》《就业促进法》《劳动争议调解仲裁法》。与这些法律法规相配套，劳动保障部制定了一系列规章和政策，各地出台了一大批地方劳动保障法规和政府规章，[①] 保护劳动者的法律体系基本形成。

劳动者权利体系的完善与相关理论的变迁具有耦合性。在计划经济时期，赋予了劳动者政治主体地位，而对于经济收益的关注较少；20世纪90年代，随着公司等经济组织成为现代企业制度的主要形式，产业民主理论兴起，关于企业社会责任和利益相关者理论逐步引进并获得一定范围的实践；在新时代，随着劳动者社会主体地位的重新提出，进一步充实了劳动者的经济地位。着力维护劳动者的民主政治权益，健全以职代会为基本形式的企事业单位民主管理制度，落实职工的知情权、参与权、表达权、监督权，尤其是在企业改革中，要坚决防止侵吞国有资产、侵害职工合法权益的行为发生；着力维护劳动者的劳动经济权益，完善党政主导的职工权益维护机制，努力解决劳动就业、收入分配、社会保障、安全卫生等职工最关心最直接最现实的利益问题；着力维护劳动者的精神文化权益，加强企业文化、职工文化建设，满足职工群众日益增长的精神文化生活需求。[②] 尤其是劳动者参与分享民主管理、劳动者参与利益分享等各个层次的权利被逐步全面落实，并成为劳动者参与分享改革成果的重要途径。

## 二、逐步建立了劳动者参与管理的制度体系

新中国劳动者参与的发展历史可以追溯到20世纪60年代初。毛泽东在1960年3月在转发中共鞍山市委《关于工业战线上的技术革新和技术革命运动开展情况的报告》的批示中提出的我国企业管理的一个重要思想："两参一改三结合"，具体包括"对企业的管理，采取集中领导和群众运动相结合，干部参加劳动，工人参加管理，不断改革不合理的规章制度，工人群众、领导干部和技术人员三结合。"被称为是鞍钢宪法。这一思想后来通过1961年9月16日中共中央制定的《国营工业企业工作条例（草案）》（简称工业七十条）加以具体化和制度化。"两参一改三结合"的核心和实质就是强化劳动者对企业管理的参与。

如果说，劳资两利和鞍钢宪法作为特定历史时期的产物，主要通过政策加以保障的话，那么，在20世纪80年代开始，则逐步实现了劳动者参与民主管理和实现利益协商的法律制度化阶段。

针对劳动者参与，在这一历史阶段设定了实现劳动者参与的权利依据。主要包括两个层面。在宪法层面，社会主义制度使得劳动者参与的实现成为必然，公有制和民主制为实现劳动者参与奠定了基础，并通过具体的制度设计保障劳动者参与；人民代表大会

① 劳动和社会保障部普法办公室：《劳动和社会保障法律制度》，中国劳动社会保障出版社2008年版。
② 徐守盛：《让广大劳动者更多更公平分享改革发展的成果》，载《湖南日报》2014年5月5日。

制度保障了劳动者的决策和监督权。除了根本性保障之外，还做了具体的制度性规定，如宪法第42条规定，国有企业和城乡集体经济组织的劳动者都应当以国家主人翁的态度对待自己的劳动；宪法第16条规定，国有企业依照法律规定，通过职工代表大会和其他形式，实行民主管理。

在具体法律制度层面，职工代表大会制度保障了劳动者的民主管理权，职工董事制度、职工监事制度、集体协商制度保障了劳动者的决策参与权和参与协商权，员工持股计划等保障了劳动者的利益分享权。20世纪80年代，尤其是1984年经济体制改革以后，企业的民主参与制度得到迅速的恢复和发展，在其后的《全民所有制工业企业法》等诸多立法中得到确立；在《城镇集体所有制企业法》《乡村集体所有制企业法》等法律中也明确提出了建立职工代表大会、职工大会作为劳动者民主参与的重要形式。在1993年的《公司法》中继续对于这一制度做了规定，“公司依照宪法和有关法律的规定，通过职工代表大会或者其他形式，实行民主管理。”在2005年修订的公司法中，还提出了建立职工董事和职工监事制度，这对于现有的职工参与制度实现了一定的突破。此外，在《劳动法》《工资集体协商条例》《集体合同条例》中，也明确规定了劳动者的集体协商权。党的十九大报告中进一步提出，通过“健全企业民主管理制度。完善以职工代表大会为基本形式的企业民主管理制度，丰富职工民主参与形式，畅通职工民主参与渠道，依法保障职工的知情权、参与权、表达权、监督权。”这些法律制度和党的文献，为劳动者分享管理权和分享收益权提供了法律制度保障，使劳动者参与成为现实。

## 三、逐步建立了劳动者参与利益共享的制度体系

### （一）从宪法层面确立了参与利益共享的制度基础

共享发展思想的实现是以社会主义制度为制度基石，以中国特色社会主义实践为现实条件。①

我国1982年《宪法》确立了共享发展思想实现的制度基础。我国宪法明确规定“社会主义制度是中华人民共和国的根本制度。”在这一根本制度下，通过规定“中华人民共和国是工人阶级领导的、以工农联盟为基础的人民民主专政的社会主义国家”，确立了劳动者的社会主体地位。通过规定“人民依照法律规定，通过各种途径和形式，管理国家事务，管理经济和文化事业，管理社会事务”，确立了人民当家作主的政治制度，并通过人民代表大会等形式来确保人民行使权力。社会主义公有制的确立，使劳动

① 胡守勇：《共享发展理念的理论溯源与演进历程》，载《马克思主义研究》2017年第2期。

者地位发生了根本的改变，区别于资本主义私有制下劳动者的客体地位，实现了从客体到主体的转变，劳动者的劳动实现了从雇佣劳动到自主劳动的转变，劳动者从被剥削者向劳动关系的重要参与主体转变，包括劳动过程的参与管理和劳动收益的参与分享。

在参与管理和参与利益分享两个层面中，利益分享是实现分配正义的有效路径，也是构建和谐劳动关系的最终目标。在当前社会条件下，我国劳动关系与世界各国一样，既表现出合作性也表现出冲突性，与此同时，我国劳动关系还表现出各方主体整体利益一致性的特征，因此具有利益协调性。和谐劳动关系的实质是劳动关系主体之间利益的和谐，其中实现利益分享是利益和谐的核心。利益分享意味着共担风险共享收益，是共同应对经济新常态和经济下行压力的有效措施，实现在互相扶持中的合作双赢，避免利益冲突中的两败俱伤。利益共享，在宏观层面看，就是要实现工资增长与劳动生产率增长的同步化，实现劳动者对企业收益增长的分享，是人民分享改革的成果和收益的一种基本途径。

### （二）企业与职工共享收益的提出

2007 年 3 月 7 日，胡锦涛在看望工会、共青团、青联、妇联的全国政协委员并参加联组讨论时，发表重要讲话，强调“在共建中共享、在共享中共建”这一构建社会主义和谐社会必须坚持的重大原则；还提出了“发展成果由人民共享”等。习近平汲取了中华文明关于和谐、中庸的优秀传统思想，在平衡发展中寻求和谐状态。他针对当前我国社会主义初级阶段的社会特征，结合我国劳动关系的社会实践，将共享纳入五大发展理念，并提出了具有中国特色社会主义的劳动关系共建共享的现代理念，即实现全民共享、全面共享、共建共享、渐进共享，实现了理论与实践的有效融合。习近平站在更高的视野审视劳动关系，将劳动关系纳入经济发展、国民收入分配的大格局中，着力构建劳动者与用人单位利益平衡与协调发展的宏观与微观机制，摆脱了传统劳动关系研究与实践中的将劳资双方对立化和冲突化的思维，从做大蛋糕实现双赢、建立劳动关系中的社会伙伴关系的角度，提出了“统筹处理好促进企业发展和维护职工权益的关系，调动劳动关系主体双方的积极性、主动性，推动企业和职工协商共事、机制共建、效益共创、利益共享”；实现“职工工资合理增长”。针对收入分配问题，他提出了“收入分配是民生之源”，是改善民生、实现发展成果由人民共享最重要最直接的方式。要深化收入分配制度改革，不断增加劳动者特别是一线劳动者劳动报酬，努力实现劳动报酬增长和劳动生产率提高同步。

### （三）对于实现共享进行了具体的制度设计

基于共建共享的现代理念，进行了以权利配置为中心，以市场分配法律机制为基础，以政府分配法律机制为保障，以第三次分配法律机制为补充的具体制度设计。① 如2015年8月中共中央、国务院《关于深化国有企业改革的指导意见》中提出“探索实行混合所有制企业员工持股”等，在混合所有制企业改革中实现劳动者的共建共享；这一共建共享不仅限于企业层面，而且包括在全社会范围内的共建共享，包括产业利益、劳动者利益、社会保障利益、公共产品利益等各层面的共建共享。如2017年国务院《划转部分国有资本充实社保基金实施方案》中，决定按照10%的比例划转部分国有资本充实社保基金，以充分体现基本养老保险代际公平和国有企业发展成果全民共享。这些都是劳动者参与共享的具体的举措体现。

### （四）将知识价值和创造性劳动重点纳入共享的范畴

习近平针对新时代新要求，凝练了创造性劳动的范畴，提出了尊重知识、尊重创造性劳动，并将其付诸制度实践。习近平在党的十九大报告中进一步强调，“创新是引领法治的第一动力，是建设现代化经济体系的战略支撑”，“坚定实施人才强国战略、创新驱动发展战略”，“建设知识型、技能型、创新型劳动者大军”。这些是对劳动者在实现创新型国家建设中的新时代要求，同时也是劳动者社会主体地位的新形态。

在进行战略部署的同时，还通过具体的制度设计加以支撑，如我国知识产权法律制度、2015修订的《促进科技成果转化法》、2016年11月中共中央办公厅和国务院办公厅《关于实行以增加知识价值为导向分配政策的若干意见》对于激发科研人员创新创业积极性，在全社会营造尊重劳动、尊重知识、尊重人才、尊重创造的氛围，实现以增加知识价值为导向的分配政策具有引领性作用。如在2015年修订的《促进科技成果转化法》中，国家对于科技创新除了给予组织实施和保障措施之外，更主要的是，大幅度提升了科技成果完成人和转化人的技术权益，如“（一）将该项职务科技成果转让、许可给他人实施的，从该项科技成果转让净收入或者许可净收入中提取不低于百分之五十的比例；（二）利用该项职务科技成果作价投资的，从该项科技成果形成的股份或者出资比例中提取不低于百分之五十的比例；（三）将该项职务科技成果自行实施或者与他人合作实施的，应当在实施转化成功投产后连续三至五年，每年从实施该项科技成果的营业利润中提取不低于百分之五的比例。”在2016年11月中共中央办公厅、国务院办公厅《关于实行以增加知识价值为导向分配政策的若干意见》中指出，“坚持长期产权激励与现金奖励并举，探索对科研人员实施股权、期权和分红激励，加大在专利权、著作权、植物新品种权、集成电路布图设计专有权等知识产权及科技成果转化形成的股权、岗位分红权等方面的激励力度”。

在大众创业万众创新的时代，共享不仅是成果的共享，也是过程的共享；不仅是分配的共享，也是生产中的共享；不是少数人的共享，而是全民的共享；不是小众的共

① 李昌麒：《中国改革发展成果分享法律机制研究》，人民出版社2011年版。

享，而是大众的共享。不仅是共享，也是共建。

在该阶段，逐步实现了从利益对立到利益协调的逐步转变，进一步扩大了劳动者群体的参与范围，从工人到知识分子，都释放了劳动活力和创新活力。当然，随着社会主义制度的不断完善，分享会表现出更大层面的分享，它不仅体现在利润分配的问题上，甚至体现在劳动关系提升、居民贫富差距变化以及一个国家的宏观政策等方面。在当前阶段仍旧表现为劳动者与资本共享收益的分配格局，最终趋势则是产权制度的消亡和劳动者的完全占有。

## 参 考 文 献

[1]《马克思恩格斯选集》（第 1 ~ 3 卷），人民出版社 2012 年版。

[2] 李炳安：《劳动权论》，人民法院出版社 2006 年版。

[3] 欧阳觅剑：《劳动者普遍参与是持续中高速增长的基础》，载《21 世纪经济报道》2017 年 8 月 18 日。

[4] 张嘉昕、王庆琦：《劳动者平等、工人参与管理和市场机制——霍尔瓦特的社会主义理论评析》，载《理论视野》2017 年第 5 期。

[5] 周建锋：《马克思经济学视域下利润分享的逻辑》，载《经济纵横》2017 年第 8 期。

[6] 张嘉昕：《经济民主：劳动者参与管理和分享收益的逻辑走向》，载《社会科学家》2017 年第 6 期。

# 近代中国城市化历史演变回顾与启示

马先标[*]

**摘要**：近代中国城市化水平有一定的提高，但是总体进程缓慢，且带有被动型的城市化色彩。通过文献梳理，指出了导致这种缓慢而扭曲的城市化发展格局的原因，并肯定了开埠通商、交通运输体系建设、工矿业发展、政府公共服务等对促进城市化发展的积极意义。在此基础上，针对近代中国城市化发展中的突出问题，强调当代中国，应吸取近代城市化发展中的经验教训，珍惜不依附于外部强权的安定团结的环境，积极制定城市化发展规划、法律和公共政策，走出一条有中国特色的新型城镇化道路。

**关键词**：近代中国城市化　历史演变　回顾与启示　当代中国　新型城镇化

相关文献和研究表明，中国在夏商时期已产生古代城市，其后，城市发展规模和水平在世界上长期领先。例如，秦统一以前全国有540座城市，唐都长安、元都大都，都属于古代世界级大都市，公元8世纪唐朝长安人口甚至超过百万人。① 进入近代后，欧美一些发达国家城市化开始勃兴，在产业革命推动下也逐渐步入加速发展阶段，并在20世纪前半叶完成城市化。而进入近代后的中国，城市化步伐则明显落后于西方世界。按历史分期，本文的主题，即“近代城市化”中的“近代”，其涵盖时间段一般指从1840～1949年，相应的起始点和终点的代表性历史事件，分别为鸦片战争以及中华人民共和国的成立。②

这里，通过梳理近代中国城市化的相关论著文献，③ 总结此期城市化发展概况、特征等问题，包括找寻导致近代中国城市化低水平的要因，以期对当前中国正在推进的新型城镇化发展有所启示。

---

* 马先标，南昌大学教授。

① 施坚雅主编：《中华帝国晚期的城市》，叶光庭等合译，陈桥驿校，中华书局2000年12月第1版，第30页。

② 所谓近代，指的是从公元1840～1948年这108年，中英鸦片战争成为近代史划分时代的起点。严中平，1955年，科学出版社，编辑说明。旧中国没有遗留下来合乎科学要求的统计资料。北洋政府农商部曾经发表过不少的统计数据，往往自相矛盾，错得很荒唐；人们常常引用的海关统计，算是比较可靠的，但也有不少缺点。

③ 这里主要以CNKI期刊论文，加上维普等数据库论文，也参考一些国外研究中国近代城市发展和城市化的著作文献。早在20世纪20年代，中国社会人口流动和城市化现象已引起学界重视，然而，直至20世纪70年代初的整整半个世纪里，该领域的研究主要停留在整理资料方面，系统研究还显不足。

# 一、近代中国城市化发展水平考量

相关数据显示，1949年我国城市人口总数达5 765万人，比1893年增长1.45倍，城镇人口的比重由6.0%上升到10.6%。[①] 同期世界平均水平为28.8%，欧美等资本主义工业国为51.8%。[②] 这表明，到近代历史时期的终点，中国城市化发展水平在世界上是相当落后的。

由于城市人口占比的人口城市化率，以及城市数量和规模，是衡量城市化发展水平的两大重要指标，因此下面围绕这两大指标，考量近代中国城市化发展水平。

## （一）人口城市化数值

我们知道，所谓社会，就是以一定的物质生产活动为基础并具有特定的文化特点的人类生活的共同体。[③] 而城市作为重要的社会单元，人口的集中肯定是其主导特征之一，就此而言，人口学和社会学都特别强调人口向城市体系的集中和转移的过程，应作为城市化的核心要义。这个界说和判断无疑是合理的。从人口向城市转移和集中的现象和过程，也是我们通常称之为人口城市化的范畴。

不过，由于旧中国经济社会条件的制约和科学研究事业的落后，关于近代城市化的统计资料相当缺乏。正如奈特·毕乃德所言：19世纪中叶以来近代交通运输和商业的扩展以及19世纪以来近代工业的扩展，为城市发展提供了非同一般的刺激。虽然这种发展与现代化的大部分其他方面的发展一样，首先出现在外国控制的通商口岸，但在1919年以前，纯粹的中国城市也在一定程度上成长起来。遗憾的是，这个时期中国人口的可靠数据几乎没有，也几乎没有人去把分散的资料收集起来，以说明城市化的趋势。[④]

这个评价有一定道理，但是也不尽然。事实上，挖掘文献和史料就可发现，一些文献的标题虽然并未冠之以“城市化”，但是也对人口向城市的集聚和转移进行了描述乃至分析。例如，胡涣庸等在《中国人口地理》一书中提到，从1843～1893年，中国城镇人口由2 072万增加到2 351万，城市人口比重由5.1%上升到6%。[⑤] 在这个50年内，城市人口年平均递增率仅为2.53%；正如前面提到的，至1949年，我国城市人口

---

① 胡涣庸、张善余：《中国人口地理（上）》，华东师范大学出版社1984年版，第261页。

② 陈艳涛：《近代以来中国城市化的发展》，载《嘉应大学学报》2000年第5期。

③ 《中国百科大辞典》，中国大百科全书出版社1999年9月第1版，第4692页。

④ 奈特·毕乃德：《现代化与近代初期的中国》。译文参见西里尔·E. 希等主编：《比较现代化》，上海译文出版社1996年版，第218页。

⑤ 这两个年度城市化的数字是美国学者施坚雅的估计，他把中国划分成九大经济区域，并对中国清末城市进行了研究。参见施坚雅主编：《中华帝国晚期的城市》，叶光庭等合译，陈桥驿校，中华书局2000年12月第1版，第262、264页。The city in late Imperial China. 论文集，19世纪中国的地区城市化，第242页，1843～1893年做出估计，空间方面按照地区来考虑，在前现代时期要谈论什么全中国城市化的比例，几乎是毫无意义的。书中对地区的含义进行了界定，也稍带述及台湾城市化发展情况。

总数达到5 765万，比1893年增长1.45倍，年平均递增率为16.1%，城镇人口的比重又由6.0%上升到10.6%。[①] 依此进展状况，以19世纪末20世纪初作为转折点，此前几乎是近代中国人口城市化停止时期，此后人口城市化有了一定程度的进展，各种类型城市数量、规模、职能性质有了明显变化。特别是随着近代工业部门的成长和交通运输体系的改进，城市分布范围扩大，空间布局发生很大变化。1900年以前10万人的城市多集中在长江中下游，1900年以后，京津和东北地区城市人口数量增长也较快。[②]

西方学者针对近代中国城市乃至区域进行研究，强调指出，区域体系的研究方法不仅对历史学家来说十分重要，也具有现实意义，如在19世纪90年代。20世纪90年代一个地区的各方面的社会经济发展状况仍然严重地受到它在当地和区域体系层级中的位置的影响。施坚雅对中华帝国晚期城市的研究中，注重就借用一种由核心—边缘结构组成的大区域经济样态的分析工具，发现19世纪90年代的中国大区域经济处于半独立状态，城市层级在特定大区内的社会和经济结构中起决定作用，不过，此时城镇人口占比总人口的数值极低，仅约7%。在各个大区中，中心大都市在整合其城市体系中的作用仍然十分重大。其中，东北和云贵这两个大区在19世纪90年代开始出现，其中心大都市——沈阳和昆明——一百年前已在其大区经济中起着主导作用。其余各大区中：成都和重庆并列为长江上游大区的中心大都市，武汉为长江中游大区的中心大都市，上海为长江下游大区的中心大都市，福州为东南沿海大区的中心大都市，广州为岭南大区的中心大都市，西安和太原并列为西北大区的中心大都市，北京和天津并列为北方大区的中心大都市。这种布局在一百年前如此，目前依然如此。大区域势力范围的扩张，无疑代表其经济的持续活力，然而，尽管边缘疆界范围出现一些变化，大区域的核心区差别甚微，中国都市体系引人注目的持续性及其变化之缓慢，反映出一种惰性。[③]

从区域城市化维度来看，有文献指出，从1852～1949年，上海人口增长了9倍左右，净增长人口达500万人。同期的国内城市南京和北京近百年来人口增长数不过1～2倍。[④] 1907年，东北地区城市人口占6.0%，到1925年上升到10.2%。[⑤] 受工业化、都市文明、外国资本主义震荡最早最深的沿海、沿江、铁路沿线地区，首先是城市近郊农村，出现最早的人口城市化现象。如青浦县黄渡靠近上海，几乎每家皆有一、二人去上海，留下来的只是一些妇女儿童及少数男子。[⑥] 武汉工厂林立，商业繁盛，附近居民多入工厂，因而武汉附近的土地多无人耕种。[⑦] 铁路的延伸和商品流通范围的扩大，导致人口城市化的范围也不断扩大，城市周边乃至腹地的农村人口也向经济空间大、就业机

① 胡焕庸、张善余：《中国人口地理（上）》，华东师范大学出版社1984年版，第257页。

② 德·裘·珀金斯（D·H·Perkins），《中国农业的发展（1368－1968）》，宋海文等译，伍丹戈校，上海译文出版社，1984年版，第198～203页。由福特基金会资助成立社会科学研究会中国经济委员会，作者在该委员会领导和资助下完成该部著作。

③ 施坚雅主编：《中华帝国晚期的城市》，中华书局2000年版，中文版前言1～7页。

④ 邹依仁：《旧上海人口变迁的研究》，上海人民出版社1980年版，第3页。

⑤ 章有义编：《中国近代农业史资料》第2辑，三联书店1957年版，第640页。

⑥ 冯和法编：《中国农村经济资料续编》（上），中华民国67年3月台1版，华世出版社，第44～47页。

⑦ 章有义编：《中国近代农业史资料》第2辑，第639页。

会多的大城市迁移，距离城市越近，迁移入城的农村过剩人口就更多。例如，1934年上海“华界”人口中，人力车夫大多数是江北人。上海纺织厂的女工多除了本籍人口占总数的25%以外，江苏省籍贯人口占39%，浙江省籍贯人口占19%，等等。旧上海公共租界也有类似的情况。抗日战争胜利以后，上海人口籍贯构成的情况仍然如此。①可见，离上海较远的江北人口成为上海劳动力大军中的重要板块。

## （二）城市数量和城市规模

可从沿海沿江城市和内陆城市两个方面，概述这段时期城市数量和规模的变化情况。

### 1. 沿海沿江城市

鸦片战争以来，近代西方列强入侵，列强与清朝政府签订开埠通商的不平等条约后，中国沿海和沿江的一些城市，如上海、天津、广州、武汉、厦门等逐渐发展了资本主义工商业，借此产生了扩张的就业机会和空间，吸引了乡村和其他中小城市的迁移人口，开启了近代中国城市化的进程。不过，此后相当一段时期，除了长江下游和岭南区域的城市化率有一定的增长，其他区域如长江中游上游、西北、华北、云贵乃至东南沿海，城市化水平增长幅度很小。研究所做的估计结果显示，从1843~1893年，长江下游城市化率从7.4%升至10.6%，岭南区域则从7.0%升至8.7%，而其他区域城市化率总增长幅度均小于1个百分点。② 西方列强用坚船利炮，以武力轰开旧中国的大门，从而加速了旧中国由闭关锁国转向被动型开放，由封建自然经济和皇权专制政权向半殖民地半封建社会转变。于是，在农村，中国封建经济基础受到一定程度的冲击，在城市，中国资本主义生产方式和民族工商业得以进一步建立和发展，这就为近代中国工业化和城市化的起步，客观上创造了条件。

如今的国际大都市上海，在清末还是一个道（小于州府），人口仅数十万。随着开埠和洋务运动，上海成为殖民主义者的贸易转口基地。轮船招商局以上海为大本营向沿海沿江各港开展营运业务，不仅成为长江三角洲城市体系的中心，而且南连广州、香港、澳门、福州（厦门），北至青岛、天津等沿海城市，沿长江上至宜昌、沙市、汉口，下迄芜湖、九江、镇江等沿江城市。1852年上海县城的人口还只有54万，1880年为100万，1910年为129万，近70年时间人口增长了2.4倍。1930年，上海成为远东最大最繁华的金融和商埠中心，人口多达314万。③

---

① 邹依仁：《旧上海人口变迁的研究》，上海人民出版社1980年版，第40~42页。

② 《十九世纪中国地区的城市化》，出自施坚雅主编：《中华帝国晚期的城市》，叶光庭等合译，陈桥驿校，中华书局2000年版，第264页。

③ 褚绍唐：《上海历史地理》，华东师范大学出版社1996年版，第13页。1192年（宋绍熙三年）上海设镇，属华亭县，1290年上海设县，属江浙行中书省的松江府，1927年扩大上海县为上海市。清代初年，上海地区只有“户丁人口”数，而没有具体的人数。到了清嘉靖年间才有总的人口数。1810年上海县的人口数为52万余人，以后直到鸦片战争前后的二三十年间，上海县大致仍有这个人口数。参见邹依仁：《旧上海人口变迁的研究》，上海人民出版社1980年版，前言部分。

现今的国际性城市天津，近代以前是以运河漕运而兴盛，总体属于作为漕粮运输的枢纽和军事重镇为主的华北传统型中心城市。1860 年天津开埠后，迅速演变为近代大商埠，城市化进程呈现加快的趋势，城市功能和结构发生了很大变化。先后建立的各国租界以泊运码头为中心，构建商业新区。1840 年天津城市人口不足 20 万，到 1900 年时增加到 32 万，其贸易区域总面积达 200 多万平方公里，成为全国第二大经济区域、北方经济中心。① 也有相关文献指出，自京奉铁路、津浦铁路建成并与京汉铁路、京绥铁路连接后，到 1930 年前后，天津已成为仅次于上海的全国第二大港口，人口在 1936 年达到 125 万左右，成为人口超过百万的全国第二大城市。另一方面，至 1947 年，天津人口达 170 万人，在产业工人和工厂数目等城市经济规模方面仅次于上海，而成为中国第二大工业城市。②

可见，由于沿海开埠、沿江通航、漕运等便利条件，使这些交通沿线城市兴盛起来，成长为吸引、集聚相当数量人口的近代式大中型城市。

### 2. 内陆城市

近代中国内陆城市的总体形象大致体现为：城市格局保持古老风貌、工业不发达（小型轻纺和手工业）、城市功能和结构单一、基础设施落后、相对封闭保守落后的传统政治军事型城市。例如，北京、西安、太原、济南等，都是这一时期有代表性的内陆城市。

当然，在此期内陆城市体系中，一些新型工矿业城市相继涌现。例如唐山、大冶、玉门、大同、鞍山等。它们因拥有丰富的矿藏，加上铁路修建开通，在官僚资本、民族资本的控制下发展成为单一的生产占主导的生产型城市，城市格局简单，此外，综合服务实施不发达。

需说明的是，在交通运输发展的推动下，近代中国出现两次大规模城市变迁，第一次是鸦片战争后，随着沿海开埠、沿江通航，旧有城镇体系受到很大冲击，沿海滨江形成两大新的城市带；第二次是铁路修筑开通及其网络的形成，在铁路沿线及其辐射区域，一大批新兴城市和集镇拔地而起，那些沿江沿海港口城市由于增添铁路这一新的运输手段，而更加兴盛起来。关于铁路型城市的发展，详见文后有关部分的专门阐述。

## 二、交通运输体系的构建促进近代中国城市化

交通是连接城市与城市、城市与乡村，以及乡村与乡村的血管和脉络，也是经济活动和城市化有效展开的通道。以轮船为主要运输工具的海上交通，造就了第一批近代中

① 罗澍伟：《近代天津城市史》，中国社会科学出版社 1993 年版，第 118 页、第 456～461 页。任吉东：《近代城市化进程下的华北城乡变局——以天津、保定、唐山、石家庄为例》，载《兰州学刊》2012 年第 7 期。徐峰：《近代中国人口城市化的路径与影响因素》，载《重庆社会科学》2013 年第 11 期。

② 严中平：《中国近代经济史统计资料选辑》，科学出版社 1955 年版，第 106 页。陈艳涛：《近代以来中国城市化的发展》，载《嘉应大学学报》2000 年第 5 期。

国沿海城市。而近代中国铁路的兴建和发展，不但有力地推动了一批内陆城市的兴盛，也进一步促使沿海城市化与内陆城市化都相继获得一定的发展。

截至1895年，中国仅有320公里铁路线，铁路因而还未对包括通商口岸在内的城市产生什么重大影响。但是，这种迟滞的格局不久便发生改变。

就近代华北地区的情况而言，20世纪初清末新政以后，华北近代交通网络初步形成，开始给中国城市体系的互动发展和繁荣带来较明显的变化。19世纪末的石家庄，还是获鹿县管辖下的一个荒凉的小村庄，1902年法国和比利时修建的京汉铁路经过这里，设立一个站点；1907年正太铁路修筑也经过这里，并且正太铁路的起点由正定改为石家庄，于是石家庄成为两条铁路的交会点，逐渐使其成为交通要道和商品集散地，商业急剧发展，工业也迅速兴起，进而促其跃变为一座城市。20世纪30年代石家庄人口达到10万人，1940年成为拥有20万人口的华北地区的经济重镇。[①] 连接华北农贸市场和矿区的铁路，也使得作为海军基地的青岛，发展成为近代海港城市；郑州在历史上曾一度辉煌，在清代衰落成为一座小城市，而位于京汉铁路与开封至徐州铁路的交汇处的交通条件，又使其再度复兴，成为中国早期劳工运动的中心。

区域比较来看，中国东北地区城市发展和城市化，受铁路影响最大。1860年前，清政府将东北地区视为“龙兴之地”而对其实施封禁政策，限制关内人口移居该地。加上东北地区土地广袤，矿产和森林资源极为丰富，地处关外，交通阻隔，人烟稀少，致使这一地区长期处于未开发状态。20世纪初期，俄国与日本为了各自利益攫取了修筑铁路的权利。此后，因铁路的规模化修筑开运，促进了东北铁路型城市体系的兴起和发展。1898年中东铁路的修建揭开了东北地区交通近代化的序幕，其后，在原有城市如奉天、港口大连、铁路中转站哈尔滨及其他一些交通便利的长春、四平等城市，俄日铁路公司大举开筑铁路，构建铁路网，促进了这些铁路城市的人口和城市经济规模有了较大的增长。尽管这些城市中的居民还是以中国人为主，但是城市建筑风格、城市布局等较少带有中国传统城市的痕迹，而更多地带有欧美和日式风味。1901年，哈尔滨至绥芬河完成铺轨。1902年，哈尔滨至旅顺的南部之线也完成铺轨。1906年，长春成为英日俄的领事馆所在地，该年度日本还在包括长春在内的东北16个地区开设商埠。1932年，日本人选定长春为“伪满洲国”首都，称“新京”，长春成为一座具有近代城市化实施及轻重工业兼具的半封建半殖民地铁路型城市。1903年哈尔滨至大连的铁路全线通车。日俄战争后，日本控制了长春以南铁路线，即“南满铁路”，俄日分别在其控制的铁路沿线地区建立火车站、马路和广场等城市设施。关于这段时期修筑开通的铁路情况，也有文献指出，20世纪初，京奉、中东、南满三条铁路干线建成通车；到20世纪30年代初，又修建了吉长、吉敦、四洮、锦朝、齐克等十多条支线，铁路修到白山黑水，通达深山老林，草甸荒原，铁路网络系统的形成，为关内人口向东北迁移提供了极大的便利条件，闯关东盛极一时。仅1927年，关内流向东北的移民就达90万之

① 任吉东：《近代城市化进程下的华北城乡变局——以天津、保定、唐山、石家庄为例》，载《兰州学刊》2012年第7期。姜益等：《铁路对近代中国城市化的作用探析》，载《上海铁道大学学报》2000年7月。

多，从1908～1928年，东北人口由1 715.6万人增加到2 751.3万人，增加约60%。移民激增，新垦耕地大增，贸易额也随之增长，一些新的城镇得以形成。在有铁路之前，东北只有沈阳、吉林、长春、营口等几个城市，人口达到20万的只有两个。而到1930年，20万以上的人口城市有三个，10万～20万人口的城市有两个，3万～10万人口的城市达17个，1万～3万人口的小城市和重要集镇从20个增至53个。①

哈尔滨是平地兴起的城市，哈尔滨是满语，意为“晒鱼网场子”或“渔村”，立市之前仅有几个自然村落。1898年俄国开始修筑中东铁路，在哈尔滨设立铁路工程局，据此地为“办理铁路的总汇之所”，开厂设局，大兴城市建筑和移民，1900年居住者达到2万人，1905年激增至10万人。不过，作为东省铁路和南满铁路交接点的哈尔滨，1902年时俄国居民有1.2万人，20世纪20年代初，北部的哈尔滨与南部的沈阳、中部的长春，成为东北三大政治经济中心。齐齐哈尔，原是北满地区的军需基地和驿道中心，中东、齐昂等铁路通车之后，迅速发展成为黑龙江第二大城市。四平、绥化等都是由于铁路经过而形成的货物中转集散地的市镇。大连、旅顺，土名“青泥洼”，原本是一片海滩，南满铁路通车后，则迅速成为新崛起的对外重要通商口岸城市，并与广州、上海、汉口、天津并称对外贸易五大港，在1919～1921年间对外贸易值更是位列第二。②

落后的交通工具和不健全的交通网络体系，是不可能形成一国城市体系乃至区域内城市体系一体化发展格局的。从上述轮船、铁路、公路等多类别交通对近代中国城市化的推动作用来看，交通体系的构建，无疑是近代中国城市化发展的助推器、加速器和催化剂。交通运输体系的构建与发展，特别是铁路网的构建，就更极大地加速了中国近代城市化发展。道理很简单，仅以城市体系扩张，就必须要低成本地源源不断地满足新老市民粮食、蔬菜、肉类、服饰等基本生存品，铁路运输相比较于水运、畜运等其他运输方式的廉价性，就使其能够有效地助推了近代中国的城市化进程，对近代中国北方城市发展及其城市化推动机理，尤其如此。③ 然而我们要看到，旧中国铁路的建筑权和运营，牢牢地控制在帝国主义者手中，使其对近代中国城市发展和城市化变迁，深深烙上半殖民地的痕迹。

---

① 谭玉秀、范立君：《从市场发育等角度对近代东北城市化的分析：以奉天东部为例》，载《社会科学战线》2006年第2期。曲晓范等：《清末民初第三次关内移民浪潮与东北中、北部地区交通近代化和城市化》，载《黑河学院学报》2011年8月。曲晓范：《近代东北城市的历史变迁》，东北师范大学出版社2001年版，第39～67页、188～218页。戴均良：《中国城市发展史》，黑龙江人民出版社1992年版，第314页。李占才：《中国铁路史（1876～1949）》，汕头大学出版社1994年版，第41～45页。

② 严中平：《中国近代经济史统计资料选辑》，科学出版社1955年版，第69页。姜益等：《铁路对近代中国城市化的作用探析》，载《上海铁道大学学报》2000年7月。杨勇刚编著：《中国近代铁路史》，上海书店出版社1997年版，第40～42页、50页。戴均良：《中国城市发展史》，黑龙江人民出版社1992年版，第314页。

③ 德·装·珀金斯（D·H·Perkins）：《中国农业的发展（1368～1968）》，宋海文等译，伍丹戈校，上海译文出版社1984年版，第185～218页。

## 三、近代中国人口城市化发展的动力机制分析

发展经济学和相关经济政治理论表明，人口压力（人地矛盾紧张导致）、天灾人祸、不合理的土地占有关系是人口城市化进程中的“农村推力”的要因，开埠通商、交通体系建构与改善、新式工矿业部门兴盛、商品经济和对外贸易的发展，则加大了对农村转移人口的“城市拉力”，在这个双向的“推拉力”机制下，近代中国城市化获得了一定的发展。

### （一）“农村推力”促进近代中国人口城市化

一是人地矛盾紧张尖锐所加剧的“农村推力”。“推拉力”理论模型可以有效地说明农村的推力和城市体系的拉力，是如何促进农村富余人口（农村相对过剩人口、农业转移人口）涌向城市的人口城市化现象和过程的。然而，同样是“推拉力”，近代中国与产业革命后英国城市化发展阶段中的“力”的含义，则存在显著差异。产业革命后英国等资本主义国家人口城市化的“农村推力”，是农业革命和农业机械化极大地提高了劳动生产率，从而造成大量的农村相对过剩人口，而近代中国涌向城市的农村人口，则是由于农村人口快速增长、耕地增速慢，从而形成人地矛盾不断紧张而产生的推力。此外，封建制度下地主的残酷剥削压迫和税负严重、农村社会动乱、战争、灾荒等，也是共同构成近代中国特殊的“农村推力”，压迫大量农村人口向近代中国城市迁移的要因。

史料显示，人口压力在清朝中期（公元1800年前后）即已出现，到了近代尤甚。人口与土地矛盾十分尖锐，相当多的农民没有土地或土地很少，只能靠租佃讨生活。例如，浙江佃农及半自耕农的百分率几乎达到80%，土地分配严重不均，造成农村中土地所有者与使用者壁垒清楚地对立起来。另外，由于浙江还是每平方公里人数和农民数量都名列前位的省域，故此，在城市工商业并不发达的情境下，依赖狭小的农地难以维持生计的农民，只好盲目地涌向城市，或奔走四方去谋生。①

二是天灾人祸造成大量农村人口强制性迁入城市体系。近代以来中国频繁不已的战争灾荒导致难民逃生到城市，因而城市人口机械性增加尤为显著。例如，上海人口三次突发性大量增加都是由战争造成的，特别是，租界的设立及其特殊的地位，使得它能够在战争环境中保持一隅和平，也正是因此，向租界大量移民成为近代上海城市化进程中的一个重要现象，并由此推动了上海城市总人口的增加。太平军进军上海时期，租界人口净增11万人；抗战爆发后，上海租界人口从1936年到1942年激增78万人；解放战

① 乔启明：《中国农村社会经济学》，上海书店1992年版，第37页、第135～144页。本书据商务印书馆1947年版影印。

争期间，上海人口从1945年的330余万人增加到1948年和1949年初的540余万人，在短短三年左右时间内净增208万人，这是上海百年来所没有的先例，也是世界城市人口史所少见的。①

三是不合理的土地占有关系、沉重的地租剥削、田赋徭役、苛捐杂税、商业高利贷资本的盘剥等，也是迫使农民逃生式地流动到城市的原因。

## （二）城市体系的拉力促进近代中国城市化发展

城市发展与城市化发展，虽然是两个有区别的范畴，但是两者的联系也是紧密的。道理很简单，城市化展开必须以城市为载体和依托，另一方面，城市充分发展和健康发展势必增加对迁移入城人口的拉力和对新老市民社会活动的承载力。就此而言，这里将阐述分析城市体系的拉力如何促进中国近代城市化的兴起和发展。②

一是通商口岸的开辟增强了城市体系的拉力。通商口岸作为外国资本主义侵略势力强加给近代中国的产物，最早出现在沿海沿江地区，后来随着外国势力渗透的扩大和加深，在铁路沿线和各省内地也不断涌现，所达100多处。外国资本主义在这些通商的商埠上进行大量的金融、交通、工矿、码头以及公用事业的投资，促进了这些商埠城市的经济发展，提供了就业机会，吸引大量的人口涌入商埠城市体系。正如前面提到的，一些本来仅为寂寞渔村的地方，如青岛、烟台、威海等，开埠后一跃而成为人口规模可观的城市。上海开港后的情况也大体如此。

二是交通体系的建立，特别是铁路兴起乃至近代铁路网的构建，成为近代人口城市化的主要推力之一。近代以前的城市化受制于落后的交通而停滞迟缓，19世纪晚期后，轮船和铁路相继出现，特别是铁路大大降低了陆路运输成本，使北方粮食等物资供应情况大为缓解，华北、东北地区人口城市化具备了加快发展的条件。天津在运河漕运的基础上，又依托海运和铁路，迅速崛起为全国第二大工商业城市和第二大港口城市。此期，中国诸多“老城市”增长并获得一定的繁荣，新枢纽城市又兴起，之所以如此，交通体系的构建可谓功不可没。

三是新式工矿业部门的建立增强了城市体系的拉力。随着近代工业部门的成长，对劳动力的需求扩张，从而加大了人口向城市的集聚，并催生一批人口数量达到相当规模

① 邹依仁：《旧上海人口变迁的研究》，上海人民出版社1980年版，第3～5页。徐峰：《近代中国人口城市化的路径与影响因素》，载《重庆社会科学》2013年第11期。

张仲礼：《近代上海城市研究》，上海人民出版社1990年版，第42页。1942年和1947年，上海人口分别为400万和600万。1933年上海工业总产值已达11亿元以上，超过当时中国工业总产值的一半。1947年，上海共有工厂7 738家，占比全国工厂总数的54.9%，上海工人总数为367 433，占比全国工人总数的53.8%。也参见黎仕明：《试论近代以来中国城市化与工业化之关系》，载《乐山师范学院学报》2003年4月。

② 城市史与城市化史，是两个既有联系又有区别的范畴，联系在于两者的研究对象都包括城市，城市化的展开也以城市为载体和依托，区别在于，城市史研究城市本身的发展，城市化重在研究城市的“化”这一过程。城镇与城市出现在地球之时，并不意味着城市化的历史已经开始，世界范围内，一般意义上的城市化开始于18世纪后期产业革命，迄今正在加速完成。正是在这个意义上，马克思说，“现代的历史是乡村的城市化”。参见行龙：《人口流动与近代中国城市化研究述评》，载《清史研究》1998年11月。

的城市。研究文献表明，在 1938 年，中国具有 10 万人口以上的城市中心比 1900 ~ 1910 年间增加百分之七十以上。① 由于工矿业工资高于农业，从而在扩张的就业机会和比较工资收益下，农村剩余人口或直接进入大中城市，或先进入小城市又入大中城市。

四是城市商品经济和对外贸易发展增强了城市体系的拉力，推动近代中国城市化。一个经典的例子是，近代茶叶贸易，导致人口向产茶区流动，兴起不少万人以上的制茶专业城镇，如福建的政和县，19 世纪蚕丝的对外贸易兴盛，促成湖州南浔等专业市镇的勃兴。

五是城市管理及其相关城市公用事业的发展，增强了城市体系的拉力，客观上为近代城市发展和近代城市化发展提供基础条件。中国社会伴随着被迫对外开放，引起资本主义生产方式的发生和发展，社会生活出现了城市化的发展过程，并在清末民初形成了中国城市化的一个高潮。向城市迁移人口的规模化扩张，势必引起了对城市住房、出行、社会治安、教育、卫生等公用事业的扩张性需求，并由此推动了城市管理事业获得一定程度的改进和发展。例如，近代警察制度从西方引入中国，伴随着警政建设的发展，近代警察职业群体出现于近代市民社会中，他们在近代城市化中扮演了重要的社会角色。②

## 四、近代中国城市化的基本特征

近代以前，中国城市化水平高于世界平均数值，例如，1800 年世界城市化率为 3%，低于中国平均水平。然而，近代以来，中国城市化虽获得一定发展，但总体过程复杂畸形，并未获得充分发展。根据文前梳理和归纳分析，近代中国城市化基本特征主要体现在以下几方面：

### （一）人口城市化速度极其缓慢

鸦片战争后，近代中国城市化虽有一定发展，可是发展速度相比于发达国家乃至世界平均水平，仍然是缓慢的。正如文前回溯时提到的，1843 年、1893 年、1949 年中国城市人口占比分别为 5.1%、6.0% 和 10.6%，与世界城市化平均水平的差距越来越大。按照城市化发展阶段模型理论，当城市化率达到 10% 时，③ 该国或该地区的城市化刚刚兴起，而中华人民共和国成立前夕，恰恰就处在这一时期。

---

① 珀金斯（D·H·Perkins）：《中国农业的发展（1368 – 1968）》，宋海文等译，上海译文出版社 1984 年版，第 171 页。

② 吴静、忻平：《城市化与社会生活——“历史记忆与近代城市社会生活”学术研讨会综述》，载《史学月刊》2011 年第 10 期。

③ 城市人口增长主要包括人口的自然增长（城市）、人口的机械增长和统计口径的扩大。近代城市人口的增长主要是由人口的机械增长，即农村人口迁入造成的。参见宫玉松：《中国近代人口城市化研究》，载《中国人口科学》1989 年第 6 期。

## （二）城市化在区域空间上的不平衡性显著

各地自然条件、社会历史条件的差异，固然是造成人口城市化发展的区域差异的要因。然而就近代中国而言，由于列强开埠通商，大量投资工商业，以及修建铁路等交通，则是形成东部沿海和中西部内地的区域城市化发展不平衡的另一主导因素。由于近代中国工商业和新式交通业畸形地集中在东部沿海地区，所以人口偏集于东部沿海城市体系，沿海地区人口城市化色彩浓厚。与此形成鲜明对照的是，内地城市发展停滞、衰落，例如，西安人口由曾经的百万减少到 1926 年的 20 万，兰州人口由 1901 年的 55 万，减少到 1921 年的 32 万、1926 年的 31. 4 万。

城镇密度以东南沿海地区、长江中下游区和黄河下游区为最大。1937 年，上述三大区域每平方公里分别有 0. 85、0. 80 和 0. 70 个城镇，珠江中下游、西南区和东北区次之，西北区城镇密度最小。在 475 万平方公里的西北广阔地域内，仅有 6 个 5 万人以上的城镇，城镇密度仅为每平方公里 0. 013 个。[①] 这种趋势较长期地延续下去，至 1947 年，东部沿海地区城镇人口占全国总人口的比重为 65. 3%，内地则为 34. 7%，在数量和质量上，东部人口城市化均比内地有显著优势。内地城市人口的职业分布以军政部门和服务业人口比重最大，工业没有获得相应的发展。当然，即使在沿海，大部分城市的工业体系和工业化也未获得充分发展，这是造成近代中国城市化发展缓慢的产业经济维度的原因之一。

## （三）城市人口构成的畸形化

近代中国工业发展总体落后，许多大城市的消费性和政治性、军事性特征显著，商业占比大，而工业部门（包括交通部门）等制造业就业人口比例低，这是人口职业构成和产业结构扭曲的表现。例如，据 1947 年南京人口职业构成中，商业人口占比为 19. 78%，服务人口占比为 22. 07%，公务人口占 9. 42%，而工业人口占比仅为 2. 3%；在西安，相应行业的职业人口占比分别为 19. 63%、32. 44%、10. 12% 和 6. 77%。可见，商业、公务（军政）、服务（雇工及家庭管理）等非制造业人口所占比重过大。[②]

人口迁移造成男多女少，性别比例上严重失调。再以上海为例，1930 年为 142. 4∶100，1936 年为 141. 2∶100，后来经过政策调整有所下降，但是到 1947 年，仍高达 123. 9∶100。[③] 年龄结构上，移民主要是青壮年人口，城市性别比例失调导致低出生率，城市经济发展的不发达和公共服务事业的滞后，导致城市环境恶化和相应的城市

① 宁跃敏等著：《中国城市发展史》，安徽科学技术出版社 1994 年 12 月版，第 450 页。

② 张庆军：《民国时期都市人口结构分析》，载《民国档案》1992 年第 1 期。

③ 邹依仁：《旧上海人口变迁的研究》，上海人民出版社 1980 年版，第 45 ~ 50 页。大城市体系的男女比例失调，即男多女少，不简单地源于封建社会重男轻女的旧思想以及内地溺死女婴的恶习，城市工商业职业劳动倾向于选择男性工人，则是经济领域的主要决定因素。

病，所以城市居民平均寿命短，人口死亡率高，人口生产属于典型的“两高一低”型。人口的国别构成上，近代中国城市特别是沿海通商城市的外国人数量占了很大比重，而且掌控城市经济命脉，反映了旧中国（近代中国）城市化浓厚的殖民地半殖民地特征。从1843年至1949年的一百多年间，上海外国人口从26人一直到达最多时的15万余人。①

### （四）城市病问题突出

前面已经提到，近代中国城市性别比例失调，导致低出生率，城市经济不发达和公共服务事业的滞后，又导致城市环境恶化和相应的城市病。由于近代中国城市发展速度远低于农村破产速度，造成城市体系对人口的吸纳承载能力大大低于农村剩余人口的转移压力，从而在盲目潮涌的迁移流冲击下，城市体系失业半失业人口数量庞大，住房紧张、粮食供应紧张，城市贫困现象严重。以失业为例，1933年全国失业人数至少600万，1935年为590万，1947年仅上海失业和半失业的人口就将近200万。② 可以说，近代中国城市体系中，充斥着大量的游手、乞丐、娼妓、流氓等无业或畸形行业人口。

### （五）人口城市化的不稳定性

一是“候鸟型农民工”规模化存在。以一种兼业方式往来于城乡之间的不彻底的农村迁移入城人口数量多，这种半游离于城市社会的流动性人口是季节性“候鸟”。因而经常出现人口由城市向农村的倒流，即逆城市化现象。例如，上海人力车夫终年居沪，以拉车为固定职业者很少，大都是视农村收获而定的春去秋来的候鸟。二是战争灾荒时涌向城市，城市人口激增，结束后又返回乡村，城市人口骤然下降。如1945年抗战胜利，整个上海地区的人口由391万一度降至337万，净减少了近55万人。③ 而抗战时期中国经济、政治、文化中心向西南地区的转移，使得该地区的城市人口增加，例如重庆人口在1939年为27万人，1945年达到100万人以上；成都人口由1939年的30.9万人，增加到1945年的71万。④

综上所述，近代中国城市化呈现为复杂、扭曲式发展图景，在打破农村自然经济，并向商品经济的转变中，在从传统乡村社会向近代城市社会的转型中，有一定的进步，然而，受制于半殖民地半封制度的羁绊，以及由此而衍生的经济、政治、科教文化等不发达状况的制约，致使近代中国城市化并未获得健康发展，而总体上呈现为扭曲式的低水平状态。

---

① 邹依仁：《旧上海人口变迁的研究》，上海人民出版社1980年版，第67~68页。
② 缪振鹏等：《试论半殖民地半封建时期的中国人口问题》，载《中国社会经济史研究》1982年第2期。
③ 邹依仁：《旧上海人口变迁的研究》，上海人民出版社1980年版，第5页。
④ 胡涣庸、张善余：《中国人口地理（上）》，华东师范大学出版社1984年版，第261页。

## 五、近代中国城市化低水平的要因与启示

正如前所述，城市在中国诞生已有五六千年，中国城市发展可谓源远流长，然而在进入近代以后的百余年间，中国城市化发展水平和质量低下，无论是与亚洲还是与整个世界平均水平相比，情形都大抵如此。研史明道，鉴往知今，我们需要在上述分析的基础上，揭示近代中国城市化低水平的要因，并获得某些启示。

### （一）造成近代中国城市化低水平格局的要因

一是半殖民地半封建社会制度的制约，使中国近代工业化和近代城市化发展带有很强的殖民性和封建性，进而带来低水平的发展。

二是长期的战乱导致经济增长和经济发展停顿、滞后，城市经济落后直接造成就业机会少，难以对农村迁移人口产生持续有效的“拉力”。

三是封建制度和频繁战乱下的农村自然经济极端落后，使农村不能养活相应规模的人口，这就加剧了农村剩余人口和那些并不剩余的人口，向城市体系扭曲性地迁移。

四是产业结构上的原因。近代中国整个阶段，农业经济就业人口和产量始终占很大比例和主导地位，其他部门不是为农业部门服务，就是从那里取得原料。直到 20 世纪 40 年代和 50 年代，中国的工业主要是一些棉花、粮食和其他农产品加工工业。商业主要是食品和衣着的分配。只有很小的矿业部门、政府服务部门，也许还有建筑业，才是不依赖于农业原料的（工作人员所需的食物除外）。①

五是旧中国经济凋敝，政府体系腐败，行政服务能力弱，科教文化事业落后，不能基于国情提供有关城市化发展的有效理论与政策，包括制定相关法律，所以城市灰暗和缺少光明，农村也凋敝落后并同样黑暗。这种城乡总体上都缺乏“光明”的现实，共同书写了近代中国城市化长期停滞不前，甚至在有些历史阶段处于倒退的扭曲性、曲折性、复杂性图景。

### （二）相关启示

综合以上分析和解读，首先要强调的是，近代中国城市化面临世界城市化发展所具有的共同命题，但其独特性更为显著：外国资本、官僚资本和民族资本三重资本混合主导的资本主义工业化，推动着近代中国城市化；列强的铁路型城市及其殖民经济贸易，客观上带动了近代中国城市化，但是这种扭曲的畸形城市化是服从于殖民主义体系发展

① 参见德·袭·珀金斯（D·H·Perkins）：《中国农业的发展（1368－1968）》，宋海文等译，伍丹戈校，上海译文出版社 1984 年版，第一章导言第 1 页。

需要的，不可能为近代中国人民带来充分的发展，以及真正的幸福和自由。

文前所列举的近代中国城市化低水平发展的原因，正是当前中国新型城镇化发展进程中，应努力加以避免的。

例如，城市经济不发达和城市公共服务能力低下，是造成近代中国城市化发展缓慢、城市病严重泛滥的重要因素，为此，应构建有利于经济社会发展的良好的政府体制，制定完备的法制，搭建高效的城市公共服务体系，在促进城市经济繁荣和提供高效的公共服务或充裕的社会保障之基础上，持续吸纳以农户为单位的农村剩余人口彻底地转移入城。毋庸置疑，农业部门在任何国家都是维持和巩固城乡居民衣食乃至住行等基本生存问题的基础和前提，也是为该国城市经济现代化、城市化发展提供原料和资本积累的重要基础和条件。中国农业对于中国城乡发展的基础意义就更加显著。① 但是，世界现代化的历史经验表明，随着历史演进，城市化是确定不移的发展趋势，也是实现经济社会现代化的主要动力、主要路径和现代化的重要标志，因而，要统筹重视农业经济的基础地位和城市经济的主导地位，坚定不移地通过城市化的强大引擎，推动当前中国城市化和新农村化协调发展。

再如，针对生态环境污染和社会不良生活习性，当前的城市政府尤其需要加强理念、价值观和科技文化素质的宣传教育，乃至展开规模化的培训和健康生活风尚的培育引导，绝不能在近代中国城市化过程中，城市体系充斥着大量的游手、乞丐、娼妓、流氓等无业或畸形行业人口的现象，在当前中国城市体系中规模化涌现乃至蔓延。

从对近代中国百余年城市化历史演变的回顾中，我们还应重视人口彻底城市化中的性别比例、年龄结构等问题，以及克服近代城市在消费性、政治性、军事性等发展导向强烈，而工业经济发展不足的弊端，采取正确的经济策略，促进工业和服务业适应城市化发展阶段而协调发展。重视发展交通运输体系建构对城市化的重要推动功能，已经在与城市化相关的诸多研究情境中，得到体认和强调，这里就不再赘述。

当然，从对近代中国城市化百余年历史演变的回顾与探讨中，我们自豪而欣喜地看到，自中华人民共和国成立和社会主义改造完成后，半殖民地半封建的腐朽制度在我国早已荡然无存，因而，那种深深烙上半殖民地半封建色彩的扭曲的近代城市化之路，已经一去不复返。当前，在党和政府的领导下，在我们是完全自主而不是依附于任何外来强权国家的安定环境下，汲取中外城市化发展史上的经验和教训，依法、科学地制定发展新型城镇化的规划，采取正确有效的政策措施，以努力走出一条以人为核心的契合国情的中国特色新型城镇化道路。

---

① 中国的耕地面积只有美国的70%，但是必须供养比美国多三四倍的人口。目前，中国的农业在全球7%的耕地上养活了世界人口的1/4。用20世纪西方的标准来衡量，中国的人民吃的是不好的。但事实是，他们在过去六个世纪中生存了下来并且使人口增长了好几倍。中国农民的干劲为世界的伟大文明奠定基础做出了贡献。今天，奠基者的后人正在为中国的工业化和现代化提供积累。参见德·裘·珀金斯（D·H·Perkins）：《中国农业的发展（1368－1968）》，宋海文等译，伍丹戈校，上海译文出版社1984年版，第1页。

# 共享发展理念与共享经济的发展创新

吴　群*

**摘要：** 共享经济作为一种新的商业模式，为经济发展注入了新的活力。然而作为一种新兴经济业态，共享经济不仅面临宏观政策和环境的压力，更重要的在微观运行上，共享经济平台面临安全、信任、用户黏性、服务质量、人员管理等一系列挑战。发展共享经济要坚持包容创新、公平有序，不断优化环境，实施放管结合。工业技术的发展让我们能够以很低的价格享受到高品质的产品与服务，信息技术的发展又能把最近的资源与需求联系起来，这就是共享经济的核心。共享经济让旧的商业模式被逐渐颠覆和淘汰，让经济以新的方式再次焕发活力，让社会经济运转得更高效、更具价值。当前，面向企业级市场的共享经济时代已经到来，企业通过资产租赁的共享模式，实现轻资产发展。共享经济在为个人生活出行带来方便的同时，也将为企业的快速发展带来全新的价值和机遇。

**关键词：** 共享经济　共享模式企业　创新

共享发展理念是党的十八届五中全会创造性提出的新的“五大发展理念”之一。中共十八届五中全会提出：“坚持共享发展，必须坚持发展为了人民、发展依靠人民、发展成果由人民共享，作出更有效的制度安排，使全体人民在共建共享发展中有更多获得感，增强发展动力，增进人民团结，朝着共同富裕方向稳步前进。”新时期，习总书记将共享发展作为社会主义的本质要求提出来，反映了现实对理论的迫切要求。这一共享发展理念是对马克思主义原则的坚持和发展，是对西方共享经济思想的超越与创新，也是在对世界发展经验的总结与反思的基础上，对中国特色社会主义的本质要求，代表了中国未来发展的方向和路径。

## 一、共享发展理念的内涵与现实意义

共享发展是指人民共享改革发展带来的成果。这一理念是五大发展理念的核心和归宿，进一步明确了中国道路探索的方向。深刻理解共享发展理念提出的现实背景、基本

* 吴群，江苏省社科院经济研究所研究员。

内涵、重大意义和实践要求，对于全面建成小康社会、实现中华民族的伟大复兴和社会主义现代化，具有重大而深远的意义。

共享内涵体现在全民共享、全面共享、共建共享和渐进共享四个方面。全民共享就是人人享有、各得其所，而不是少数人共享、一部分人共享；全面共享就是共享国家经济、政治、文化、社会、生态文明各方面建设成果，全面保障人民在各方面的合法权益；共建共享就是在共建的基础上实现共享，共建的过程也是共享的过程；渐进共享就是由从低级向高级、从不均衡向均衡的发展过程，即使达到很高的水平也会有差别。树立共享发展理念，就必须坚持发展为了人民、发展依靠人民、发展成果由人民共享，作出更有效的制度安排，使全体人民在共建共享发展中有更多获得感，增强发展动力，增进人民团结，朝着共同富裕方向稳步前进。

## （一）共享发展理念是对马克思主义原则的坚持与发展

马克思恩格斯虽然并未直接使用共享发展这个词语，但是共享显然是马克思恩格斯终生为之奋斗的理想，在他们的诸多著作中都有着鲜明的民众共享发展的思想烙印。马克思始终以现实的人为出发点，以人民的解放与幸福作为根本目的。在马克思恩格斯的诸多著作中清晰可见其共享思想的充分表达：社会主义要大力发展生产力，摆脱贫富不均，让所有人过幸福的生活。共享发展不仅与马克思主义的共享思想一脉相承，而且开启了马克思主义共享思想在中国运用与发展的新征程，是对中国化马克思主义关于发展理念的丰富与发展。

为了谁和依靠谁以及最终由谁共享是互相联系的三个方面，三者的有机统一构成了共建共享的完整内涵。共享发展是以民为本的，把共享作为民生幸福的源泉，把人民是否共享作为衡量一切工作是非得失的标准，体现了把经济发展与社会发展统一到人的发展上来，提升了马克思恩格斯共享思想中突出强调关注现实的人这一价值取向，进一步丰富和发展了马克思主义共享理论，为发展的最终价值取向与价值尺度提供了科学的评价标准，是社会主义建设实践过程中发展理念的又一次突破。

## （二）共享发展理念是中国特色社会主义的本质要求

共享发展是一种价值观念和价值追求，它既要求全体人民各尽其能，共同发展经济社会，共同创造各种财富；又要求全体人民各得其所，共同分享发展成果，共同实现富裕与繁荣。因为只有发展成果由全体人民共享，全面建成小康社会才能真正造福于人民；只有让发展成果由全体人民公平共享，全面建成小康社会才能充分调动广大人民群众的积极性和创造性。共享发展是凝心聚力的发展，是为了人民幸福安康的发展，这样的理念能够让发展更有温度、让幸福更有质感，让发展更能稳健前行。

用共享凝心聚力，这种用公平与普惠铸就的向心力是每个国人潜藏在内心的巨大激励力量，也使共享机制成为民生改善的有效路径选择。归根结底要通过制度来落实，制度是社会公平正义的根本保证，通过建立以权利公平、机会公平、规则公平、分配公平为主要内容的制度体系，扩大社会政策的包容性，使每个人的权利都能得到保障，每个人的奋斗都能获得价值，每个人的生活都能更加幸福、更有尊严。只有这样，才能使社会不同利益群体各尽其职、各得其所、和谐相处，才能保证发展的社会主义方向。

### （三）共享发展理念开辟了中国发展的新阶段

共享是中国未来发展的方向，是破解中国未来发展难题的方法路径。回顾改革开放40年的历程，大体可以划分为经济发展、科学发展、共享发展三大历史阶段，大体上和不同历史时期相应的发展要求相适应。在第一个阶段，发展基本上指的是追求经济的快速增长，在这个阶段发展的含义主要停留在经济的单一层面和物质的单一层面。在第二个阶段，认识到物质财富的创造固然是评价现代化的基础性尺度但不是唯一的尺度，认识到财富是客体形式的财富与价值形式的财富的统一，财富的主体性内涵和人文意蕴成为普遍的共识。因此必须同时注重经济与政治文化社会的全面和协调发展，主张将经济政治文化社会的发展与人的发展统一起来。共享发展理念的提出，标志着改革开放以来的发展观进入第三个历史阶段。在这个阶段，发展不仅应基于经济政治文化社会生态的统一、财富的客体尺度和价值尺度的统一，更为重要的是发展必须基于社会各阶层的统一。只有共享才能发展，共享为发展助力。实现中华民族的伟大复兴，不仅需要有执政党为国为民的雄心，更需要民众的热情追随，共建与共享搭起了一座通向未来的美好社会的桥梁，对于增强社会成员之间的合作起到了重要的作用。

## 二、共享经济发展与面临的主要问题

共享经济作为一种新的商业模式，为经济发展注入了新的活力。然而作为一种新兴经济业态，共享经济不仅面临宏观政策和环境的压力，更重要的在微观运行上，共享经济平台面临安全、信任、用户黏性、服务质量、人员管理等一系列挑战。

### （一）共享经济已成为国家经济发展的重要推动力量

我国共享经济正处在一个快速发展的时期。当前我国共享平台企业与发达国家保持在同一梯度，用户规模和创新速度保持在领先地位。据统计，2015 年中国共享经济市场规模约为 1.956 万亿元，主要集中在金融、生活服务、交通出行、生产能力、知识技能、房屋短租等六大领域。共享经济领域提供服务者约为 5 000 万，约占劳动力人口总数的 5.5%。保守估计，参与共享经济活动的总人数已经超过 5 亿人。未来五年共享经济年均增长速度在40%，到2020年市场规模占GDP比重将达到10%以上（国家信息中心信息化研究部，2016）。共享经济是我国经济新的增长点，将开启一个新的时代。

所谓共享经济（Sharing Economy）是指拥有闲置资源的机构或个人有偿让渡资源使用权给他人，让渡者获取回报，分享者利用分享他人的闲置资源创造价值。共享经济这个术语最早由美国得克萨斯州立大学社会学教授马科斯·费尔逊（Marcus Felson）和伊利诺伊大学社会学教授琼·斯潘思（JoeL Spaeth）在1978年提出。共享经济现象却是在最近几年流行的，其主要特点是，包括一个由第三方创建的、以信息技术为基础的市场平台。这个第三方可以是商业机构、组织或者政府。个体借助这些平台，交换闲置物品，分享自己的知识、经验，或者向企业、某个创新项目筹集资金。共享经济发展历程如图1所示。

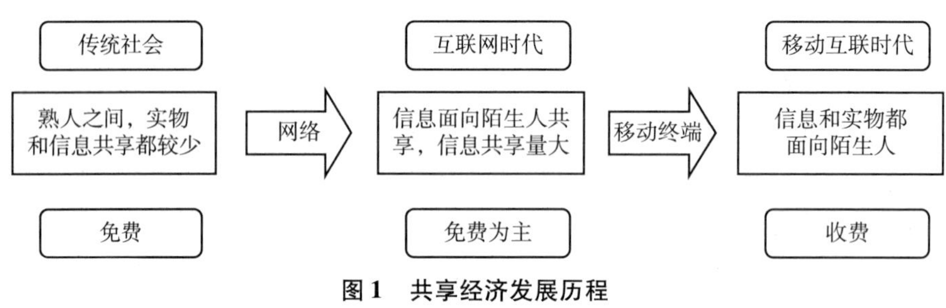


**图1　共享经济发展历程**

建立在互联网基础上的共享经济改变了传统意义上的市场运行方式。共享经济是移动互联网时代一种基于共享闲置物品或服务的新的商业模式。共享经济的快速发展得益于近几年技术的进步和其他配套设施的不断完善，作为一种新的商业模式，共享经济已渗透至交通、住宿、金融、餐饮、家政服务、农业生产等多个领域，未来共享生产将是其重点发展方向之一。在万众创新背景下，共享经济的发展对于我国经济新常态下实现中高速增长和成功转型具有积极的意义。随着共享经济的兴起，个别的、细微的消费行为变化经过集聚整合，最终将会带来巨大的商业变革和社会变革。一是共享经济扩大了交易主体的可选择空间和福利提升空间。二是共享经济改变人们的产权观念，培育了合作意识。三是共享经济改变了传统产业的运行环境，形成了一种新的供给模式和交易关系。四是共享经济改变了劳资关系。共享经济改变了企业的雇佣模式和劳动力的全职就业模式，给那些富有创造力的个人提供一种全新的在家谋生方式，人们可以自由选择自己感兴趣和擅长的任务、工作时间和工资。从而使社会成员成为自由职业者和兼职人员的混合体，使全社会成为一个全合约型社会。五是共享经济有助于解决政府城市管理难题。在共享经济理念下，地方政府间可以开展广泛的发展合作，通过城市间信息共享、政策协调、人力资源共用，有助于缩小城乡差距和区域不平衡问题。

## （二）共享经济发展面临严峻挑战

一是现有法律法规已无法适应共享经济的发展，导致监管不到位。共享经济作为一种新的商业模式，对现有法律法规提出了新的挑战，监管部门亟须完善和创新监管方式，迅速研究和制定能够适应共享经济的法律体系。共享经济具有跨区域、跨行业和网络化的特点，现有法律条文已不能适应其发展。面对共享经济从业人员社保及养老保险问题、电商平台的税收监管等诸多新问题，现有法律条文都没有明确的规定。部分监管条款和细则由于为计划经济时期行政监管的产物，并不鼓励企业和市场创新，一些创新企业更是面临现有制度不合理的要求，按照现有规定，多数的共享经济企业都涉嫌“违规”，随时面临行政处罚乃至叫停，过时的法律法规已无法通过合理监管来促进市场健康有序的运行，已经成为市场创新的阻碍。此外，监管的缺失以及第三方平台较低的准入门槛，致使部分平台对于用户的资格审查不够严格，交易中存在一定的安全保障漏洞，消费者利益受到侵害时，缺少各方提供的保障，共享平台通常不为用户在服务过程中遇到的风险事故提供保障，利用现有法律法规难以厘清责任。

二是风险和安全性问题。由于共享经济中的供需双方是彼此陌生的，供给方把自身闲置资源的使用权与需求方进行分享时，双方彼此陌生的关系就给共享带来了一定的道德风险和安全风险，比如Uber在印度出现的驾驶性侵案、Airbnb曾经出现的出租屋被房客洗劫一空的案件等，都暴露了共享经济的安全性问题，因此，对共享经济平台来说，如何创建一个确保安全的制度，不仅影响着今后的市场扩张，还影响着供需双方对平台的信任。

三是基于陌生关系的信任问题。共享经济中的供需双方素昧平生，面临着道德、交易安全等各种风险，要想促使双方进行分享闲置资源的使用权，就必须建立一个双方互信的机制，只有供需双方的互信关系被建立，共享行为才会产生，这也是共享经济的核心问题，由此，共享经济平台如何建立一种制度，促进供需双方彼此信任，就成为共享经济平台面临的重要挑战。

四是激烈竞争带来的用户黏性问题。目前，共享经济平台日益增多，但较为分散，部分行业门槛较低，同质化严重，竞争比较激烈，以短租行业为例，国内就有小猪短租、蚂蚁短租、爱日租、周租网等多个共享经济平台，这就为房东和需求者提供了多个选择空间，在这种情况下，如何建立平台的核心竞争力，如何提高供需双方对共享经济平台的忠诚度和黏性，就成为共享经济企业要解决的关键问题，也是共享经济平台的一大挑战。

五是众包闲散资源引发的服务质量问题。共享经济平台把需求方的需求任务众包给供给方，而这种众包的对象就是海量的社会闲散资源，它们的服务能力、服务水平和服务质量参差不齐，对共享经济平台来说，如何管理好平台的供给方，确保供给方的服务质量不给平台带来负面效应，成为共享经济平台的又一项重要挑战。

六是半契约式的人员管理问题。共享经济平台使用和管理的人力资源，主要分为两类：一类是负责共享经济平台运营的核心管理和技术团队，另一类是分享闲置资源的生产者，即供给方。由于供给方包括了海量的社会闲散个体，共享经济平台不仅要管理好平台运营人员，更要管理好海量的闲置资源分享者，否则，共享经济平台就变成了空壳。共享经济中的人力资源往往是半契约式的管理模式，存在对象无限化、职能削弱化、基石空心化以及关系复杂化的难题，这对共享经济平台而言又是一大挑战。

## 三、促进共享经济发展的基本思路

我们正在进入一个崭新的时代，工业技术的发展让我们能够以很低的价格享受到高品质的产品与服务，信息技术的发展又能把最近的资源与需求联系起来，这就是共享经济的核心，共享经济让旧的商业模式逐渐被颠覆和淘汰，让经济以新的方式再次焕发活力，让社会经济运转得更高效、更具价值。当前，共享经济正由C向B端突破，面向企业级市场的共享经济时代已经到来，企业通过资产租赁的共享模式，实现轻资产发展。共享经济在为个人生活出行带来方便的同时，也将为企业的快速发展带来全新的价值和机遇。

发展共享经济要坚持包容创新、公平有序，不断优化环境，实施放管结合。一是对共享经济新业态坚持包容创新。共享经济在我国发展迅猛，导致对其监管的不到位。可通过加强监管，加强我国信用体系和网络安全建设来规范和促进其发展。政府要表明态度，明确政策导向，积极发展共享经济，鼓励更多企业、公众参与。二是公平有序，完善环境。针对一些企业规避税收等问题，要抓紧营造公平环境，促进新旧市场主体协调发展，实现新旧市场主体合作共赢。三是加快法规制度体系建设。在商法、民法、合同法等有关法律条款中，从促进竞争角度，平衡各方利益；加快社会信用信息体系建设和共享利用，同时加快培育第三方专业化信用服务机构发展。四是放管结合。采用分级分类管理等方式，适度放宽交通出行、物流快递、金融服务等准入门槛；加快电子登记管理和电子营业执照应用，加快解决各省门槛标准不一、全国性平台企业疲于办理资质等问题。转变监管理念，塑造互联网监管思维，发挥大众评价、企业治理、行业自律等多方作用，建立多方协同治理机制；创新监管方式，建立健全以信用为基础的事中事后监管体系，利用大数据技术等加强监督检查和违规处置，加大失信惩戒力度。

## 参考文献

［1］《习近平谈治国理政》，外文出版社2014年版。

［2］中共中央宣传部：《习近平总书记系列重要讲话读本（2016年版）》，学习出版社、人民出版社2016年版。

［3］中共中央文献研究室：《十八大以来重要文献选编（上）》，中央文献出版社2014年版。

［4］任理轩：《关系我国发展全局的一场深刻变革——深入学习贯彻习近平同志关于“五大发展

理念”的重要论述》，载《人民日报》2015 年 11 月 4 日第 7 版。

[5] 任理轩：《坚持协调发展——“五大发展理念”解读之二》，载《人民日报》2015 年 12 月 21 日第 7 版。

[6] 韩庆祥：《习近平以人民为中心的政治经济学说》，载《人民论坛》2016 年第 1 期。

[7] 蔡昉：《坚持以人民为中心的发展思想》，载《人民日报》2016 年 8 月 3 日第 7 版。

[8] 刘儒、刘鹏、杨潇：《马克思主义政治经济学与以人民为中心的发展思想》，载《西安交通大学学报（社会科学版）》2016 年第 2 期。

[9] 胡鞍钢、杨竺松：《习近平经济思想：当代马克思主义政治经济学的重大创新》，载《人民论坛》2016 年第 1 期。

[10] 侯为民：《五大发展理念的历史逻辑与实践价值》，载《桂海论丛》2016 年第 3 期。

[11] 顾海良：《新发展理念的马克思主义政治经济学探讨》，载《马克思主义与现实》2016 年第 1 期。

[12] 程恩富：《为马克思主义政治经济学创新发展贡献中国智慧》，载《理论导报》2015 年第 12 期。

[13] 谷亚光、谷牧青：《论“五大发展理念”的思想创新、理论内涵与贯彻重点》，载《经济问题》2016 年第 3 期。

[14] 魏立平：《以人民为中心：五大发展理念之魂》，载《中国党政干部论坛》2016 年第 8 期。

# 中国特色社会主义乡村振兴愿景探索

宋圭武[*]

**摘要：**实施乡村振兴战略，是新时代党中央作出的重大决策部署，是决胜全面建成小康社会的关键战略，是实现中华民族伟大复兴的基础工程，也是新时代“三农”工作的总抓手。实施乡村振兴战略，目标是到2050年，乡村要实现全面振兴，最终实现农业强、农村美、农民富。如何实现这个总目标，需要立足我国仍处于并将长期处于社会主义初级阶段这个基本国情，需要立足我国仍是世界最大发展中国家这个基本现实，需要走中国特色社会主义乡村振兴道路。实施乡村振兴战略，必须要以绿色发展引领乡村振兴，要牢牢把好质量关，要重点实现质量振兴，而不是数量取胜，应重点实现三大关系的质量提升。

**关键词：**乡村振兴　土地制度　农业管理体制　中国发展

实施乡村振兴战略，是新时代党中央作出的重大决策部署，是决胜全面建成小康社会的关键战略，是实现中华民族伟大复兴的基础工程，也是新时代“三农”工作的总抓手。实施乡村振兴战略，目标是到2050年，乡村要实现全面振兴，最终实现农业强、农村美、农民富。如何实现这个总目标，需要立足我国仍处于并将长期处于社会主义初级阶段这个基本国情，需要立足我国仍是世界最大发展中国家这个基本现实，需要走中国特色社会主义乡村振兴道路。下面结合个人长期研究体会，就中国乡村未来如何发展提出一些思考和建议，供各位参考。

## 一、中国农村土地制度将来如何设计

国家发展，要高度重视土地制度问题。孟子就说过：“诸侯之宝有三：土地、人民、政事。”对于大国而言，更要高度重视土地制度问题。一是因为大国土地面积大，客观需要高度重视土地要素投入产出效率。二是大国粮食安全不能靠别人，饭碗不能端在别人的手里，如何保障粮食安全，土地制度设计是重要影响变量。

农村土地制度如何设计，需要重点解决好两个问题：一个是公平问题；另一个是效

* 宋圭武，甘肃省委党校教授。

率问题。这里的公平，应满足时间维度和空间维度两个方面的均衡。所谓时间维度均衡，就是该项土地制度设计能随时间的推移，有自我调整机制，在人口随时间的变动中，能实现人口代际之间的公平。所谓空间维度均衡，就是该项土地制度设计，能有效实现同一块土地上同代人之间收益的公平分配。另外，这里的效率是指整体效率，而非个体效率。有效的土地制度设计，应对一个国家整体的发展提供最大的效率贡献。

目前，中国农村土地制度设计虽然有很多优点，但也存在一些不足，主要是既没有完全满足效率原则，也没有完全满足公平原则，因此还需要进一步改进。

从效率方面看，一是由于所有权、承包权的存在，尤其是承包权的存在，导致经营者需要交一部分"租"给承包者，这客观增加了经营者经营土地的成本并降低了农业生产的比较效益，这对农业发展十分不利，同时，土地可能还会面临撂荒问题。二是由于承包权不断延长，而农村家庭人口实际又在不断变动，其结果必然导致人地矛盾越来越突出，农村一部分人或者更多的人会面临无地的情况。同时，由于农业比较效益低下，经营农业没有积极性，这会促使越来越多农村劳动力，尤其是无地农民，会大量涌向城市，形成"城市病"。

从公平方面看，土地是人类的天然财富，本质更多属于先天公共品，凡是来到这个世间的人，都应有自己的立锥之地，都应有享受土地收益的权利（属于别人的劳动收益或投资收益除外）。但由于承包制的不断延长，后面出生的人就无法享受来自土地的收益。而且随着时间的积累，这个问题会越来越严重。另外，从空间维度看，结婚、高考等也会引起农村人口变动，但由于承包权固定，其结果是，结婚媳妇，人在婆家，地在娘家，考上大学的，人在城里已有固定工作，甚至是高收入，但农村还有自己的土地。这两种情况对其他人而言，都存在一定程度公平欠缺问题。

中国农村土地制度将来如何设计，有许多不同观点。笔者认为：将来应坚持标准的社区所有或集体所有，同时，应实现土地收益归真正经营土地的人（归国家的除外），凡是不直接经营土地人，都不应享受土地收益。国家应取消所有基于承包权而获取的"租"收入（农村集体内部或社区内部可以搞土地承包经营，但承包权不能转让，也不能依据承包权获取"租"收入）。凡是进入农村集体或社区的人，并从事实际的农业生产，都有权力享受该集体或社区的土地收益，或都有权承包该集体或社区的土地。凡是自愿离开集体或社区的，就不再享受该集体或社区的土地收益。比如进城的，或迁移到其他村的。其中迁移到其他村的，应享受其他村的土地收益，或有权承包其他村的土地。

但这种标准的土地集体所有或社区所有，面临一个问题是，集体或社区的管理者可能会对所在集体或社区成员的土地权利利用职权进行侵蚀或过度侵蚀，为个人谋取利益。这需要集体或社区对管理者实现有效的权力制衡。如何制衡，若管理者完全由集体选举产生，会面临一个家族势力和黑恶势力如何防范的大问题。若防范不好，选举会被家族势力或黑恶势力所操控。若管理者完全由上级任命，则管理者可能会和任命者勾结，对集体或社区成员的土地权力进行侵蚀。为此，笔者建议国家对集体或社区管理者实行任命权和罢免权分离制衡制度。具体是，任命权由上级政府所有，由上级组织部门考察任命；不称职罢免权，由集体或社区成员所有，对经任命，但在实际管理过程中不称职的管理者，集体成员或社区成员，可通过投票进行罢免。

另外，配合土地制度实行标准的集体所有或社区所有，国家还应实行两种户籍制度。一种是农村户籍，另一种是城市户籍。但此时的户籍制度设计不同于过去的户籍制度设计，要给农民以充分的自由迁徙权，农民可以自由迁移城市，但有一个前提条件，凡是迁入城市的农民，就不再享受所在集体或社区土地收益。另外，只要对方接受，城市和农村户籍可以互相自由转换。这种户籍制度设计的好处是：一是可以有效保障土地直接经营者的收益，提高农业生产的比较效益和农业生产者的劳动积极性，可以鼓励更多的人从事农业生产；二是提高了农民盲目流入城市的经济成本，可为城市健康发展提供宽松环境；三是由于有经济成本存在，这相当于一个筛选机制，那些脱离农村户籍的人，必然更多是一些真正有一技之长的人，或者是有能力真正在城市谋生的人，而这些人的存在，必然也是城市所需要的，对城市稳定健康发展也有利。

## 二、中国乡村农业经济管理体制将来如何创新

### （一）中国农村承包制改革利弊分析

改革开放，中国农村最大的制度创新是承包制。但从实际看，中国农村承包制改革，既对农村发展产生了积极作用，但也产生了诸多弊端。积极的作用是：一是充分调动了农民的积极性，农民自己给自己干活，更少了偷懒的心理倾向；二是在市场农产品短缺的情况下，农民不存在买难的问题，这对农民收入增长有较大促进作用；三是对农村能人有利，有技术、有能力的人，可以更好发挥自己的能力，带头致富；四是农民有了更大自由，可以更自主地安排自己的生产活动和生活空间，这也是一种福利。但不足方面是：一是改革形成了事实上的农村小农经济模式，这大大降低了农业生产的规模效益和分工效益；二是在市场农产品短缺解决的情况下，农产品销售需要面临的市场风险越来越大，小农户与大市场的冲突加剧；三是对农村弱者不利，一些弱势家庭境况越来越差，甚至成为底线生存者，导致农村社会不断发生一些人间惨剧；四是导致国家与社会分离，农村社会管理成本加大，国家政策落不到实处，催生了一些形式主义落实或数字落实问题；五是不利于农村社会精神文明建设，缺乏合作的生产方式对合作互助精神建设十分不利，原子化的生产方式进一步加剧了精神世界的原子化。

既然农村承包制改革有诸多弊端，我们又如何看待乡村发展。笔者认为，中国乡村发展是一个合力作用的结果。包括城市化工业化、市场化等，都是有效促进。另外，高考制度的恢复，也对乡村发展产生了间接和直接的促进作用。一是高考制度有效促进了

国家知识要素的增长，而知识要素的增长又极大促进了技术的进步，而技术进步又进一步带动了乡村产业的发展。二是高考为许多乡村家庭孩子提供了一个上升的通道，而孩子的上升，又带动了家庭地位的上升。从实际统计看，现有农村贫困户，家庭成员文化程度大都在初中以下，这也说明高考与农村家庭富裕具有很大相关性。另外，改革开放后计划生育制度的大力实施，也大大减轻了农村人口对土地的压力，这也是一个重要因素。而在改革开放前，我国农村不仅自身人口过快增长，而且一些城市人口也大量迁入农村，包括知识青年上山下乡等，这客观增加了农村社会人口对土地的压力，制约了人均土地产出率水平的提高。另外，改革开放后，总体国家对农村农业的各种补贴大幅增加，这也是促进乡村发展的一个重要因素。另外，国家发展战略从以阶级斗争为纲转变为以经济建设为中心，也是一个重要的推进因素。因为战略的转变，减少了农民许多无效劳动，农民可以更集中精力发展经济。

### （二）未来应探索农业经济模式

从经济层面看，目前乡村农业经济主要面临“低、大、差”三大问题。所谓“低”，就是农业劳动生产效率不高的问题；所谓“大”，就是市场风险大的问题；所谓“差”，就是农产品品质不高的问题。乡村农业经济制度应重点立足这三大问题进行创新。解决好了这三大问题，也就实现了小农户与现代农业的有效衔接。具体如何推进乡村制度创新，笔者认为，从经济层面看，农业发展需要充分发挥计划和市场两方面的优势，不能完全放任市场调节农业，应实行半计划半市场管理模式。实现半计划管理的有利条件是：一是现代科学技术的发展，也为国家对农业的调控提供了更加便利的条件，包括农产品需求的预测等，都可以更准确，误差更小；二是社会对农产品的需求不同于其他产品，具有较大稳定性，这为国家对农产品的计划调控提供了稳定需求基础。实现半计划管理的必要性是：一是粮食安全是比金融安全、能源安全更重要的国家安全，要实现中国人的饭碗要牢牢地掌握在自己手中的愿望，就必须要加大国家调控的力度。二是粮食产品是更多具有社会效益的产品，是更多具有公共产品属性的产品，作为公共产品或准公共产品，国家加大管理力度也属应然。三是发达国家的农业发展经验也证明，对农业经济加强计划调控，也是经济发展到一定阶段的客观要求。但国家在对农业加大计划管理力度的同时，还需要充分发挥好市场调节的作用，要调动市场的积极性。

具体而言，实行半计划半市场管理模式，就是农业经济管理形成计划管理和市场管理两套体制，形成“两条腿走路”模式。也就是农产品的一部分（大体是一半的比例）应在国家计划的盘子里流动，包括从生产到流通，到消费，完全受国家计划管理；另一部分（也大体是一半的比例）则不属于国家计划管理，完全在市场的盘子里流动，由农民自主经营。

在生产领域，积极推进半自治化组织管理模式。其中重点要积极推进农业合作化和组织化建设。目前，农业生产最大的缺陷就是缺乏规模效益，缺乏分工效益，如何解决，需要大力推进乡村社会的合作化和组织化建设。如何推进农业的合作化和组织化，需要和我国城市发展协调推进，不能就乡村看乡村。由于我国城市发展目前对农村剩余劳动力的吸纳能力还有限，所以，我国农村合作化和组织化的具体实现形式，应更多体现劳动密集型和技术密集型特征，资本密集型特征合作和组织形式应成为补充形式。为此，建议国家大规模兴建一批集体农场。

集体农场如何兴建，由于存在制度路径依赖，大面积推进有困难，笔者建议可先选一些地区试点推进，不妨一个县或一个乡先建一个。一般可考虑将一个行政村或自然村整体变为集体农场，农民身份就地变为国家职工或集体职工，农民所承包土地，就地变为国家或集体所有。同时，农场职工应普遍实行低工资制。同时，对自愿离开农场到城市工作的农场职工，就不再享受土地的收益，让土地收益真正归属经营土地的人。

另外，在农场内部管理建设上，如何选拔集体农场负责人，笔者建议农场负责人可通过组织考察方式来任命，但农场职工对上级任命有否决权。但否决权的行使需要有一个时间考验期。也就是上级任命的农场负责人，在经过几年的农场管理工作考验后，职工对不满意的负责人，可以通过投票方式罢免。

另外，有了集体农场，以后国家对农业的各种补贴，都可以集中补贴到各个农场，这也有利于发挥资金的规模效益。另外，国家在发展集体农场的同时，对已经发展比较好的家庭农场等各种新型农业经营形式，也要鼓励发展，不能强制解散归入集体农场。另外，从经营目的看，集体农场在努力提高经济效益的同时，还应更注重社会稳定效益、生态环境保护效益等，不能以经济效益为主要指标，经营目的应是实现经济效益、社会效益、生态效益的有机统一。

另外，目前，我国乡镇普遍存在人员超编问题，人浮于事，没有生产效益，还需要国家发工资，应将这部分非生产领域劳动力中的一部分转移到生产领域，在保留其一部分工资待遇（不是全保留）的情况下，具体可分流到集体农场，从事实际农业生产。其中分流职工与原工资待遇差额的部分，可根据农场经营情况实行灵活补贴。这样的好处是，既减轻了国家财政负担，同时，还提高了农业劳动力素质，提高了农业生产效率。另外，集体农场在招收职工时，应优先考虑贫困群体。

另外，在探索推进集体农场发展的基础上，可考虑实行村民自治模式与农场管理模式的有机融合，实现在农场基础上的村民新自治（类似政社合一体制）。而现有的村干部，在自愿的基础上，可全部纳入集体农场职工系列。

在流通领域，积极推进半订购化流通方式。目前乡村社会存在的一些订单农业，弊端诸多，尤其违约情况很多，并没有真正发挥好降低市场风险的作用。所以，发展订单农业，应充分发挥国家的力量，应探索国家订购形式。因为国家订购不存在违约的情况，这就有利于对市场风险的真正规避。具体就是国家对农产品如何生产，生产多少，提前预订。具体预定指标可提前分配到各个集体农场，由农场根据国家订购要求进行生产。

在消费领域，积极推进半划拨化消费方式。具体就是国家实行部分农产品的指令消费，即国家将收购到的农产品，由国家直接分配到各国营企业和一些单位职工，供企业和职工直接消费。同时，国家将收购成本直接从企业和职工身上扣除。这样的好处是，由于中间流通费用减少，企业和职工也降低了消费价格，实际福利并没有减少，同时，农民也有了稳定收入，同时，国家也减轻了货币支出，少了通货膨胀的压力。

总体来看，实行半计划半市场管理模式，其好处是：一是可以有效发挥计划和市场两方面的优势，同时规避其不足。二是可以实现计划和市场的互相促进。因为若计划盘子效益好，必然会吸引要素向计划的盘子流动，若市场效益好，必然会吸引要素向市场盘子流动，最终实现计划盘子的要素边际收益与市场盘子的要素边际收益相等，实现总效益的最大化。三是可以有效保障农产品的质量安全。出了问题，是那个农场生产的，一查就清楚，这就容易从源头上实现对农产品的质量控制。四是计划生产收益的稳定性会让生产者农民更有安全感，这有利于缓解农民的心理焦虑。这虽然是一种心理效应，但可以肯定会实实在在提高农民的幸福度和生活质量。同时，市场的存在也为农民提供了自由发挥的空间，让农民有了更多增加收益的渠道，最终农业经济实现了稳定与发展的有机统一。五是也增加了社会消费者福利。消费者既享受了计划盘子的低价格的优势，又可以享受市场盘子的多样化优势。

### （三）可先在贫困地区试点推进

目前，要攻坚深度贫困，在事实上是小农经济生产方式的基础上，上面三个问题都是很难解决好的，即使脱贫一部分，也有可能重新返贫。尤其在大工业和大市场面前，有些农户甚至沦为底线生存者。这多年发生在农村的人间惨剧，本质都与小农经济生产模式有关。因为这种模式对农村弱势家庭极为不利。另外，目前的扶贫方式，总体是分散对分散，不仅扶贫成本大，而且扶贫效率也比较低，应改分散对分散为集中对集中方式。为此，在扶贫方面，应充分发挥好社会主义制度的优势。如何发挥，建议国家先试点通过半市场半计划方式攻坚深度贫困。

## 三、中国乡村振兴的最终目标：实现三个关系和谐

乡村振兴，必须要以绿色发展为引领，要牢牢把好质量关，要努力实现质量振兴，而不是数量取胜，应重点实现三大关系的质量提升。

首先，要进一步提升乡村社会人与自然关系的质量，实现人与自然关系的和谐互生。党的十九大报告明确提出，我们要建设的现代化是人与自然和谐共生的现代化，既要创造更多物质财富和精神财富以满足人民日益增长的美好生活需要，也要提供更多优质生态产品以满足人民日益增长的优美生态环境需要。人与自然本质是一个有机统一的生命存在系统。马克思认为：从本原上看，“人直接的是自然存在物”，是“自然界的

一部分”。恩格斯指出，我们必须时时记住：我们统治自然界，绝不像征服者统治异民族一样，绝不像站在自然界以外的人一样，——相反地，我们连同我们的肉、血和头脑都是属于自然界、存在于自然界的；我们对自然界的整个统治，是在于我们比其他一切动物强，能够认识和正确运用自然规律。恩格斯还说：不要过分陶醉于我们对自然界的胜利。对于每一次这样的胜利，自然界都报复了我们。所以，人类在对待自然的关系上，要充分认识到自身能力的有限性。自然生人，人生自然，人与自然应形成良性互动互生关系，最高境界是实现“天人合一”。具体而言，人与自然需要重点处理好两个方面的关系：一个方面是人与自然之间的生产关系；一个方面是人与自然之间的消费关系。从人与自然的生产关系看，需要着力实现乡村生产方式的生态化。乡村现代经济体系建设应围绕生态化展开，尤其要大力发展生态农业。从长远看，发展生态农业意义重大。一是民以食为天，发展生态农业是落实以人民为中心发展观最重要体现。二是发展生态农业是实现农业经济效益和社会生态效益有机统一的有效途径。因为符合生态原则的农产品，不仅有利于保护生态环境，而且会更有市场销路。如何发展生态农业，一是要更加重视生态农业技术的研发，要稳步推进农业技术创新；二是要充分吸收传统农业的优点，不要盲目否定传统，因为传统本身就是一种经过历史实践长期考验稳定下来的习惯，必然有存在的诸多合理性；三是要积极推进小农户与现代农业的有机衔接，要着力提高农业经营的规模经济效益和分工效益。从人与自然的消费关系看，需要着力建设乡村社会以节俭为核心的消费体系。节俭是消费文明的高贵品格。节俭本质是一种大善。一是节俭深刻体现了人对自然的善。因为节俭使人在维持自身存在的同时，对自然存在的损害也降到了最低点。二是节俭也深刻体现了人对社会的善。因为节俭者通过减少消费，会为社会他人的存在提供了更大生存可能性。比如你少吃一些饭，结余更多粮食，就会有更多的人能吃上饭，不被饿死，这是节俭者对社会的一种间接贡献。三是节俭也为经济稳定可持续发展提供了稳定需求基础。经济学中所谓“节俭的悖论”本质是不存在的，实际应有“浪费的悖论”。不符合节俭精神的经济学，本质是一种短期和局部经济学，只能实现经济的短期和局部均衡，而不是长期和整体的一般均衡。如何推进乡村消费节俭建设，具体需要我们从衣、食、住、行等各个方面，都要高度重视节俭问题。包括美丽乡村建设，也要坚持节俭建设原则，不能搞奢华浪费比赛。习近平总书记曾反复强调：“建设美丽乡村不是‘涂脂抹粉’”，“不能大拆大建，特别是古村落要保护好”。

其次，要进一步提升乡村社会个人与社会关系的质量，实现乡村个人与社会关系的和谐互助。乡村振兴需要着力改造人与人之间关系的不和谐现象，需要着力改造人与人之间似乎“除了赤裸裸的利害关系，除了冷酷无情的‘现金交易’，就再没有别的任何联系了。”这种人性扭曲的关系。在振兴的过程中，需要着力为乡村人创造自由与发展的前提和条件，在人与人的联合与互动建设中，要努力实现个人与社会的良性互动互助，要努力促进个人的自由全面发展。一是从治理层面看，需要真正实现乡村社会自治、法治、德治的有机统一。自治是基础，法治是保障，德治是灵魂。自治不能“无法无天”。自治需要建立在法治的基础上，也需要建立在德治的基础上。缺乏法治，缺乏德治，乡村社会必然会黑恶化蔓延，所谓自治，实际就会变成恶的自治，而不是善的自治。而法治的完善，又需要德治的配合。法安天下，德润民心，道德与法治，是同一枚硬币的两面，谁也离不开谁，二者本质是互补互生的。二是从乡风文明建设看，要大力提升乡村社会的精神文明水平。要充分发挥好社会主义核心价值观的精神引领作用。要大力挖掘传统文化中的优质元素，并进一步弘扬光大。文化建设，不能眼睛只盯着外面，说外面的好，而忽视自家的传家宝，要坚定坚持文化自信。要大力加强乡村社会的道德建设。要着力推进乡村社会互助建设。要建设互帮互助友好邻里关系。要进一步促进新乡贤文化建设。要努力改造乡村社会旧习俗。对一些婚丧嫁娶中的陈规陋习，要坚决予以取缔，要提倡更科学、更人性、更文明的方式。另外，在乡村精神文明建设方面，尤其要高度重视家风建设。家和万事兴。“天下之本在家”，“求木之长者，必固其根本；欲流之远者，必浚其泉源”，家风建设，意义重大。习近平总书记指出：“家庭是社会的细胞。家庭和睦则社会安定，家庭幸福则社会祥和，家庭文明则社会文明。历史和现实告诉我们，家庭的前途命运同国家和民族的前途命运紧密相连。我们要认识到，千家万户都好，国家才能好，民族才能好。国家富强，民族复兴，人民幸福，不是抽象的，最终要体现在千千万万个家庭都幸福美满上，体现在亿万人民生活不断改善上。”“我们要重视家庭文明建设，努力使千千万万个家庭成为国家发展、民族进步、社会和谐的重要基点，成为人们梦想启航的地方。”（在会见第一届全国文明家庭代表时的讲话，2016 年 12 月 12 日）

最后，要进一步提升乡村与城市关系的质量，实现乡村和城市关系的和谐互养。城乡关系是社会经济关系中的重大关系。马克思指出：“一切发达的以商品交换为媒介的分工的基础都是城乡的分离，可以说，社会的全部经济史都概括为这种对立运动。”（《马克思恩格斯全集》第 25 卷，第 371 页）马克思、恩格斯还认为，“消灭城乡之间的对立，是社会统一的首要条件之一。”（《马克思恩格斯全集》第 3 卷，第 57 页）只要“城乡关系的面貌一改变，整个社会的面貌也跟着改变”。（《马克思恩格斯选集》第 1 卷，第 123 页）同时，马克思、恩格斯还认为，在人类发展历史的长河中，城市与乡村要经历三个辩证发展的阶段：城乡依存；城乡分离和对立；城乡融合。马克思、恩格斯关于城乡融合发展的思想，是我们建设新型城乡关系的重要理论基石。在新时代，我们要实施好乡村振兴战略，一定要高度重视城乡关系的改善，要坚持城乡融合发展思路。如何推进城乡融合发展，笔者认为，最终目的应是实现城市和乡村形成和谐互养关系，就是二者在生产方式和生活方式上应体现阴阳互补互养特点，也就是二者既互相独立，又互相供养，互为对方存在的前提和基础，同时，二者还应你中有我，我中有你，就像中国文化中的太极图模式。比如，在乡村产业体系的选择上，乡村产业应主要发展农业以及休闲旅游等产业，不能走和城市工业产业等雷同的路子，应和城市在产业上形成互补互养的格局。再比如，在乡村生产体系和经营形式选择上，应基于我国城市工业发展水平的现实考量，乡村应更多选择劳动密集型和技术密集型相结合的生产体系和经营形式，而资本密集型生产体系和经营形式只应作为补充形式。因为若乡村全面发展资本密集型形式，会衍生大量过剩农村劳动力，这在城市产业吸纳过剩人口能力还有限的情况下，会给城市发展带来极大人口压力，会导致城市发展产生诸多问题。另外，在人文精神建设上，城市与乡村也应有别。城市人文精神建设应更多追求动感和现代性，而乡村人文精神建设则应更多追求传统性以及休闲性，二者在精神上也要实现互补互养。另外，城市发展也不能是纯阳，要体现乡村的元素，也要有乡村的灵魂在里头，要实现城市中有乡村；而乡村发展，也不能是纯阴，也要把城市的滋味留在乡村的深处，要实现乡村中有城市。

## 四、实现乡村振兴党的领导是关键

要实现上述三大关系质量提升，党的领导是关键。实施乡村振兴战略，一定要毫不动摇地坚持和加强党对农村工作的领导。要充分发挥好社会主义的制度优势。在充分尊重市场规律的基础上，要充分发挥好政府的主导作用。要进一步加强农村基层党组织建设。“欲事立，须是心立。”“人之力莫大于心。”不忘初心、牢记使命。要进一步坚定党员干部的理想信念。要真正撸起袖子抓落实。要坚决反对形式主义振兴和数字振兴。“尚贤者，政之本也。”要更加重视提拔为人民服务业绩突出的干部。要抓好关键少数，以关键少数带动好绝大多数。要把权力关进制度的笼子里。要进一步完善乡村干部的业绩考核监督制度。要对乡村振兴中的各种腐败行为严惩不贷，绝不能心慈手软。要把最优秀的干部派到乡村振兴的第一线。要造就一支真正爱农村、懂农业、爱农民的三农工作队伍。另外，要坚持稳中求进的工作总基调。我国乡村问题，复杂多样，有许多难啃的骨头，有许多历史遗留问题和历史欠账，解决起来不能急躁。尤其面对一些深度贫困问题，更需要有一种稳健的工作基调。要稳、准、狠，踏石留印，抓铁有痕，要一步一个脚印扎扎实实推进。另外，要充分发挥好智库的作用。一是在机构设置上，建议国家专门成立乡村振兴智库，或者在现有智库基础上，进行整合，就乡村振兴问题进行专题研究；二是在人员配备上，要优先考虑有丰富乡村生活阅历且道德水平高并对乡村有深入理论研究的学者；三是经费投入上，要进一步加大投入力度，要为调研人员提供充足的调查研究经费。另外，还要进一步加强知识分子队伍建设。真正的知识分子，是良心、良知、良行三者的有机统一体。知识分子要真正以人民为中心，要真正成为国家的忠诚和民族的脊梁，就必须知行合一，真正走与工农群众相结合的道路。纸上得来终觉浅，绝知此事要躬行。学者尤其是社会科学类学者，若不真正扑下身子、落到乡村社会的最深处、走到社会实践的最前沿，要想发现真问题，要想提出一些利国利民的真知灼见，必然很难。一些学者成天坐在书房里，从书本到书本，搞假大空的豪华思想建筑，玩和实践相脱节的漂亮理论模型，看似有排场有阵势，其实一点都不管用，是学术上的纸老虎，一出场亮相就出丑，说出一些和实践常识大脱节的笑话。这样的学者，既害己，还误国误民，实际是国家的“伪忠诚”者，也是民族的“伪脊梁”，其奋斗的真正中心并不是“人民”，而是“自我中心”利益最大化。1835 年，马克思在中学毕业论文《青年在选择职业时的考虑》一文中写道：“如果一个人只为自己劳动，他也许能够成为著名学者、大哲人、卓越诗人，然而他永远不能成为完美无疵的伟大人物。”“历史承认那些为共同目标劳动因而自己变得高尚的人是伟大人物，经常赞美那些为大多数人带来幸福的人是最幸福的人。”知识分子要想真正成就个人伟业，就必须有伟大的胸怀，就必须敢于担当伟大的使命。“风物长宜放眼量。”马克思是所有优秀知识分子的杰出榜样。

# 投资驱动与中国结构性增长：性质、原因及转型[*]

彭文慧　李　恒[**]

**摘要：** 结构转型是增长的独立源泉，中国自改革以来的长期高速增长即得益于结构的快速转型，但目前面临劳动生产率下降、城乡“双失业”并存和制造业竞争力持续减弱的困境。其原因在于要素供给刚性带来的劳动力转移滞后于产业转换，以及产业结构刚性带来的产业高级化呆滞，这些均源于过于强调发挥比较优势的投资驱动所致。政策转变的方向应是从强调投资转向促进人力资本投资，注重体制机制创新和技术创新。

**关键词：** 结构性增长　投资驱动　结构刚性

## 一、引　言

改革开放以来，中国经济进入快速增长时期，1978～2007 的三十年间年均增长达到 9.85%，在经济增长史中具有重要地位。特别是，物质生产的极大丰富快速改变了之前的短缺经济状态并在多种产品和行业出现了过剩局面，但这一增长的可持续性却存在诸多争议，一种观点认为中国经济的高速增长由资本、能源和原材料的大量投入为推动，全要素生产率对增长的贡献不高（王小鲁等，2009），由于市场化进程强化了增长的粗放性质，以要素投入为主的粗放经济增长模式在改革开放以来长期没有改观（赵文军、于津平，2014），这与克鲁格曼（1994）对包括中国在内的东亚经济的批评是一致的，即认为靠投入而非技术驱动的增长只有短期效应。另一种观点则认为，由于 TFP 内涵复杂，度量方法也各异，对中国经济增长的全要素生产率的研究应从不同角度进行，如尹向飞等（2016）认为中国全要素生产率是高速增长的，而其中全要素—劳动生产率为主要推动力，王芳等（2015）通过采用 RD - Malmquist 指数分析模型，将劳动效率加入劳动投入变量中，估算了我国分省份和分行业的数据，得到了大致相似的结论。这些问题的争论均没有触及中国增长的本质，粗放还是集约只是一个表象，因为不管是技术

* 基金项目：国家社科基金“社会资本与农村减贫的理论与证据研究”（16BJL111）、河南省软科学研究项目“产业集聚与河南新型城镇化发展的模式与政策研究”（162400410004）、河南省高等学校哲学社会科学创新团队支持计划（2014 - CXTD - 03）。

** 彭文慧，河南大学产业经济与农村发展研究所副教授；李恒，河南大学产业经济与农村发展研究所教授。

进步还是要素投入，均无法对支撑中国这么大的经济体在这样一个长时期的高增长做出合理解释，这启示我们应该着眼于中国增长的性质去寻找答案。

人们过度关注增长中的技术和投入问题源于对凯恩斯主义的反思，经过近四十年的发展，中国已经形成了高储蓄——高投资——高增长的发展模式，宏观经济政策在增长和发展中居于主导地位（郑超愚，2015），而宏观经济政策长期没有偏离需求管理的框架，对于经济波动的调节作用远不如对增长的作用，即使从理论上来看货币政策和财政政策均有可能失效，但在我国的实践来看并未成为现实，这更增对宏观经济政策的依赖（北京大学宏观组，1998），这引起人们诸多反思，并认为不宜过度依赖需求刺激，而应把结构调整作为促进增长的手段（陈平、李广众，2001）。但这种反思主要在于理论层面，政策层面上反而在这一时期进一步强化了对需求政策的运用，1998 年时任国家总理朱镕基宣布了扩张的货币政策和扩张的财政政策，长达四年的财政扩张推进了经济的快速增长，有效地摆脱了 20 世纪 90 年代东亚金融危机和国企改革带来的经济下行压力。十年后的 2008 年，为应对国际金融危机的巨大冲击，政府推出 4 万亿元的巨额财政刺激政策，不仅复制了十年前的扩张的财政政策，而且得到了相似的后果。随后几年，随着天量信贷进入市场，地产泡沫出现、地方债务膨胀、产能过剩加重，表面繁荣的背后，经济增长开始下滑，到 2015 年下降到 7% 以内。此时中央提出供给侧结构性改革实质是对着眼于短期需求管理的宏观经济政策的反思，探求实现经济长期增长的路径。

事实上，对于结构性改革在国际上有着广泛的共识，美国在应对 20 世纪 70 年代因石油危机而来的滞胀即是进行深刻的结构性改革；20 世纪 90 年代欧洲应对广泛而持久的衰退采取的也是结构性改革方案。以及国际社会为挽救陷入债务危机的拉美国家所提出的“华盛顿共识”和为化解 1997 年始于泰国的东亚金融危机的解决方案核心仍然是结构性改革。虽然不同类型国家的结构性改革目的不同，结果也存在差异，但从结构性改革对宏观经济的效应来看，存在一些一致性的走势，这表明结构转型与增长之间仍然存在需要探讨的理论问题。

## 二、结构转型与经济增长的理论来源

### （一）结构转型是促进增长的独立源泉

人们对结构转型与经济增长关系的研究由来已久，从亚当·斯密系统阐述劳动分工对提高劳动生产率和增进国民财富的巨大作用起，实际上就已经给出了结构对于增长的根本作用。库兹涅茨（1985）则以从总量到结构的研究思路出发，利用多国数据的统计研究，得到伴随着人均收入的增长而出现的结构变化结论，强调增长对结构的影响。这种思路实际上延续了产业结构研究中的传统，早在17世纪，英国经济学家威廉·配第（Petty，1690）就发现，随着经济的不断发展，工业将比农业占有更重要的位置，而商业又将比工业占有更重要的位置，产业中心将逐渐由有形财物的生产转向无形的服务性生产的趋势，这一论断启示了克拉克（Clark，1940）的研究兴趣，通过对40多个国家和地区不同时期三次产业的劳动投入产出资料的整理和归纳，总结出了随人均收入提高，劳动力由第一产业向第二产业，然后再向第三产业转移的趋势。即配第—克拉克定理（Petty－Clark Law），随着库兹涅茨、钱纳里等的持续研究，以配第—克拉克定律为核心的产业结构理论已经成为理论界的共识，并成为多数国家制订产业政策的依据。

但另外的学者则认为，随经济增长呈现的结构变迁只是一种表象而非原因，真正的原因是，结构变动是经济增长的决定因素，而且是独立的源泉（多恩布什，1997），这种分析与上述思路正好相反，是一种从结构到总量的思路，认为由于具有创新的生产部门的扩张推动了产业结构的转变，进而促进了经济增长（谭崇台，1989），在一些学者那里，这被称为“结构红利”（Timmer & Szirmai，2000）即结构调整对经济增长具有正向的影响，从理论角度而言，由于结构变动带来要素配置改善，或者由于主导产业转换提高了劳动生产率，所以结构作为增长的动力是存在的。但在实证研究中，一些研究发现了结构调整的显著的增长效应（Cortuk & Singh，2011），也有一些研究发现这种效应并不显著（吕铁，2002），或虽然具有积极效应，但随着中国改革的进程在弱化（刘伟、张辉，2008）。这表明了学术界对于经济结构和经济增长二者因果关系的两种不同观点（陈平、李广众，2001），虽然经济结构与要素投入、技术进步和制度这些经济增长的决定因素存在相互作用关系，但显然结构本身也是增长的独立源泉。

## （二）结构转型带来的增长效应来源于要素生产率的提高

一个重要的问题是，结构是如何推动增长的？从产业变动来看，由于技术进步和主导产业的变迁，在这一过程中，由于存在巨大的劳动生产率差异，当要素从低生产率部门向高生产率部门流动的过程中易于促进整个社会劳动生产率的提高，并最终推动了增长（Peneder，2002），但这种结构带来的劳动生产率差异具有复杂的机制，一种显而易见的机制即是要素配置效率，要素配置效率的前提是要素在经济部门间的充分流动，这是获得人均产出高增长的根本（Kuznet，1979），对于大多数发展中国家和地区而言，在其发展之初受制度束缚之苦，要素流动受限，市场化改革的第一步便是拆除要素流动藩篱，多数学者将这一机制称之为“改革红利”，实质上仍然是结构转型带来的要素配置效率（王鹏、尤济红，2015）。再一种机制即是技术效率，技术进步的最突出表现即是新产业的出现，而这正是结构转型的主要体现，对于发达国家而言，其产业结构升级主要是由技术进步推动的，这一过程中的劳动生产率提高主要体现为技术效率。高技术产业作为发达国家经济增长的支柱，即是其技术进步带来的劳动生产率提高（李赶顺，1999）。

### （三）在结构转型时期伴随着工资水平的快速上升

世界范围来看，结构改革带来的结构红利在不同国家和地区均出现过，而结构红利这一词也是对“东亚四小龙”制造业调整和改革对生产率增长影响的一种描述（Timmer & Szimai，2000），但这一过程均不同程度的伴随着工资水平的快速上升。在结构改革之前，经济已经表现出结构失衡，增长下滑，已有的发展战略受阻，长短期发展目标的实现均存在着困难，依赖低工资成本实现扩张的增长方式难以为继。以东亚“四小龙”为例，在20世纪60年代经济起飞之前，工资水平低且存在较高比例的失业率，从而促进了劳动密集型产业的快速增长，并在贸易自由化进程中获得了经济的高速发展。随着现代产业对劳动力的快速吸纳，劳动力要素价格上升，企业成本随之提高。1961～1966年间，韩国制造业工人年实际工资保持在240美元左右，1967年起开始快速增长，到1970年达到500美元，到1975年进而达到950美元，而到1979年又达到2 860美元，工资上涨远高于劳动生产率的增长幅度，从而促进了韩国由劳动密集型产业向资本密集型产业的转型，在经济转型过程中，工资进入更快速的增长阶段，1990年突破1万美元，到1996年已达2.04万美元。

## 三、改革以来中国结构性增长的性质及原因

### （一）经济增长的结构性表现

中国的改革是在严重的二元结构背景下开始的，由于二元结构的形成源于城乡隔离的制度安排，则改革一个重要目标便是拆除城乡壁垒，促进城乡之间的要素流动和市场统一，并以此为基础推进产业结构升级和效率提升。但时至今日，城乡差别并没有得到有效的消除，并产生了一些新的结构性问题。

#### 1. 城乡收入结构趋同差距扩大

城乡收入差距是我国经济结构中最突出的矛盾，也是我国结构失衡的突出体现。在城乡隔离时期，国家面临工业化建设的重任，又面临资源要素紧张的局面，不得不运用“剪刀差”的价格机制转移农业剩余用于城市工业化建设，农村整体性收入处于维持温饱的水平，城乡收入差距较高，在改革前长期处于大致三倍的水平上。改革以来，随着城乡隔离政策的松动，以及对农村发展非农产业的放开，农民进城务工或从事商贸经营的机会增多，获得收入的渠道也逐渐增多，从而推动了农民收入的持续增长。但城乡收入差距仅在1985年以前有所下降，随后即进入持续上升阶段，达到1994年的高点2.86

后又有了一个短暂的下降时期，1997年起再度进入上升通道并于2001年达到3.23的高点后稳定在高位，近期虽然有所下降，但降幅不明显（见图1），相对改革前而言，城乡收入是扩大而非缩小了。

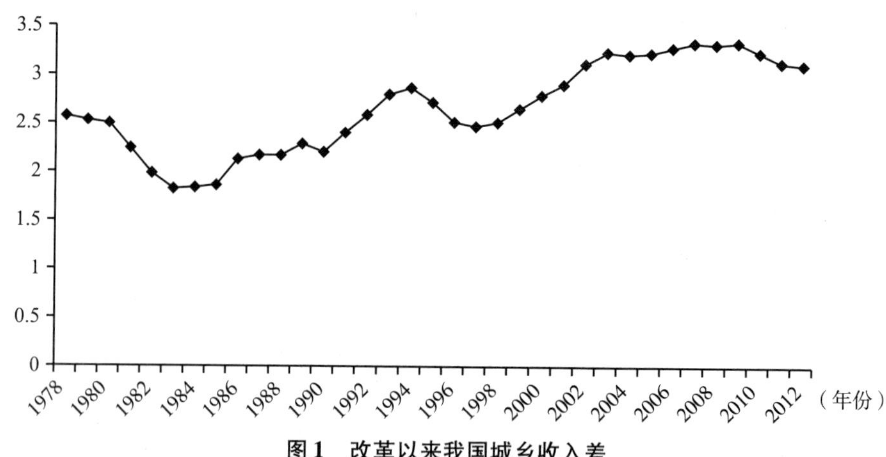


**图1　改革以来我国城乡收入差**

资料来源：《新中国60年统计资料汇编》《中国统计年鉴》（2015）。

城乡收入差距存在与持续扩大，体现了我国结构中的一些问题，即城乡居民收入的结构和性质不一致，改革初期的1978年，城乡居民收入水平均较低，而且来源单一，城市居民收入以工资性收入为主，而农民由主要来源于经营农业收入，而且收入的大部分都被日常消费支出掉了，城乡家庭恩格尔系数分别为57.5%和67.7%，是典型的生存型收入，此时的城乡收入差是一种体制的差异，而且与经济发展联系不紧密。改革以来，城乡居民的收入结构均渐次发生了变化，城镇居民收入中的财产性收入和转移性收入逐渐增加，但占比不高，工资性收入占比仍然居于主要地位，2000年为71%，到2012年有所下降，但仍高达64%。而农村居民收入中家庭经营性收入则占据主要地位，1995年高达71.35%，此后逐年下降，到2012年为44.63%，与此同时，农村家庭工资性收入开始上升，从1995年的22.42%上升到2012年的43.54%，基本接近家庭经营性收入的水平。这样来看，工资性收入在城市和农村两类家庭均占据了主要地位，但由于城乡两类居民在就业结构上的差异，其工资水平也存在较大水平（卢锋，2013），从而反映为城乡收入的巨大差异。

**2. 城市和乡村"双失业"并存**

在结构转换时期，由于结构变动较快，要素结构无法适应产业结构变动会出现失业，但这一时期不应持续太长。从我国情况来看，20世纪90年代后期，随着改革的深入和国有企业改革进程的加快，国有部门失业问题突出，但这一时期的城镇登记失业率基本在3%的水平，反而是在经济回升的2000年起登记失业率开始上升，并于2002年达到4.0%，此后一直维持在4%水平以上。农村劳动力就业方面，关键是对于农村剩余劳动力向城市非农产业转移的考察，一般认为，改革开放以来，以2004年为转折点，由于中国人口结构的变化导致劳动力市场发生了深刻变化，之前具有刘易斯无限供给性质，农村人口向城市流动具有加速趋势，按阳俊雄（2004）的估计，1997～2003 年间农村剩余劳动力转移年均增长 4%，每年转移规模增加约为 500 万人，转移总规模约为 1.4 亿。但 2004 年起，农村剩余劳动力转移速度下降，劳动力短缺显现并呈不断严重趋势，到 2013 年，外出农民工增速仅为 1.68%（蔡昉、张车伟，2015），农村劳动力在同期内仍然以每年 1 100 人的速度呈增长趋势，而第一产业对劳动力的需求却呈停滞状态，以全国水稻、小麦和玉米三种主要粮食作物为例，平均每亩用工由 1978 年的 33.3 日减少至 2011 年的 6.79 日，33 年间减少了近 80%。根据张兴华（2014）的测算，2011 年我国农业劳动力总需求约为 17 025 万人，当年我国有农村劳动力 40 506 万人，其中外出就业劳动力 15 863 万人，有 24 643 万人未外出，以此计算，尚有 7 618 万农村剩余劳动力需要向非农产业转移。

### 3. 制造业份额上升但市场竞争力减弱

值得注意的是，我国的转型是以制造业化为明显特征的，得益于低成本劳动要素供给的支持，我国的制造业增长在改革开放以来的增长速度在全球是最快的，远高于美国和日本等发达国家。1978～2011 年，我国的制造业增长迅猛，制造业增加值平均增长率高达 11.6%，对经济增长拉动的平均贡献率为 35.8%（郭庆然，2013）。特别是在 2004 年前后，由于中国制造业的快速增长及在国际市场中份额的持续提高，引发人们对中国成为“世界工厂”的讨论。实际上，中国的制造业份额上升存在一些阶段性特征，这些阶段性特征本身也体现出制造业发展的问题，改革开放初由于经济短缺的巨大市场需求和集体企业的大发展，制造业发展实际上是以乡镇企业的发展为体现的，由于技术水平低、规模小以及与城市工业同构竞争等原因，其经济效率和社会效率均较低，到 20 世纪 90 年代中期大部分乡镇企业经营不善，效率低下，经过 1997 年的改制后出现了分化，大量企业停产，已不复三分天下有其一的局面（支兆华，2001）。另外一个特征就是外资在中国制造业发展中的巨大促进作用，基于改革初期中国经济的结构现状及国家对外资进入领域的限制，外资主要进入制造行业，并由此形成东部沿海地区的加工出口贸易型产业结构，但外资进入在推进我国制造业的数量成长的同时，抑制了我国制造业的技术进步和效率提升。自 2010 年起，外资开始渐次撤出，表明中国内地制造业成本优势已经大为减弱。以中美制造业成本为例，除人力和厂房建设成本外，土地、能源、税费、融资和物流成本中国均高于美国，而且中国的人力成本虽低于美国，但在过去几年来大幅上升，与美国已相去不远（盛朝迅、黄汉中，2016）。

## （二）经济增长结构性问题的深层次原因：要素与产业的双重刚性

### 1. 要素供给刚性引致劳动力转移滞后于产业转换

根据库兹涅茨（1985）的研究，伴随经济增长产业结构也存在由第一产业为主向第二产业继而向第三产业转换的过程，在人均 GDP 为 1 000 美元时，第一产业产值比重应降到 10% 左右、就业比重降到 20% 左右，同时，第二产业的产值和就业比重均上升到 45% ~48% 的水平。观察我国改革开放以来的产业转换过程，虽然改革开放以来的经济发展是以工业化为核心的，但工业产值比重始终稳定在 40% ~50% 之间，1978 年为 47.87%，距最高年份 2006 年的 48.67% 不足 1 个百分点，2015 年为 40.9% 且为最低水平。但同期第二产业就业比重却呈稳步上升态势，从 1978 年最低的 17.3% 上升到 29.3%，而这也基本上是改革以来的最高水平（见图 2）。一个最直观的表现是，第二产业虽然吸纳了农业转移劳动力的主要部分，并实现了快速的产值增长，但其比较劳动生产率却持续走低（见图 3），呈现出 1978 ~1990 年持续下降、1991 ~2003 年趋于平稳和 2004 年以来进一步持续下降的明显的阶段性特征，而 20 世纪 90 年代正是我国制造业快速发展的时期，这进一步印证了工业发展的数量型扩张事实。

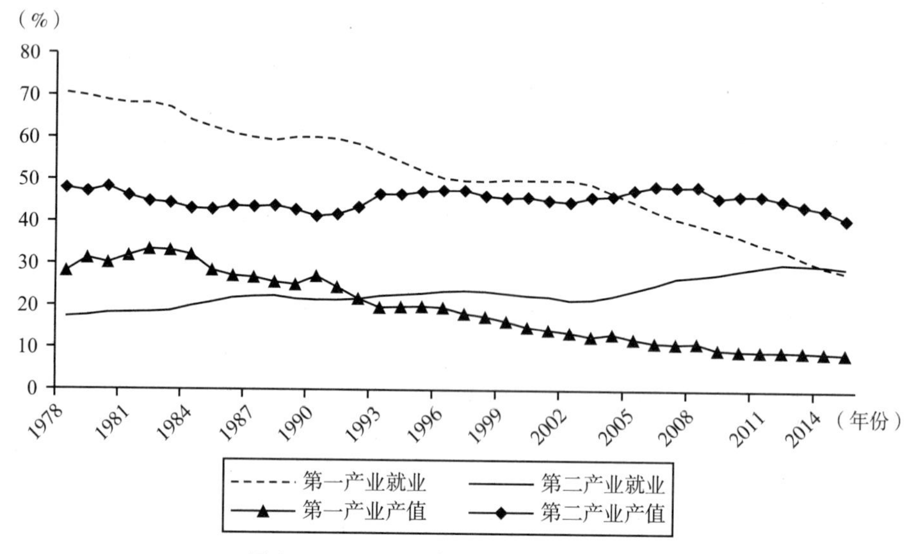


**图 2　1978 ~2015 年产业就业和产值比重**

资料来源：据历年《中国统计年鉴》计算。

进一步而言，我国改革的一个重要目标是消除城乡二元体制，衡量二元体制的一个重要的指标是二元对比系数，即农业部门比较劳动生产率与非农业部门比较劳动生产率的比值，我们以一、二次产业来做简单替代计算后发现，二元对比系数体现出与第二产业比较劳动生产率大致同的阶段性特征，即 1978 ~1990 年和 2004 年以来两个时期持续扩大，体现出二元结构有所消解，而 1991 ~2003 年间则趋于缩小，从而体现为二元结构趋于强化。值得注意的是，由于我国第一产业比较劳动生产率波动较小，则这种二元结构的走势实际上体现了第二产业比较劳动生产率的阶段性特征，当第二产业比较劳动生产率下降时，二元结构就呈现消解趋势，反之二元结构就呈现为强化。

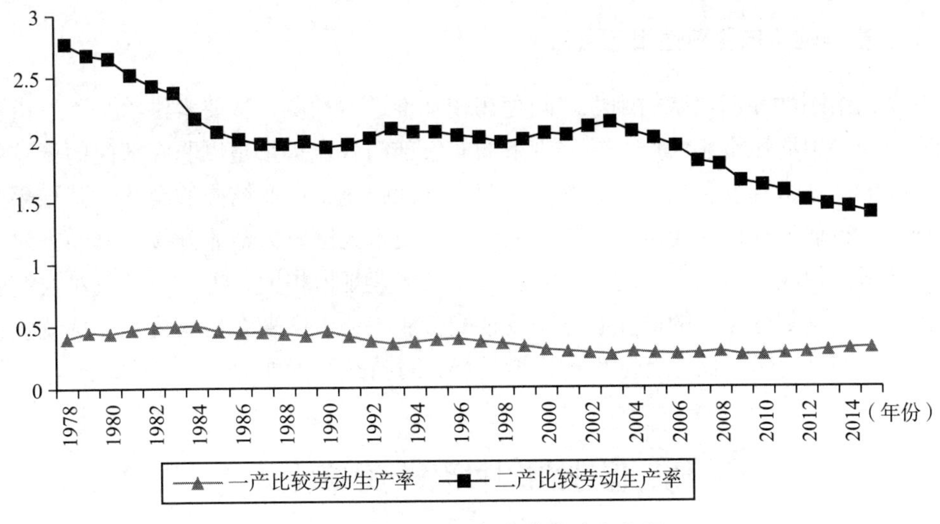


**图3　1978～2015年比较劳动生产率**

资料来源：据历年《中国统计年鉴》计算。

究其原因，在于要素在产业间转换的能力差，产业转换本质上不是技术进步的结果，也与劳动就业结构转换无关。就受教育水平而言，第六次人口普查资料表明，2010年农村15～59岁人口中受小学和初中教育程度的比重分别为27.93%和55.67%，两者合计高达83.6%，比2000年第五次人口普查的84.1%仅降低0.5个百分点。这种低受教育水平的劳动力素质在向非农产业转移的过程中，只有适应低技术低资本密集型的产业，虽然改革以来工业化进程大幅推进，非农就业也快速增长，但本质而言，这类产业以传统劳动投入为主，就业结构的转换并没有与劳动生产率的提高相一致。

### 2. 产业结构刚性引致产业高级化缓慢

产业刚性则体现为行业结构问题，由于技术进步滞后，以劳动密集型的加工业为主，新兴产业发展慢。产业结构高级化的核心是技术和资本密集型产业的发展，表现为新兴产业替代传统产业的范围和速度。2014年，我国高技术产业从业人数为1 325万人，主营收入127 368亿元，比2000年分别增长了3.38倍和12.67倍，高于工业增幅，但所占比重较低。特别是我国的高技术产业与传统产业发展类似，仍然是投资驱动型，技术进步在我国高技术产业产出中的贡献较低，1995～2000年间，中国技术进步对高技术产业产出增长的贡献仅为2.3%，相比美国则为46.37%（张同斌、高铁梅，3013）。从高技术产业发展的规律来看，在其发展的前期主要依靠技术投入为主，后期则以消费拉动为主，观察发达国家高技术产业的发展过程，20世纪90年代以来，随着生产环节向国外转移，国内产值、就业和技术投入均呈下降趋势，已把重点转向研发和消费环节，而我国的高技术产业在技术投入和消费拉动方面均不够，高度依赖投资驱动，遵循的仍然是传统产业的发展道路。

#### 3. 要素刚性与产业刚性相互强化

要素供给刚性和产业结构刚性之间存在相互推进的性质，从要素供给来看，由低素质的农业劳动力向城市非农产业转移带来的非农部门就业扩张是以非农部门的低技能要求为前提的，技术开发和应用均会受到抑制，从而强化了产业结构的刚性，其结果是扩大了低技术行业的规模。而从技术进步来看，当技术无法成为产业升级的推动力时，产业升级受阻，但收入增长带来的市场需求会拉动产业规模扩大，进一步形成对农业劳动力的需求，而这部分扩大的产业必然是低技能行业。从生产来看是低技术，从就业来看是低技能，产品竞争力低，劳动生产率增长慢，可持续发展能力差。

## 四、促进结构性增长的政策转向

结构与增长之间的上述关系表明，强调劳动力成本的比较优势发挥能够得到短期利益，但对长期增长不利，并最终侵削了结构性增长的效率。事实是，如果经济政策能够既关注短期利益实现，又能够着眼于长期增长动力的引导和纠偏，可以在二者之间取得均衡。

### （一）在促进劳动力流动中进行人力资本投资

结构性增长来源于要素在生产率不同的产业间配置，但不同产业对于要素的要求也不同。改革以来的劳动力流动一方面促进了资源结构的优化，缓解了此前劳动力的区域之间、城乡之间、工农之间的不均衡分布，从而带来了经济增长效应。然而劳动力要素的均衡分布包括数量和质量两个层面的内涵，劳动力流动仅缓解了劳动力要素的数量结构，但对于质量层面的结构失衡需要经由教育和培训来实现。

目前来看，促进劳动力流动的政策和制度较为完善，而且各级政府也不余遗力的推动农村劳动力向城市非农产业的转移，但对这一进程中的教育培训机制建立不够，特别是劳动力就业培训体系的建立和利用与需求存在差距。2014 年，我国各地区民办职业培训机构培训农村劳动者仅 399. 69 万人，加上就业训练中心培训农村劳动力 235. 45 万人，和农村外出务工 1. 6 亿人的规模相比仅为 3. 96% 。在实际工作中，一些培训对专业技能和产业指向性强调不够，从而无法农村劳动力由传统劳动力向现代人力资本的转移，也就限制了通过劳动力流动而实现结构升级的发展路径。

### （二）发挥比较优势要注重体制机制创新

发挥比较优势是发展中国家转型早期的重要道路选择，注重发展比较优势容易形成劳动密集型产业结构，这对发展中国家的转型而言并没有什么不妥，它能够快速地建立现代产业部门，促进劳动力由农业向非农产业的转移。但这一过程不宜过久，按幼稚产业理论的观点，过度强调比较优势在一定程度上会阻碍产业结构升级，不利于国民经济结构在未来形成竞争优势。

从改革以来的经验看，由于体制改革不彻底，进入城市的农民无法得到市民社会保障体系的庇护，他们失业时无法在城市生存而必须回到农村，这导致他们的就业存在不稳定性，农民为了求得保障而不愿意放弃农村的土地，从而导致农业生产效率低下，也不利于农业体系的体制创新。另外，对于不稳定的雇员群体，企业也不愿意对农民工进行培训和良好的职业规划，导致劳动生产率提高困难，创新及创新成果应用缺乏基础，使结构长期陷于传统格局。

## （三）注重市场带动更注重创新驱动

市场化改革的目的是为了发挥价格信号的作用，通过价格信号来引导资源配置，但价格机制是基于短期经济利益为基础的，从我国前期加工出口贸易型经济结构的形成来看，正是源于价格机制的调节促进了加工业的投资增长，并在沿海地区形成加工贸易型的生产体系。2008 年金融危机以来，加工贸易型产业出口受阻，国际竞争力快速下滑，面临着严峻的转型问题。由于单纯依赖低劳动成本的优势已经不复存在，向中西部地区的转移也面临重重困难。长期来看，经济持续增长应建立在技术创新之上，自主创新和自主品牌建设是促进产业长期发展的内在动力，但技术创新过程无法经由市场调节来实现，大多数技术和知识的产生在其最初阶段均面临较高投入和较大风险，这要求政府在政策转向上向两个方面倾斜，一是完善知识产权保护制度，对创新型企业的利益提供有效的保护，以鼓励其持续的创新投入；二是适当进行价格扭曲，引导资源流向创新活动，促进产业结构由传统劳动密集型行业向技术密集型行业发展。

## 参考文献

［1］北京大学中国经济研究中心宏观组：《货币政策乎？财政政策乎？——中国宏观经济政策评析及建议》，载《经济研究》1998 年第 10 期。

［2］蔡昉、张车伟：《人口与劳动绿皮书：中国人口与劳动问题报告 NO. 16》，社会科学文献出版社 2015 年版。

［3］陈平、李广众：《中国的结构转型与经济增长》，载《世界经济》2001 年第 3 期。

［4］郭庆然：《改革开放以来制造业变迁对我国经济增长影响的动态效应研究》，载《工业技术经济》2013 年第 4 期。

［5］胡放之：《中国经济起飞阶段的工资水平研究》，中国经济出版社 2005 年版。

［6］库兹涅茨：《各国的经济增长》，商务印书馆 1985 年版。

［7］李赶顺：《发达国家产业结构的知识化及其经济影响》，载《世界经济》1999 年第 8 期。

［8］刘伟、张辉：《中国经济增长中的产业结构变迁和技术进步》，载《经济研究》2008 年第

11 期。

［9］卢锋：《中国农民工工资走势：1979～2010》，载《中国社会科学》2012 年第 7 期。

［10］吕铁：《制造业结构变化对生产率增长的影响研究》，载《管理世界》2002 年第 2 期。

［11］盛朝迅、黄汉权：《中美制造业成本比较及对策建议》，载《宏观经济管理》2016 年第 9 期。

［12］谭崇台：《发展经济学》，上海人民出版社 1989 年版。

［13］王芳、李健：《基于劳动效率的中国全要素生产率的再测量》，载《现代财经》2015 年第 12 期。

［14］王鹏、尤济红：《产业结构调整中的要素配置效率——兼对“结构红利假说”的再检验》，载《经济学动态》2015 年第 10 期。

［15］王小鲁、樊刚、刘鹏：《中国经济增长方式转换和增长可持续性》，载《经济研究》2009 年第 1 期。

［16］西蒙·库兹涅茨：《各国的经济增长》，商务印书馆 1985 年版。

［17］阳俊雄：《我国农村劳动力转移速度放慢》，载《中国国情国力》2004 年第 5 期。

［18］尹向飞、段文斌：《中国全要素生产率的来源：理论构建和经验数据》，载《南开经济研究》2016 年第 1 期。

［19］于蕾、沈桂龙：《“世界工厂”与经济全球化下中国国际分工地位》，载《世界经济研究》2003 年第 4 期。

［20］张同斌、高铁梅：《高技术产业产出增长与关联效应的国际比较——基于美、英、日、中、印、巴六国投入产出数据的实证研究》，载《经济学（季刊）》2013 年第 12 期。

［21］张兴华：《农村还有多少剩余劳动力?》，载《农民日报》2014 年 2 月第 12 期。

［22］赵文军、于津平：《市场化进程与我国经济增长方式——基于省际面板数据的实证研究》，载《南开经济研究》2014 年第 3 期。

［23］郑超愚：《中国宏观经济分析的凯恩斯主义路线》，载《学术研究》2015 年第 5 期。

［24］支兆华：《乡镇企业改制的另一种解释》，载《经济研究》2001 年第 3 期。

# 深港通机制下证券跨境监管法律问题研究

张曼青　韩文蕾*

**摘要：**深港通项目的启动使内地与香港证券市场互联进一步加深，然而我国证券市场监管立法体系尚不完善，证券跨境监管的制度不够健全，且两地在证券监管法律体系、证券交易制度等方面均存在较大差异，给跨境市场的监管带来挑战。因此，研究深港通机制下证券跨境监管问题并提出措施建议，对于完善我国证券监管法律体系、维护市场稳定发展、保护投资者合法权益都具有重要意义。

**关键词：**深港通　证券　跨境监管　措施及建议

## 一、"深港通"概述

### （一）"深港通"的概念

深港通，是指深圳和香港证券市场的互联互通机制，深圳证券交易所和香港联合交易所通过建立技术连接，使内地和香港投资者可以通过当地的证券服务机构直接买卖深港通规定范围内的对方市场上的股票。

在深港通机制下，香港证券投资者不需要在内地进行额外的手续，就可以实现对A股的买卖，整个过程与买卖港股类似。同样的，内地投资者可以通过内地证券商经由深圳交易所直接在内地买卖规定范围内的港股。

### （二）"深港通"的特点

首先，"深港通"取消了总额度限制，这将为投资者提供更大的自由和便利，从长远来看，也会吸引更多海外机构投资者的参与。其次，投资机会和交易品种更多，投资标的扩容，使得不同类型投资者的需求都能够得到满足。最后，"深港通"多新兴产业，对外资吸引力更高。与沪市相比，深市上市企业多为新兴行业或成长型行业，深交

---

* 张曼青，西北工业大学研究生。
韩文蕾，西北工业大学副教授。

所上市企业中涉及科技创新、清洁能源、制药等行业的新兴经济企业比重较大，与上交所中占主要比重的重工业股和银行、保险、金融股相比，更加受到海外投资者的青睐。

## 二、"深港通"证券跨境监管现状

### （一）"深港通"跨境监管立法现状

首先，我国《证券法》规定了监管机构及其职权。根据我国《证券法》的规定，证监会是实施跨境监管的机构。证监会有权和其他国家或地区的证券监管部门建立合作监管机制，实施证券跨境监督管理。但是《证券法》在跨境监管的具体实践层面，缺乏具可操作性的规范，而且对于我国的证券法律是否具有域外效力以及证监会应如何开展证券监管合作等问题并未阐明。

其次，《监管合作备忘录》提供了证券跨境监管的合作框架。该备忘录对两地证券监管合作的范围、基本原则、涉及的内容以及具体的执行方式等进行了阐述。但是它规定的内容多停留在原则性层面。随着两地证券市场互联互通进一步加深，跨境监管合作的要求已经无法通过备忘录得到满足，而且该合作备忘录及附函缺乏强制执行力，这也将削弱跨境监管执法的有效性。

最后，《沪港通项目下中国证监会与香港证监会加强监管执法合作备忘录》。该项备忘录对线索信息、协助调查与联合调查、保密事项、文书送达等方面做出了具体的规定，一定程度上完善了香港及内地在司法协助方面的缺陷。但仍没有双方执法合作的具体实施细则。因此，在实施跨境监管执法的过程中，涉及具体问题主要还是依靠协商解决，难免会产生争议，影响监管合作的效力。

### （二）内地与香港跨境监管合作现状

目前内地与香港还未签订司法互助协定，跨境监管主要依靠签订合作备忘录的形式展开。目前两地证券监管机构的监管合作主要体现在依照规定在跨境调查和执行方面互相提供协助、定期召开联络会议、进行人员交流与培训等方面。事实上，两地的监管合作层次不够深入，跨境执法的成效不显著。深港通项目开通后，内地与香港证券市场互联互通机制持续加深，证券跨境交易风险加大，跨境监管合作更加迫切。但是截至目前，"深港通"配套的监管规定和实施细则还未出台，两地在监管合作方面只能沿用以往的规范性文件，"深港通"跨境监管合作需要完善的还很多。

# 三、“深港通”跨境监管存在的法律问题

## （一）证券跨境监管的立法问题

### 1. 证监会权力范围不明确

与美国SEC、香港证券期货事务监察委员会等证券监管机构的执法权力内容相比，我国证监会的执法权力范围和种类过少，强制力较弱，不具备境外发达证券市场证券监管机构所具有的如强制传唤涉案人员、强制其出庭或提供证据、直接起诉权、向法院申请强制令、执行令、破产令等权限。由于存在上述权力范围不明确的问题，证监会有时无法完全按境外监管机构的要求提供协助，这样就大大削弱了证券跨境监管合作效果与作用。

### 2. 备忘录可操作性不强

目前我国在证券跨境监管的双边合作方面主要依靠签订合作备忘录来实施，对有关证券法律实施的合作与磋商则仅限于原则性的要求，具体实施的规定极少，可操作性差。目前，内地与香港证券跨境监管合作的配套实施细则仍未出台，在深港通项目的监管合作方面，沿用的是两地之前签订的执法合作备忘录，过于粗糙和笼统的规定必然不能有效解决监管合作中的具体问题，往往依赖于两地监管机构的协商，这不仅会导致执法合作方面的争议，也使跨境监管的效率大打折扣。

### 3. 证券法律不具有域外效力

我国《证券法》的效力范围仅限于我国境内，而对于我国境内企业在境外发行或交易的情况，《证券法》只是强调境内企业只有得到证券监管机构的同意后，才能在境外开展证券的上市交易行为，并没有提及证券跨境交易可能涉及的具体情况。另外，针对证券违法违规行为的处理，我国证券法在法律责任中规定了大量的行政处罚条款，然而行政处罚条款并不具有域外效力，这也就使得证券监管部门无法对证券跨境行为进行有效的监管。

## （二）监管主体的管辖权争议问题

目前内地和香港在深港通项目的管辖权划分上采取属地原则。具体来说，香港及其他境外投资者通过深股通在内地从事的交易行为由内地证监会管辖，内地投资者通过港

股通在香港从事的交易行为由香港证监会管辖。严格的属地原则虽然能在理论上避免因管辖权的并行导致的管辖权冲突问题，但在实际操作中仍存在诸多争议。首先，证券跨境交易是网上交易，很难明确区分地域界限，特别是在深港通跨境交易机制下，证券违法行为更加隐蔽和复杂，很少留下相关的违法记录，从而使得违法行为的参与主体、发生地甚至是损害结果都难以认定，仅仅依靠属地原则确认管辖权的归属难免存在争议；其次，如果香港及境外投资者通过深股通交易内地市场的股票时发生违法违规行为，依据属地原则，该管辖权应该归属于内地证监会，但这种情况下，违法行为起始于香港，涉案资产和最终的损害结果均在香港市场，此时仅依据属地原则确立管辖权难免有失公平性和科学性，给后续的调查和处罚带来不便，容易引发争议，影响监管效率。

### （三）跨境调查与执行的效力模糊

在跨境调查方面，备忘录主要规定了协助调查与联合调查两种形式。由于内地和香港两地的证券监管法律存在较大差异，在违法行为的认定及相关规定上都不一致，很难对协助调查需要提供的资料建立统一的标准，对于证据和材料的要求也不尽相同，在提供协助时很难充分符合对方的需求。另外，两地缺少证据资料和调查信息的互认机制，在联合调查中，双方所提供的证据资料都是建立在本地法律法规的要求和标准之上，对于对方而言，证据资料的效力难以认定，也就难以直接采纳对方提供的证据作为监管或处罚的依据，这就直接影响了联合调查的有效性，降低了跨境监管的效率。

在跨境执行方面，内地和香港对于具体合作的方式和程序等问题尚处于探索阶段，仍旧缺乏切实可行的执行措施，在具体实施层面必然存在困难。例如内地证监会要处理位于香港的违法主体和涉案资金，没有香港证监会的协助，在合作备忘录缺少协助细节的具体规定的情况下，仍缺乏一定的可操作性。但是现阶段的法规和文件更多的还是基于原则性及方向性层面对两地证监会的联合执法行为做出规定，在具体操作实施层面仍无法可依，因此跨境执行还面临着相当大的困难。

## 四、完善我国证券跨境监管的措施及建议

### （一）完善证券跨境监管法律体系

#### 1. 加强证券监管立法

要想实现证券市场的进一步发展，提高监管合作的有效性，必须加强和完善国内证券监管立法体系建设。首先要适时完善《证券法》，增加关于证券跨境发行和交易内容

的具体条款，对此类行为制定出有效的法律监管细则，在法律层级对证券跨境发行及交易行为做出规制。要在《证券法》和《公司法》的基础上，积极制定配套法规，并加快颁布和实施，完善证券法律体系。另外，要尽快制定关于证券监管合作实施方面的具体规定，弥补跨境监管法律方面的空白，为跨境监管合作的有效实施提供法律依据和制度规范，同时也为我国证券市场的有序发展保驾护航。

**2. 赋予证券法律域外效力**

目前在关于证券冲突规范立法方面，我国仍处于空白状态，这是我国证券法律域外适用存在问题的主要原因，导致证监会对于证券跨境交易行为监管权力无法发挥，监管力度和有效性较差。因此，当务之急就是要针对境外证券交易的实际情况，制定出有效的监管法律，对域外效力问题做出合理安排。首先要尽快出台适用于证券跨境监管的专门法规，对于域外适用的情形做出合理细致的规定，填补我国证券法律在涉外立法方面的空白，完善证券监管法律体系建设。其次要结合我国证券市场的实际情况，遵循属地管辖原则的同时，充分考虑到属人管辖原则和保护性管辖原则的适用情况，针对具体事项做出规定。

## （二）明确证监会跨境监管的权力范围

**1. 赋予证监会更广泛的职权**

《证券法》仅明确了证监会有权开展跨境监管合作，而关于权限范围等细节并没做出具体规定。为了更好地实施跨境监管合作，发挥证监会监管的有效性，必须要明确证监会的职责范围，肯定证监会的行政执法权和准司法权。我国可以借鉴美国在实施证券监管和规定 SEC 职权方面的立法经验，制定出与我国证券市场相吻合的《证券监管法》或与《证券法》相配套的行政法规或者部门规章，在法律层面确定证监会在证券监管方面的具体权限。赋予证监会包括强制传唤涉案人员、强制其提供证据、申请强制破产令、清算令、执行令等权限，以保证证监会执法的强制力和证券监管的效力。

**2. 保证证监会跨境监管的权力**

在跨境监管合作中，我国签订的合作备忘录普遍缺乏可操作性，导致证监会在无法充分发挥监管权力。因此要尽快制定和出台证券跨境监管合作的实施细则，规定跨境监管合作的具体内容和程序。首先详细规定协助调查的具体要求和实施流程，明确合作双方请求协助的前提条件、申请协助的程序、提供协助的范围和标准以及配合调查的强制性要求。其次要明确证监会在跨境监管合作中的权力范围，赋予证监会跨境调查与执行的权力，在必要情况下，经过对方主管机关的允许直接进入对方市场进行调查取证，以保证监管权力的充分实施和对跨境违法违规行为的有效制裁。

## （三）细化双边协作的内容

应对谅解备忘录的内容进行完善和细化，可以通过谅解备忘录附函、补充备忘录等形式，修订相关规则及相应的业务流程，明确双方调查信息与线索的通报、协助与联合调查、协助执行以及送达方式等相关内容，增加有关信息共享及使用时的程序和方式方面的规定，同时还要增加保密义务方面的具体规定，并且尽快建立合作双方关于调查结果和证据资料的互认机制等，以强化合作备忘录的科学有效性和可操作性。另外在充分利用谅解备忘录的基础上，积极利用司法互助协定的优势，使其在我国证券监管合作中发挥的应有作用，并进一步建立起与境外司法机构之间的协作机制，提高对跨境违法犯罪行为的监管和打击效力。

## 参考文献

[1] 张红：《走向“精明”的证券监管》，载《中国法学》2017年第6期。

[2] 黄辉：《“一国两制”背景下的香港与内地证券监管合作体制：历史演变与前景展望》，载《比较法研究》2017年第5期。

[3] 黎昭权：《论沪港通“主场原则”的监管权力划分和协作》，载《特区经济》2015年第7期。

[4] 曾智海、张剑虹：《进一步加强内地与香港证券跨境监管的思考》，载《南方金融》2008年第1期。

[5] 邱永红：《国际证券双边监管合作与协调研究》，载《经济法论丛》2005年第2期。

[6] 杨晓静：《“沪港通”跨境监管法律问题探析》，华东政法大学，2015年。

# 财产、收入分布与货币冲击*

谢超峰**

**摘要：** 本文基于中国宏观数据分析了货币政策对收入分配的影响。首先使用 1985～2017 年的时间序列基于马尔可夫状态转移模型分解出货币冲击，然后考察了货币冲击对基尼系数的影响。本文发现货币冲击对收入分配的影响存在滞后效应，同时货币冲击与基尼系数之间呈反向关系。在利用不同等分人群的净国民收入进行稳健性检验，发现结果依然稳健同时正向货币冲击对最高收入 10% 人群的长期效应要低于最低收入 50% 的人群。而使用不同人群拥有的财富值进行检验，发现货币冲击与人们的财产之间是同向关系。收入、财产与货币政策的关系提示我们可通过财政与货币政策的协调，解决我国经济中收入差距过大的结构性问题。

**关键词：** 货币冲击　收入分配　马尔可夫状态转移模型　自回归分布滞后模型

## 一、引　言

当前中国经济已由高增长阶段进入高质量发展阶段，正是优化经济结构，转换经济增长动力的关键时期。为此要深化供给侧结构性改革解决发展中的结构性矛盾。收入差距过大是改革开放以来国民经济运行的一个矛盾，根据国家统计局公布的基尼系数，2008 年达到最高的 0. 4910，之后逐步回落，2015 年为 0. 462，为近十多年最低。由于收入不平等对一个经济体的长期运转而言有着重要影响。从图 1 可以看到随着收入差距的变大，我国居民杠杆率也在不断攀升。高杠杆必然带来高风险，控制不好就会引发系统性金融危机。因此国内外学者对中国收入不平等问题进行了长期关注。在解决收入不平等问题上，财政政策通常被视为重要手段之一。作为宏观调控另一重要手段——货币政策，能否对收入分配问题有所影响呢？本文拟对该问题进行分析。

---

* 本文系国家社科基金青年项目“资本异质性与货币政策结构效应研究”项目编号：17CJL012，阶段性成果。

** 谢超峰，河南师范大学商学院教师。

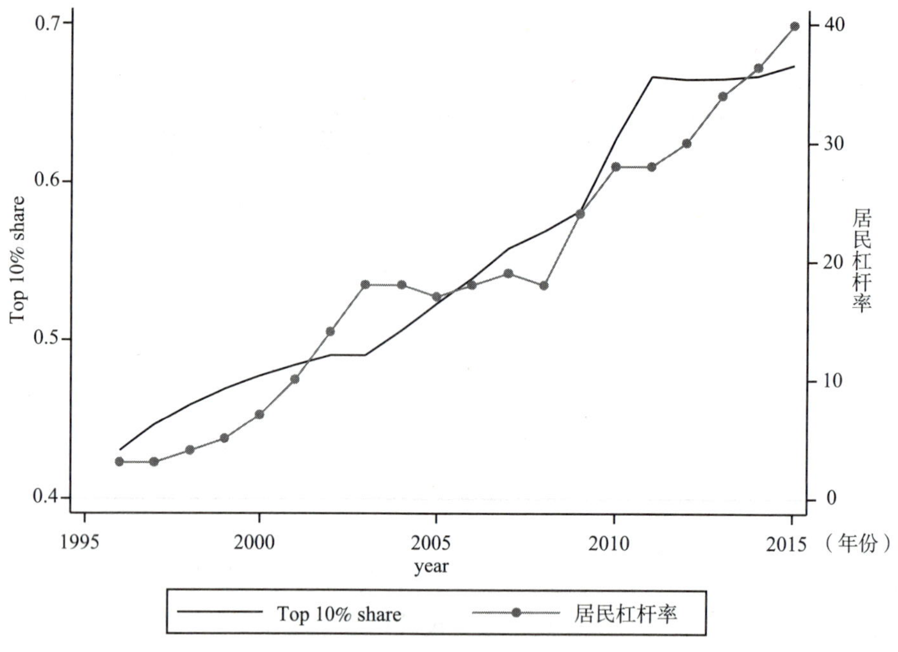


**图1　财富不平等与居民杠杆率**

资料来源：居民杠杆率来源 Wind 数据库收录的社科院计算的以居民部门的债务占 GDP 的比重。拥有财富量前10%人口的财富比重来源于世界不平等数据库（World Inequality Database，WID）。

# 二、经验研究

## （一）货币冲击的识别

科弗（Cover，1992）对货币供给冲击的识别，是将货币供给的变化率表示为如下 ADL 形式：

$$GM_t = C + f(L)GM_t + \sum_{i=1}^{n} g_i(L)x_{it} + \varepsilon_t * \text{MERGEFORMAT}$$

其中 GM 为货币供应量变化率，f(L) 和 $g_i(L)$ 表示不同的滞后算子，$x_{it}$为控制变量。科弗（Cover，1992）选取了失业率、联邦基金利率、联邦预算盈余。本文也采用公式的形式来识别货币冲击，但是在控制变量的选择上根据中国货币供应的实际情况来选取。

首先，本文同样采用货币供应量作为货币政策的代理变量。由于中国货币调控经历了由直接调控到间接调控、从数量型到价格型的转变。但是货币供应量在实践中依然有重要意义，例如 2018 年政府工作报告中指出“管好货币供给总闸门，保持广义货币 M2、信贷和社会融资规模合理增长”，因此本文选择 M2 作为货币供给方程的被解释变量。其次参考卢盛荣等（2009）、张暾等（2013）的做法，本文不将失业率以及政府预算赤字作为被解释变量，主要是因为一方面我国的失业率为城镇登记失业率，统计范围较窄；另一方面，根据我国财政政策规则的变化，将政府预算赤字作为货币供给的解释变量意义不大。

其次，考虑到我国的货币投放渠道的变化，特别是从1994年开始中国人民银行改革外汇管理体制，实行人民币结售汇制度，实现了人民币汇率并轨。一直到2012年该制度才停止实施，随着外汇管理体制的变化，在这18年间外汇占款成为我国货币投放的重要渠道。综合考虑卢盛荣等（2009）、张曒等（2013）、张明辉等（2013）和邓静远等（2016）的做法，经过比较，本文最终选择贸易差额（trade）作为解释变量。

由于物价稳定一直是我国中央银行宏观调控的主要目标之一，许多文献，如黄先开和邓述慧（2000），刘金全（2002），赵进文和闵捷（2005）将通货膨胀率纳入到货币供给方程之中，本文支持这一假设，用同比消费价格指数/100－1代表通货膨胀率（pai）。

最后，实际利率作为资本成本的基准是无益影响货币供给的重要变量。考虑到存款利率、贷款利率的联动机制，根据张明辉等（2013）的做法我们采取一年期基准利率（r）作为反映资本成本的变量。同时由于我国经济处于快速扩张时期，因此本文也将人均GDP（pgdp）作为控制变量。本文使用1985～2017年的数据，数据来源Wind数据库。

为防止伪回归，本文对所有变量进行了ADF检验，结果发现各个变量的水平值均是非平稳的。对除利息率、通货膨胀率之外的变量进行一阶对数差分之后，均为平稳，利息率和通货膨胀率水平差分之后也为平稳变量。

在估计未预期到的货币冲击时，本文没有直接将自变量与被解释变量进行OLS回归，因为中国货币调控经历了由直接调控到间接调控、从数量型到价格型的转变，货币调控框架在不断完善之中，而且经济本身在经历经济周期过程中，货币政策也相应做出变化，特别是强制结售汇制度使得中国货币投放渠道发生结构性变化。传统的线性平稳假设难以准确估计样本期间内的结构变化，因此本文采用马尔可夫转换（Markov－Switching）模型来估计货币冲击，并将贸易差额作为状态变量，以此可将中国货币投放渠道分为强制结汇时期和非强制结汇时期。估计结果见表1。

**表1　　货币供给方程回归结果**

| 自变量 | （1） | （2） | （3） | （4） |
|---|---|---|---|---|
| $GM_{t-1}$ | 0.374***<br>（3.87） | 0.277**<br>（2.56） | 0.367***<br>（3.28） | 0.414***<br>（3.66） |
| $GM_{t-2}$ | | 0.0289<br>（0.27） | 0.0929<br>（0.84） | 0.0651<br>（0.59） |
| $GPGDP_{t-1}$ | 0.298***<br>（3.54） | 0.315***<br>（3.49） | 0.172*<br>（1.68） | 0.159<br>（1.35） |
| $GTRADE_t$ | 0.00322<br>（0.78） | 0.00857*<br>（1.89） | 0.00575<br>（1.08） | 0.00568<br>（1.05） |

续表

| 自变量 | (1) | (2) | (3) | (4) |
|---|---|---|---|---|
| $DR_t$ | -0.00458<br>(-1.41) | -0.00508*<br>(-1.65) | | |
| $DR_{t-1}$ | | | 0.00451<br>(1.38) | 0.00471<br>(1.29) |
| $Dpai_t$ | 0.160*<br>(1.69) | 0.181**<br>(2.02) | 0.0706<br>(1.09) | |
| $Dpai_{t-1}$ | | | | 0.00392<br>(0.04) |
| N | 31 | 30 | 30 | 30 |
| AIC | -119.9 | -116.6 | -115.8 | -114.7 |

注：*、**、*** 分别表示在10%、5%、1%水平下的显著性。

各变量前的G和D分别表示相应水平变量的一阶对数差分和水平差分。综合考虑各变量的显著性以及AIC准则，本文选择模型（2）作为货币供给方程。从中可以看到国民收入变化与货币量变化之间呈正相关，利息率变化与货币量变化呈负相关，价格水平变动与货币量呈正相关，均和理论预期一致。而贸易量变化也与货币量变化呈正相关，与现实较为一致，而且在四个方程中都是正值，较为稳定。根据方程（2）所计算的货币冲击的各个状态的概率可如图2表示。

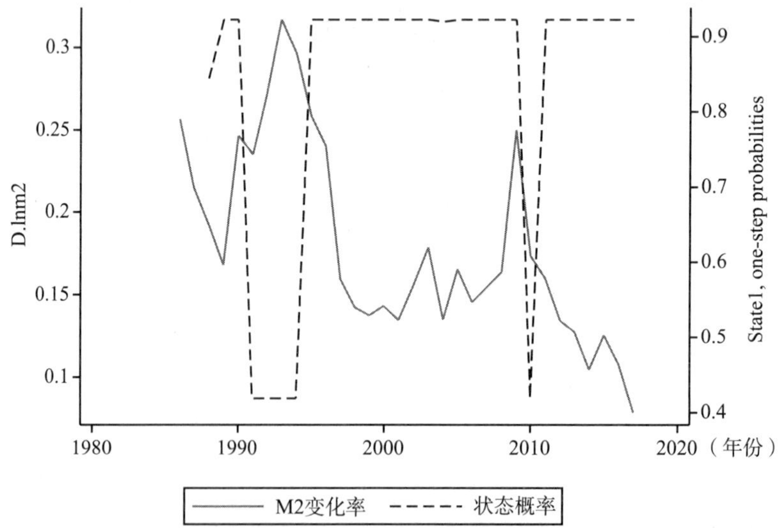


**图2　货币量变化率及其概率**

从图2可以看到，货币供应量在25%以上是一个小概率事件，较大概率的是货币供应量在10%～20%之间波动。这与我国改革开放以来宏观调控基本吻合。方程（2）回归的残差可视为未预期到的货币冲击。结果见图3。

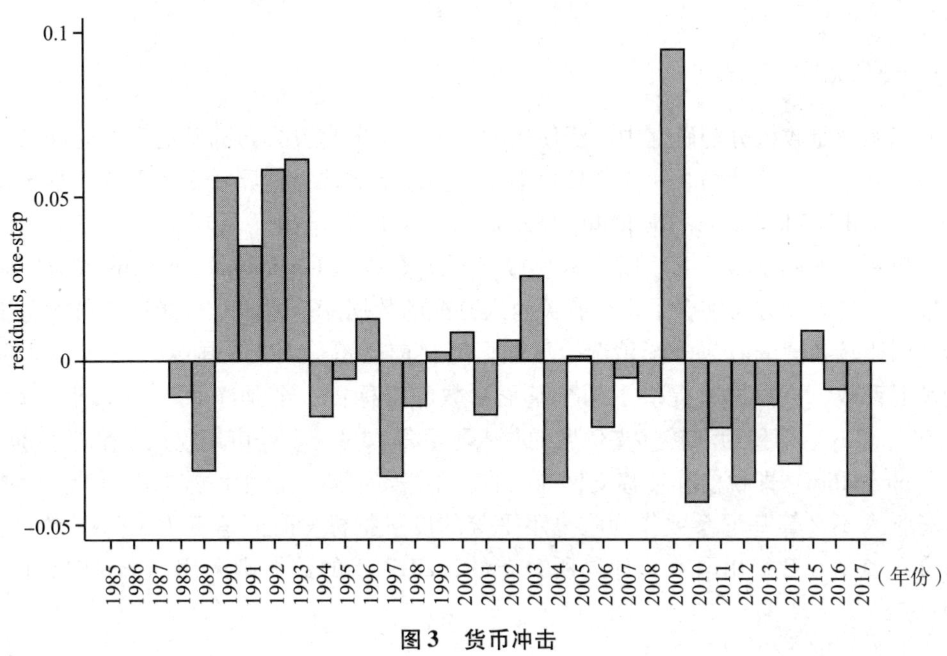


**图3　货币冲击**

20世纪80年代中国经历了两轮经济过热，政府采取了紧缩信贷和财政政策，并且提高法定准备金率等方式以防止经济过热。随着一系列猛烈调控措施出台，经济过热得到有效控制，但是经济也转入衰退期，为此从1990年开始，中国人民银行又多次调低存贷款利息率，1992年邓小平南方谈话之后，经济增长进入快车道，居民消费价格指数快速上涨，1994年达到了24.1%的水平。从1993年开始实施适度从紧的货币政策，1996年国民经济实现软着陆。但是1997年的亚洲金融危机开始影响我国经济，中国人民银行的货币政策逐渐由适度从紧转向稳健，货币供应量适当增加。随着亚洲各国走出危机，2002年开始我国外贸形势日趋好转，外汇占款增长较快，商业银行流动性增强，人民银行开展对冲操作适度回收商业银行流动性。从2003年以来我国经济进入新一轮的上升阶段，外汇储备快速增长，央行不得不被动投放基础货币，从2004年开始加大公开市场对冲操作力度。从2005年开始货币政策从稳健转变为从紧。2008年下半年美国次贷危机逐渐演变为全球性的危机，对我国冲击明显增强，我国开始实施积极的财政政策和适度宽松的货币政策。2010年我国货币政策逐渐从反危机状态向常态回归，特别是2010年以来我国物价快速上涨，2011年控通胀成为国民经济的重要挑战，2011年多次上调存款准备金率，货币政策从适度宽松转向稳健。2015年开始实施定向调控，继续实施稳健的货币政策。从图3可以看出，货币供给方程所估计的货币冲击和我国的货币政策调整基本吻合。

## （二）货币冲击对收入分配的影响

### 1. 数据说明

基尼系数是收入分配研究中广泛使用的指标。中国官方公布的基尼系数时间跨度较短，国内其他学者估计的时间跨度长短不一，因此本文选择世界收入不平等标准数据库（Standardized World Income Inequality Database，SWIID）给出的基尼系数。该数据库是绍尔特教授（Frederick Solt）以卢森堡收入研究数据（Luxembourg Income Study data）为基准，以贝叶斯方法整合了多个有关收入分配的数据库，力图尽可能地在更大范围内进行跨国比较各国的收入分配情况，该数据库目前已覆盖174个国家，平均提供约14年的基尼系数。该数据库提供了两个基尼系数的指标：一个是净收入不平等（net income inequality）即税后和转移支付后的收入不平等，另一个是市场收入不平等（market income inequality）即税前和转移支付前的收入不平等。本文使用该数据库所计算的中国的市场收入不平等基尼系数作为收入不平等的度量指标，时间跨度为1978～2015年。2016年的基尼系数采用国家统计局所公布的，2017年的数据则采用arima（1，1，2）模型补齐。

### 2. 回归分析

影响收入分配因素很多，通常可能会包括教育水平、产业结构、人口变化等。但是这些因素可能都会随着经济发展水平的变化而变化，因此本文主要考虑库茨涅茨的理论，将经济发展阶段视为收入分配的重要控制变量，即随着经济的发展，收入差距会先扩大再缩小。因此本文将人均GDP对数差分的平方项以及人均GDP对数差分作为控制变量。同时由于收入分配本身变化较为缓慢，因此基尼系数的滞后项也被视为控制变量，所以本文采用自回归分布滞后模型（Autoregressive Distributed Lag，ADL）来估计货币冲击对基尼系数的影响。分布滞后模型需要确定滞后期的长度，本文采取从一个较小的滞后值开始然后观察模型拟合情况，如果随着滞后期的增加，模型拟合效果变好则继续增加，反之则说明当前滞后长度比较合适。为防止伪回归，本文进行对基尼系数进行平稳性检验，发现其在5%置信水平下是平稳的。为克服异方差以及自相关等问题，本文采用用newey-west稳健估计方法来进行回归。回归结果见表2。

表 2　　货币冲击对基尼系数的影响

| 变量 | (1) | (2) | (3) | (4) | (5) |
|---|---|---|---|---|---|
| L. gini | 0.950 ** (20.07) | 0.273 (1.29) | 0.219 (1.35) | 0.300 ** (1.90) | 0.400 ** (2.23) |
| L2. gini | | 0.650 *** (2.92) | 0.678 *** (3.95) | 0.612 *** (3.69) | 0.464 ** (2.64) |
| e | 0.009 (0.15) | -0.353 (-0.64) | -0.058 (-0.96) | -0.026 (-0.51) | -0.0673 (-0.92) |
| L. e | 0.00004 (0.00) | 0.013 (0.21) | -0.015 (-0.33) | 0.033 (0.55) | -0.00386 (-0.07) |
| L2. e | | -0.031 (-0.60) | -0.077 (-1.44) | -0.073 (-1.12) | -0.102 (-1.60) |
| L3. e | | | -0.113 (-1.47) | -0.103 (-1.21) | -0.0979 (-1.31) |
| L4. e | | | | 0.071 (1.42) | 0.0619 (0.98) |
| L5. e | | | | | -0.100 * (-2.12) |
| gdp2 | -0.126 (-0.25) | -0.624 ** (-2.15) | -0.552 * (-1.89) | -0.634 ** (-2.39) | -0.626 ** (-2.33) |
| D. lnpgdp | 0.023 (0.14) | -0.624 ** (-2.15) | 0.202 ** (2.14) | 0.206 ** (2.55) | 0.210 ** (2.57) |
| 常数项 | 0.024 (1.08) | 0.028 (1.24) | 0.035 (1.27) | 0.029 (0.99) | 0.0488 (1.60) |
| N | 29 | 28 | 27 | 26 | 25 |
| F 统计量 (p-value) | 202.67 (0.00) | 193.71 (0.00) | 137.28 (0.00) | 88.92 (0.00) | 201.05 (0.00) |

注：圆括号内为 t 统计量。“*，**，***”分别表示“$p<0.1$，$p<0.05$，$p<0.01$”。

从各个方程的回归结果来看，方程（5）是较为恰当的。从方程（5）可以看到，控制其他变量之后，基尼系数和人均 GDP 变化率之间呈倒“U”型关系。即经济快速增长时期，基尼系数会扩大，经济水平发展到一定阶段之后随着经济增速放缓，基尼系数会缩小。我国经济当前进入新常态，正是要解决收入分配差距过大等结构性问题。

同时货币冲击对基尼系数存在明显的滞后效应。货币政策属于间接影响经济的宏观政策，需要通过一定的传导机制才能对物价、产出等产生影响，因此存在一定的时滞。

方程（5）显示货币政策与基尼系数之间存在负向关系，但是货币冲击发生之后，第五期的时候对基尼系数的影响最为显著。而且货币冲击与基尼系数之间是反向关系，即正向货币冲击能够缩小基尼系数从而减小收入差距。中国国家统计局公布了2003～2016年的基尼系数，具体可见图4。从图4可以看到，在2008年之前，2004年为最低值（0.473），2008年达到了最大为0.491，之后逐渐下降，2015年为有官方数据以来的最低（0.462）。事实上亚洲金融危机之后，随着外部环境的转变，我国商业银行的流动性相对宽裕，而后央行为应对流动性而加大对冲操作。而2008年世界金融危机之后，央行实施宽松货币政策。在考虑滞后性之后，可以发现能够解释这期间的基尼系数的变化。货币政策对基尼系数的影响可能的解释是，扩张性货币政策会刺激经济，劳动力需求增加，这会提高低收入人群的收入从而缩小收入差距。

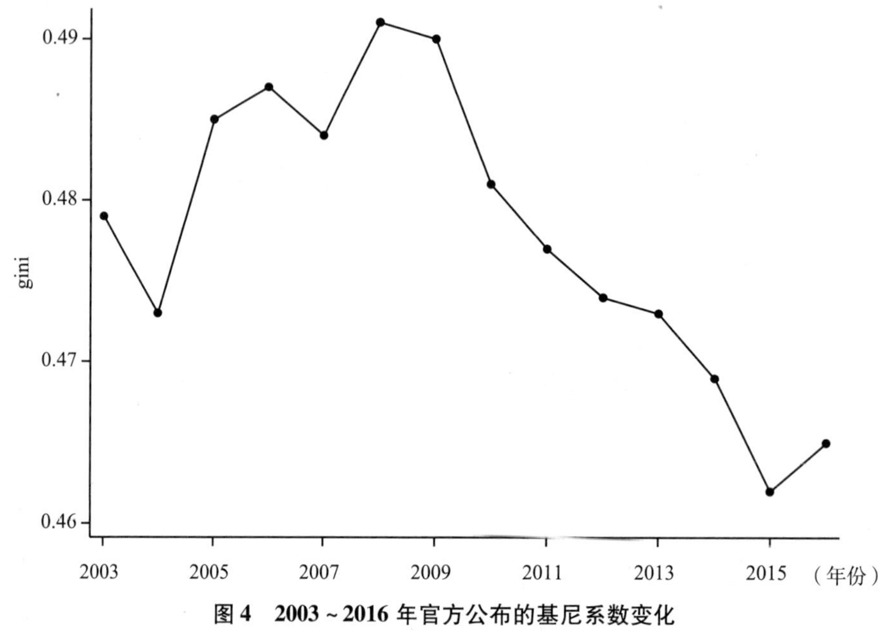


**图4　2003～2016年官方公布的基尼系数变化**

基尼系数的缩小当然离不开收入分配领域的改革，但不可忽视的是货币政策的调整对结构性问题的影响。

## 三、稳健性检验及进一步分析

本文根据世界不平等数据库（World Inequality Database，WID）所提供的关于中国一定人口收入份额的相关数据进一步进行稳健性检验。该数据库是皮凯蒂（Piketty）所主导的，试图在一个一致的基础上测算不同时期和不同国家的收入与财富不平等的大型数据库。该数据库用与宏观经济国民账户相一致的收入与财富概念，提供对收入和财富分配的年度估计。通过这种方式，对增长和不平等的分析就可以在一个完全连贯的框架内进行下去。（Filippov，A.（2017），Global inequality dynamics：new findings. *Nber Working Papers.*）本文首先以数据库中的等分成年人的税前国民收入（pre-tax national income）为指标，选择最高收入的10%的人群的税前国民收入为因变量（nivqua90），考察货币冲击对其的影响。同时以最低收入的50%的人群的收入所占比重为因变量（nivqua50）考察货币冲击对其的影响作为对比。回归结果见表3。

**表3　净国民收入的Top 10%和Bottom 50%为因变量的回归结果**

| 自变量 | (1) | (2) |
|---|---|---|
| $nivqua90_{t-1}$ | 1.196***<br>(4.81) | |
| $nivqua90_{t-2}$ | -0.335<br>(-1.67) | |
| $nivqua50_{t-1}$ | | 0.997**<br>(2.85) |
| L2. $nivqua50_{t-2}$ | | -0.170<br>(-0.56) |
| $e_t$ | -0.00358<br>(-0.08) | -0.00533<br>(-0.19) |
| $e_{t-1}$ | -0.0276<br>(-0.44) | 0.0192<br>(0.41) |
| $e_{t-2}$ | 0.000293<br>(0.01) | 0.0389*<br>(1.95) |
| $e_{t-3}$ | -0.108***<br>(-3.98) | 0.0671***<br>(3.64) |
| $e_{t-4}$ | -0.00751<br>(-0.11) | 0.0223<br>(0.45) |
| $e_{t-5}$ | -0.107<br>(-1.50) | 0.0725**<br>(2.34) |
| $e_{t-6}$ | 0.0289<br>(0.60) | 0.0324<br>(0.79) |

续表

| 自变量 | (1) | (2) |
| --- | --- | --- |
| gdp2 | -0.626 **<br>(-2.49) | 0.155<br>(0.90) |
| D. lnpgdp | 0.212 **<br>(2.58) | -0.0591<br>(-0.91) |
| 常数项 | 0.0411<br>(1.48) | 0.0314 **<br>(2.45) |
| N | 24 | 24 |

表3中的方程（1）是自变量为最高收入的10%的人群的回归结果。从中可以看到，控制其他变量之后与人均GDP增速之间呈倒“U”型关系，意味着随着经济增速的提高，高收入人群的收入所占比重会扩大，但是到一定的临界点之后，高收入人群的收入所占比重会降低。方程（2）是自变量为低收入人群的回归结果。对比可以发现，随着经济增速的提高，低收入人群的收入所占比重会降低，但是在一定的临界点之后，收入比重会提高。但是回归结果并不显著，这可能意味着，我们国家所倡导的共享发展乃至共同富裕的发展阶段尚未实现。也就是说经济自身的变动难以实现低收入人群收入比重的提高。

正向货币冲击对高收入人群的影响是负的，而对低收入人群的影响是正的。同时对低收入人群的影响持续时间更长。总体来看，宽松的货币政策是有利于低收入人群的增收，从而扩张性货币政策能够缩小收入差距。

表3所展示的回归结果和前文所得结果是一致的。这样的结果和现有多数研究结果并不一致。为此本文进一步使用该数据库所提供的按人口等分个人净资产（net personal wealth）最高的10%的人群的财富比重（valuep90p100）为因变量进行检验。结果见表4。

**表4　　个人净资产的回归结果**

| 自变量 | (1) |
| --- | --- |
| $valuep90p100_{t-1}$ | 1.034 ***<br>(29.20) |
| $e_t$ | -0.0263<br>(-0.53) |
| $e_{t-1}$ | 0.253 **<br>(2.30) |

续表

| 自变量 | (1) |
|---|---|
| $e_{t-2}$ | 0.199*<br>(1.98) |
| $e_{t-3}$ | -0.0294<br>(-0.56) |
| $e_{t-4}$ | -0.0154<br>(-0.38) |
| $e_{t-5}$ | 0.00855<br>(0.19) |
| $e_{t-6}$ | 0.210**<br>(2.53) |
| gdp2 | -1.843***<br>(-4.56) |
| D. lnpgdp | 0.576***<br>(4.19) |
| 常数项 | -0.0431<br>(-1.70) |
| N | 22 |

从中可以看到，正向货币冲击可以迅速增大高收入人群的财富在整个人口中的比重，而且影响幅度要比对收入的影响要大。所以综合考虑财产和收入的情况，由于货币政策传导渠道的多样，正向货币冲击是会提高居民的收入差距的。

## 四、结　论

综合前面分析可以发现，正向货币冲击发生若干期之后，缩小收入差距的同时却扩大了财产的差距。这两者之间并不矛盾，扩张性货币政策刺激经济，拉动就业增加居民收入，同时资产增值的速度要快于劳动所得，从而拉大了居民之间的财产差距。

那么这样的结论是否意味着货币政策应当把收入分配纳入考虑的范围呢？本文认为货币政策并不需要把收入分配视为其政策目标，保持币值稳定是货币政策的基本功能，吸纳过多目标进入货币政策范围不利于货币政策实施。本文研究所得结论进一步考虑的是在当前的收入分配结构下，什么样的货币政策更有利于产出以及物价稳定。同时从财富分布和收入分布两个视角来看，宽松的货币政策能够缩小收入差距，但是却拉大了财产分布的差距，因此在宽松的货币政策环境下，应该加大对财产的征税力度。这所隐含的政策建议是实施宽松的货币政策之后，可提高对财产增值部分的征税，而实施紧缩货币政策之后，应降低对财产部分的征税。通过财政政策和货币政策的协调使用，解决中国经济发展中的结构性问题。

## 参考文献

[1] Ghossoub, E. A., Reed, R. R., Financial Development, Income Inequality, and the Redistributive Effects of Monetary Policy, *Journal of Development Economics*, 2017 (126): 167 - 189.

[2] Fowler, S. J., Income Inequality, Monetary Policy, and the Business Cycle. *Computing in Economics & Finance*. (2005).

[3] Coibion, O., Gorodnichenko, Y., Kueng, L., Silvia, J., Innocent by Standers? Monetary Policy and Inequality. *Journal of Monetary Economics*, 2017 (88): 199.

[4] Romer, C. D., Romer, D. H., A New Measure of Monetary Shocks: Derivation and Implications. *American Economic Review*, 2004 (4): 1055 - 1084.

[5] Solt, F., The Standardized World Income Inequality Database, *Social Science Quarterly*, 2016 (5): 1267 - 1281.

[6] 张暾、赵志君、卢爱珍：《非对称货币冲击及其对我国经济增长效应的研究》，载《南方经济》2013年第6期。

[7] 卢盛荣、李文溥《中国地区间货币政策效应双重非对称性研究》，载《数量经济技术经济研究》2009年第2期。

[8] 邓静远、王文甫：《中国货币政策的非对称效应研究——基于estsvar模型的估计》，载《经济理论与经济管理》2016年第7期。

# 会议综述

# 习近平新时代中国特色社会主义经济思想探讨*

## ——首都经济学家论坛第十五次年会综述

方凤玲**

2018年6月16日，首都经济学家论坛第十五次年会在北京召开。年会由首都经济学家论坛主办、中国石油大学（北京）马克思主义学院承办，《经济学动态》与《教学与研究》杂志社协办。来自北京及全国各地高等院校和科研机构的近百名专家学者出席了会议。

中国石油大学（北京）副校长李根生院士和首都经济学家论坛主席白暴力教授先后在开幕式上致辞。各位专家学者围绕习近平新时代中国特色社会主义经济思想的理论和实践问题，从以下几个方面展开了深入学习和热烈讨论。

## 一、习近平新时代中国特色社会主义经济思想研究的重大意义

在开幕辞中，北京师范大学白暴力教授指出：习近平新时代中国特色社会主义经济思想内涵丰富、思想深邃、特色鲜明，是反映我国社会发展状况和世界格局新变化要求的科学理论，是马克思主义理论与当代中国实践相结合的新认识、新创造、新飞跃、新

---

* 原载于《教学与研究》2018年第10期。

** 方凤玲，中国石油大学（北京）马克思主义学院教授、博士生导师。

成果，既是对我国社会主义市场经济发展规律和特点的新探索，又是对中国特色社会主义经济建设问题的系统阐释，构建了中国特色社会主义政治经济学的核心内容。我们要努力学习深入研究习近平新时代中国特色社会主义经济思想，坚持政治意识、大局意识、核心意识和看齐意识，坚持正确的政治方向和政治立场。希望更多的年轻学者投入到中国特色社会主义政治经济学的教学研究中，不断增强阵地意识的自觉和定力，发展马克思主义政治经济学教学科研团队。随着中国特色社会主义进入新时代，马克思主义政治经济学教学与研究也迎来了春天，新时代、新环境需要焕发新力量，不断推进中国特色、中国风格、中国气派的经济学科建设。

与会学者一致认为，习近平新时代中国特色社会主义经济思想是目标导向与问题导向的结合、立足国内与全球视野的统筹、合规律性与合目的性的统一，是实现中华民族伟大复兴中国梦的行动指南，开辟了社会主义政治经济学的新境界、新成果，丰富和发展了马克思主义政治经济学。

## 二、习近平新时代中国特色社会主义经济思想内容研究

以新发展理念为主要内容的习近平新时代中国特色社会主义经济思想，是中国特色社会主义政治经济学的最新成果，是推动我国经济发展实践的理论结晶。与会学者围绕习近平新时代中国特色社会主义经济思想的理论基础与科学内涵、体系，以及新时代养老服务的市场化逻辑和路径选择等理论和现实问题展开了热烈的讨论。

习近平新时代中国特色社会主义经济思想理论基础与内涵研究。武汉大学李楠教授认为，马克思主义经典作家相关论述为习近平新时代中国特色社会主义经济思想提供了丰厚的理论滋养，中国共产党领导人的有关论述是习近平新时代中国特色社会主义经济思想直接理论来源；新发展理念是习近平新时代中国特色社会主义经济思想的主要内容，“七个坚持”构成习近平新时代中国特色社会主义经济思想七方面内涵，既有认识论又有方法论，是从理论和实践上贯彻落实“怎样坚持和发展什么样的中国特色社会主义经济”。

习近平新时代中国特色社会主义经济思想体系研究。中国石油大学（北京）方凤玲教授介绍了“十八大以来党中央治国理政的经济思想研究”课题组对习近平新时代中国特色社会主义经济思想体系的探索。生产力理论与社会主要矛盾理论是习近平新时代中国特色社会主义经济思想形成的客观基础，人民中心理论是习近平新时代中国特色社会主义经济思想的逻辑起点，新发展理论是习近平新时代中国特色社会主义经济理论的主要内容，新时代中国特色社会主义发展总目标和总任务、经济布局理论、经济制度理论、经济体制理论、现代化经济体系理论、国际发展战略理论等共同构成了科学完整的习近平新时代中国特色社会主义经济思想体系。

“以人民为中心”思想研究。北京中医药大学万宗凤教授认为，深刻理解发掘习近平“以人民为中心”的思想精髓，是共产党人不忘初心和使命的时代要求，要在人民群众关心的教育、医疗、健康等问题上让人民共享改革发展的成果，让人民生活真正得到改善。河南大学李保民教授认为，人民群众是历史的创造者，英雄人物凭借其出色的思想成为一定历史任务的倡导者和发起者，我们要不断深入研究正确解读习近平新时代中国特色社会主义思想，没有学界深入的理论研究，领袖思想的执行就会大打折扣。

## 三、马克思主义政治经济学与中国特色社会主义政治经济学

中国特色社会主义政治经济学来源于马克思主义政治经济学，流淌的是马克思主义政治经济学的血液，在马克思主义政治经济学的指导下，中国特色社会主义取得了巨大的理论和实践成果。

马克思主义政治经济学与中国特色社会主义政治经济学研究的意义方法。中国人民大学邱海平教授认为，中国特色社会主义政治经济学强化了中国道路、中国制度的特点，进行马克思经济学与中国特色社会主义经济学理论研究不仅是教学需要，而且是党和国家的需要，没有理论自信，道路自信、制度自信、文化自信都无从谈起；构建中国特色社会主义政治经济学理论，要坚持马克思经济学的指导，合理借鉴西方经济学，跟上党的理论创新步伐和实践步伐。中国社会科学院王中保研究员认为，马克思主义政治经济学，必须坚持马克思主义的内核和原理，坚持劳动价值论和剩余价值论，坚持公有制和按劳分配制度。北京师范大学白瑞雪副教授认为，习近平总书记提出的构建中国特色社会主义政治经济学是我国政治经济学发展的目标和方向，我们要从工程层面、理论层面和政策层面研究经济政策与经济理论。

构建中国特色社会主义政治经济学的基础。复旦大学孟捷教授认为，《资本论》不仅试图解释市场经济的效率，而且在相对剩余价值生产的基础上，解释了市场经济的内在矛盾和由这些矛盾造成危机的趋势。中国特色社会主义进入新时代，《资本论》是发展社会主义市场经济、构建中国特色社会主义政治经济学的理论基础。华北电力大学汪泽青教授认为，新时代中国特色社会主义政治经济学，不是先有一个设想再实施，而是在中国特色社会主义建设伟大实践中逐步形成的。中央民族大学侯廷智教授认为，我们建立的是一个全新的社会主义市场经济制度，来源于马克思《资本论》对资本主义的深刻分析与批判，我们完全可以运用《资本论》对市场机制的分析指导中国特色社会主义政治经济学的构建。

## 四、中国特色社会主义经济改革的理论与实践

经济体制改革是重点领域和关键环节的改革，围绕深化改革和保持稳定、政府和市

场、改革与风险防范、经济全球化、平衡发展等一系列重大理论问题和实践问题，专家学者们发表了自己的看法。

关于三大攻坚战的思考。党中央作出打好三大攻坚战的重大决策，是坚持抓重点、补短板、强弱项战略部署的具体落实。中国社会科学院王振中研究员认为，打好防范化解金融风险、精准脱贫、污染防治三大攻坚战，经济发展才会更稳健更均衡更充分更可持续。当前除金融风险外，不动产风险、经济基础风险、国内安全风险、国际安全风险等重大风险都需要化解，三大攻坚战是持久战，关乎党和国家大局也关乎百姓人家，要从全民抓起，从儿童抓起。

改革全面深化面临的重大问题。中国社会科学院许建康研究员认为，深化经济体制改革在许多重要领域和关键环节改革上取得了重要成果，但全面深化改革仍面临着新时代、世界历史时代、基本矛盾、中美关系、一带一路和全球化、市场配置资源、三大攻坚战和持久战的关系、大时代小时代的变化等17个重大理论问题需要总体设计、统筹协调。中国社会科学院钱津研究员认为，深化改革的目标是完善发展社会主义制度，核心取决于经济基础，中国特色社会主义制度的经济基础不是公营企业，更不是混合所有制企业，而必须是改革成功后的国有企业，坚持国有企业改革就是坚持中国特色社会主义。

对经济改革的认识。中共中央党校王天义教授认为，对市场的认识，马克思说是对物的依赖，我们研究市场是为了增长财富造福人民，坚持和加强党的领导是对市场调节理论的发展，党领导下的社会主义市场经济是政府主导的市场经济，对于后发展国家来说是必要的。首都经济贸易大学杨春学教授解读了“摸石头过河”的改革方法，根据改革初期摸索如何改革的路程，指出了渐进式改革与激进式改革的不同。

改革中的具体问题研究。清华大学高淑娟教授认为，中国最大的问题是发展不平衡问题，中国经济体制改革尤其是企业改革，起点、过程都要公平，最后的标准一定要让百姓得到实惠。中国人民大学黄石松教授分析了养老服务的基本特征，提出了新时代构建公平有序的“居家为基础、社区为依托、机构为补充、医养结合、覆盖城乡”的社会化养老服务体系，坚持社会化方向以推进公共服务均等化。北京工商大学冯中越教授围绕商事制度改革认为，国家市场监督总局正式成立是商事制度改革具有标志性的事件，在完善规制经济学的再规制理论、回应性监管理论、社会公制理论基础上，要进一步深化“放管服”改革。南昌大学马先标教授围绕住房制度改革认为，“房子是用来住的不是用来炒的”中央不是从商住房角度，而是从社会和谐稳定角度说的，房价太高，就会引起质变。中央党史和文献研究院王潇锐助理研究员认为，习近平“21世纪马克思主义”的提出使中国马克思主义研究视角从中国视域到国际视域，我们要关注数字化时代的马克思主义，共同探讨数字经济、数字生产、数字资本等问题的研究。

与会者一致认为，习近平新时代中国特色社会主义经济思想是对中国经济改革与发展问题的深刻阐释和有益探索，是提高经济发展质量谋求更大发展空间的新布局，是生产力发展总体跃升的新境域，是21世纪中国特色政治经济学的新篇章。

在会议总结时，首都经济学家论坛副主席、北京大学孙蚌珠教授指出，我们这次年会是在马克思诞辰200周年、《共产党宣言》发表170周年、我国改革开放40周年这一特殊的年份和时间节点上召开的，具有特殊的意义。这次年会的主题是习近平新时代中国特色社会主义经济思想研究，经济思想是习近平新时代中国特色社会主义思想的重要组成部分，是马克思主义经济理论与中国特色社会主义经济发展实践结合的理论结晶，丰富和发展了马克思生产力理论、劳动价值论、经济全球化等理论，构成了中国特色社会主义政治经济学的理论核心，我们一定要把习近平新时代中国特色社会主义经济思想的研究长期坚持下去，担当起经济学者的责任。

本次首都经济学家论坛年会提供了很好的交流学习平台，凝聚了北京及全国各地高等院校和科研机构的经济学研究力量，对促进深入学习、领会和探讨习近平新时代中国特色社会主义经济思想、推动马克思主义政治经济理论的创新与发展和构建中国特色社会主义政治经济学起到了重要作用。